Corporate Finance

コーポレート
ファイナンス
戦略と実践

Shinichi Tanaka　Takaaki Hoda
田中慎一＋保田隆明

ダイヤモンド社

はじめに

コーポレートファイナンスこそ、キャリアアップへの近道

世界の時価総額ランキング50位に日本企業は何社入るでしょうか？
たった1社、（トヨタ）のみです（2019年3月現在）。
どうして、1社しかランクインできないのでしょう？
なぜ、FAANG（Facebook, Amazon, Apple, Netflix, Google）は日本で生まれないのでしょう？
答えは、「日本企業の戦略上に圧倒的に欠けている要素があるから」。
それがコーポレートファイナンスです。
FacebookはInstagramを買収していますし、iPhoneに搭載されている音声認識のSiriは、Appleが買収してきた事業をベースにしています。YouTubeもGoogleが2006年に買収した事業です。

いいものを作れば売れる時代は終わりました。絶妙なタイミングで最適な資金調達を行い、大胆かつ緻密に練られた投資戦略を実行する、そうして初めて企業は移り気な顧客に長く愛される存在となります。
誤解を恐れずに言えば、日本企業は、これまでのっぺりと資金調達を行い、なんとなく事業投資をしてきた結果、世の中にあってもなくてもいい存在になってしまっています。
しかし、そんななか大きく躍進した日本企業があります。ソフトバンクです。同社の時価総額は、国内ではトヨタに次いでなんと2位（株価は日々上下しますので、2019年2月末時点では2位をNTTドコモ、NTTと争っている状況です）。1981年に孫社長が設立した同社は、約35年でここまで上りつめました。同社をそこまで成長させた原動力は、コーポレートファイナンス、その一言に尽きます。

筆者(保田)の同級生で、グローバル企業に勤務する文系出身の人間がいます(40代半ば)。今は部長職で、コーポレートファイナンスとM&Aに強いことを理由にヘッドハンティングされました。彼が言うには、メーカー、製薬会社など、モノを作る企業では理系でないとなかなか経営層にまで出世できないため、文系にはなんらかの武器が必要とのこと。
　かたや、別の理系出身の同級生は、社内研究所の主力メンバーにはなっていますが、「技術がわかるだけでは経営層にはなれない。今さらだけど、経営を学びたいんだ。何から学べばよいかな……？」と、私の「神戸大学経営学研究科」と書かれた名刺をまじまじと見ながらつぶやきました。

　"It's the economy, stupid!(重要なのは経済なんだよ！)"これは、アメリカのクリントン元大統領が大統領選のときに使ったスローガンです。われわれは、今こそ日本のビジネスパーソンに問いたいのです。"It's the Corporate Finance, stupid!"と。
　あなたの出世も、あなたの企業の成長も、すべてコーポレートファイナンス次第です。なぜか。2018年、日本企業のM&Aは件数、金額ともに過去最高となりました。また、同時に事業の撤退・縮小も過去最多ペースです。これらが意味するのは、企業が従来の「研究開発重視・依存の成長モデル」から、「事業の積極的な組み替えによる成長モデル」に移行しているということです。そこで必要となるスキルこそ、コーポレートファイナンスだからです。

　時代は変わりました。今日、コーポレートファイナンスへの理解はすべてのビジネスパーソンにとって必要不可欠です。
　筆者らは、大手証券会社、メガバンク、総合商社、大手メーカーをはじめ、数多くの上場企業の取締役、財務部、企画部の人たちに毎年企業研修を提供しています。
　受講生アンケートで最も多いコメントはなんだと思いますか？

「楽しかった！」もしくは「ありがとう」？

はい、そういうコメントは山のようにいただきます(笑)。でも、一番多いのは「もっと早くこの研修を受けたかった」です。

受講生の年代に関係なく、40代、50代の方は当然のこと、20代の入社数年目の社員でも最頻出。そしてなんと新入社員は多くがこう書きます。

「大学時代に学んでおきたかった」

理論はわかって当たり前。
ファイナンスの真髄は「市場との対峙」にある

　読者のみなさんは、本書以外にも何冊かコーポレートファイナンス系の書籍をお持ちかもしれません。その場合は、それら書籍の執筆者をご覧ください。実は、証券会社や投資銀行出身者による書籍はあまり多くなく、コンサルティング会社や事業会社出身の方々が書いているものが多く存在します。投資銀行でバイブル的に読まれている書籍も、コンサルティング会社のマッキンゼーの方々が執筆した『企業価値評価』(ダイヤモンド社)です。

　そこで筆者らは、証券会社の社員研修の初日には、やや皮肉っぽく受講生たちにこう問いかけます。

　「マッキンゼーがバイブル的な本を書いているならば、この世界に証券会社や投資銀行は不要で、全部コンサルティング会社に任せちゃえばいいんじゃないの？　証券会社、投資銀行のバリューって何ですか？」と。

　毎回、様々な意見が出てきますが、答えはズバリ1つしかありません。それは、市場、すなわちマーケットを知っていることです。これ以外にはありません。理論的な企業価値を算出することは、やり方さえ知ってしまえば誰でもできます。もはやできて当たり前の時代であり、本当の価値はその先にあります。

　理論株価と市場での株価に乖離があるとき、その理由は何なのか、ここに

向き合う。ダイナミックな株式市場と対峙することこそ、コーポレートファイナンス戦略です。

　株価は市場で付いています。その肝心のマーケットの話が入っていないコーポレートファイナンスの本は、トンカツの乗っていないカツ丼みたいなものです。

　実は、著者らはこれまでに何冊かこの分野の共著書を執筆してきていますが、基礎をご理解いただくことに主眼を置いていたため、株式市場との対峙の仕方という、企業の経営上一番重要なポイントにはあまり触れてきませんでした。しかし、最近コーポレートファイナンスや会計分野の類書が充実してきた状況を見るにつけ、「違うんです、コーポレートファイナンスを静的な世界として理解するのでは不十分なんです！　獰猛なアニマルスピリットを持つ株式市場と対峙する戦略を練ることこそが、コーポレートファイナンスなんです！」と心の中で叫んでいたら、いつの間にか本書を執筆していたという次第です。

　株式投資家の投資行動を理解することなく、単に企業価値を理論的に求めてもそこにはなんの価値もありません。なぜなら、同じ株式でも、投資家によって評価は変わるからです。したがって、どんなタイプの投資家を重視するかによって企業の財務戦略は変わるべきなのです。

　もう1つ本書で心がけたことは、超実践的であることです。たとえば、企業価値算出で用いられるDCF法。王道中の王道ですが、本書での中身は投資銀行の実務そのものです。ここまで超実践的なDCF法の解説は他にはないのではないでしょうか。

　著者らは、上場企業含め複数の企業の社外取締役を兼務しており、取締役会では、社内人事の昇進についても議論しますが、コーポレートファイナンスと会計を理解できない人は、どんなに営業成績がよくても営業部長止まり

です。執行役員にはなれません。ましてや、取締役、社長などは望むべくもありません。

　クリントン大統領の選挙中のもう1つのスローガンは、"Change vs. more of the same.（変わるか、現状を維持するか）"でした。さて、あなたは本書でキャリアに変化を与えますか？　それとも、現状維持でいきますか？

　本書ではいくつかの事例をケースとして取り上げています。中にはやや古いケースも存在しますが、あくまで「学習上最適なケースかどうか」を重視しました。たまにケースの古さを批判する方もいますが、ハーバードビジネススクールのMBAで使われているケースも、古いものが多数存在します。

　ケースで学ぶ際、新しい、古いは重要ではありません。学習すべきポイントが理解しやすいことが最重要です。一方、最新のトピックスもご興味があるでしょうから、そういうものについてもなるべく触れています。

　なお、著者らは2008年に『実況LIVE　企業ファイナンス入門講座』を出版し、コーポレートファイナンスの基礎を解説しています。今回は、より実践色を強くし、そして株式市場とコーポレートファイナンスの関係性をケース事例も交えて具体的に解説しています。また、2013年に『あわせて学ぶ 会計&ファイナンス入門講座』（共にダイヤモンド社）を出版していますが、そこでは会計の基礎とコーポレートファイナンスのつながりを初級者にもわかるように書いてあります。

　本書は、この1冊が理解できれば実務の世界で足りるようにするため、それら2冊の書籍のうち重要な部分は再度別の書き振りやアングルから解説しています。ただ、紙幅の都合上、非常に初歩的な内容はそれら2冊に置いてきていますので、必要に応じて参照してみてください。なお、巻末には索引もつけてありますので、ぜひご活用ください。

　現場で使えるコーポレートファイナンスの書籍として、オフィスのデスクで、そして、大学の教室で本書を活用してもらえると本望です。

contents

はじめに 001

第1章
ファイナンスの全体像:
Life of a Company 015

01 事業戦略と財務戦略は車の「両輪」 016
　誕生──ひたすら生き抜く(目安として設立後5年まで) 016
　成長──ビジネスの拡大(株式上場まで) 020
　成熟──さらなる成長への資金ニーズ(M&Aや市場での資金調達を活用) 021

第2章
ファイナンスに必要な
会計を理解する 027

01 ファイナンスと会計の関係は「原因と結果」 028
02 P/Lはフロー、B/Sはストック 030
03 キャッシュフローとは? ～利益とキャッシュフローの違い～ 036
04 利益は「意見」、キャッシュは「事実」 039
05 キャッシュフロー計算書に登場する3種類のキャッシュフロー 042
　営業活動によるキャッシュフロー 042
　投資活動によるキャッシュフロー 042
　財務活動によるキャッシュフロー 044
06 キャッシュフローを見れば企業のライフステージがわかる 046
07 運転資本とキャッシュフローの関係性 050

第3章
会計をファイナンスに生かすためのキャラクター分析 053

01 会計は会社のキャラクター（個性）を知るための最強の武器 054
02 ROAに隠された「収益性」「生産性」からわかる会社のキャラクター 056
03 キャラクター分析のお作法 062
04 株式市場はキャラクターをどう評価するか 075
05 ROEより重視すべきはROA 081
06 ROAと投下資産利益率（ROIC） 087
07 ROICはバリュードライバーを明らかにする 090
08 ケーススタディ：上場企業をやめてしまったメガネトップ 093
　　3社の税引前ROIC推移 105

第4章
ファイナンスの一丁目一番地「現在価値」 109

01 現在価値の概念：1年後の100万円より今日の100万円 110
02 現在価値の求め方：「複利計算」という基本的な約束事 112
　　打ち出の小槌の値段 116
03 リスクとリターンは振り子である 119

第5章
資本コストをマスターする 123

01 資本コスト(割引率)を計算する 124
　　資本コストは「投資家の期待」で決まる 124
　　加重平均資本コスト(WACC)の概念 125
　　株主資本コストとは 129
　　CAPMは投資家の思考プロセスを反映したもの 134
　　ベータ(β)は個別銘柄のリスクを表す 136
　　デットとエクイティでは、どちらの資本コストが大きい? 140
　　デットとエクイティの最適バランスは? 141

02 事業リスクと財務リスク 144
03 補論：財務レバレッジとROE 148

第6章
DCF法による事業価値の算出方法(超実践版) 153

01 DCF法の全体像 154
　　DCF法によるバリュエーションの流れ 154
　　企業価値は「非事業価値」と「事業価値」で構成される 154
　　事業価値は、ビジネスが将来生み出すフリーキャッシュフローの現在価値 156
　　なぜ、ファイナンスの世界ではROICが重宝されるのか? 158
　　DCF法の3つのステップ 160
　　コラム｜用語の使い分けについて 162

02 フリーキャッシュフローの予測 163
　　フリーキャッシュフローは営業利益からスタートする 163

　　　　予想財務3表の作り方　165
　　　　ケーススタディでDCF法によるバリュエーションを実践する　169
　　　　予想財務3表を作るための前提条件　169
　　　　予想P/L　172
　　　　予想B/S　174
　　　　予想フリーキャッシュフロー　178
　　　　予想投下資産　178
　　　　予想ROIC　178

03　WACCの算定　182
　　　　株主資本コストの推計　183
　　　　有利子負債資本コストの推計　185
　　　　資本構成の検討　185
　　　　WACCの算出　190

04　ターミナルバリュー（永続価値）の算定　192
　　　　ターミナルバリューの考え方　192
　　　　ターミナルバリューの留意点　195
　　　　コラム｜100年後にもらえるポルシェの価値は？　199

05　事業価値・企業価値・株主価値　201
06　感応度分析　203
07　バリュエーションと株価　206
08　補論：DCF法によるバリュエーション詳解　209
　　　　事業計画策定上の注意　209
　　　　予想P/Lと予想B/Sの循環　214
　　　　WACCを設定するための目標資本構成の循環問題　214
　　　　株主資本コストを求める際に悩ましいベータの取り扱い　215
　　　　レバードベータとアンレバードベータ　223
　　　　DCF法の算定結果はほとんどがターミナルバリューだから意味がない?!　230

09　6社クイズ B/SとP/Lには業種ごとの"型"がある　233

第7章
株式市場での同業他社の評価 245

- 01 株式市場がどう評価しているのか理解するのがComps 246
  - **Compsの手順** 247
  - **EBITDAマルチプル** 249
  - **PERとPBR** 251
- 02 PERもEBITDAマルチプルも成長性と収益性に応じて高くなる 257
- 03 カレンダライズ（Calendarize） 261
- 04 眼鏡業界のEBITDAマルチプル 263

第8章
M&Aにおける買収金額の決め方 269

- 01 買収金額の相場 270
  - **グローバルM&Aの買収金額は上昇傾向** 270
  - **買収にはクールな判断が必要** 272
- 02 シナジー効果と買収金額 275
- 03 買収効果を測る指標 279
  - **買収効果を何で測るか？** 279
  - **買収スキームや資金調達方法で買収効果は変わってくる** 279
- 04 のれん償却への対応 282
- 05 上場企業の買収におけるTOB価格の決定 285
- 06 LBOへの発展 293

LBOのスキーム 294
PEファンドの儲けのカラクリ 296
07 PEファンドが買収するのは「衣・食・住」ビジネス 301
08 教科書通りのファイナンス戦略を実践するソフトバンクグループ 302
09 株式会社マイネットによるLBO案件と資金調達スキーム 310
コラム｜買収形態について 318

第9章
株主還元政策 319

01 過小評価されている配当の重要性 320
02 ペイアウトの全体像 324
配当政策 324
横並びの日本企業、成長戦略とのバランスで決める欧米企業 325
現金を貯め込むだけでいいのか？ 329
コラム｜行き過ぎた業績連動報酬も考え物か 331
株主還元にもダイナミズムを！ 335
コラム｜配当性向を100％にしたアマダ 341
03 配当について 343
配当は株主にとって価値中立的 343
機関投資家の配当に対する期待 345
04 自社株買いについて 349
05 配当 v.s. 自社株買い 353
06 株主優待をどう考えるべきか 357
07 ペイアウトケーススタディ 361
08 補論：リキャップケーススタディ 374

第10章
IR戦略 393

01 IRの前提知識 394
02 誰を対象とするのか 395
03 機関投資家 v.s. 個人投資家 397
04 日本の株式市場の大株主は誰か 403
05 マーケットを司る超重要要素としての流動性 408
06 ストラテジストという存在 413
07 どの投資家にアプローチするか 415

第11章
ベンチャーファイナンス 419

01 ベンチャーファイナンスについて 420
　　VCなどリスクを取る株主が得られるものとは？ 423
　　出資金額と持分割合の関係 424

02 未上場企業の株価はどうやって決めるのか？ 428
　　PER以外でベンチャー企業の想定時価総額を求める方法 430
　　出資時の時価総額が決まって、発行する株数も決まる 436
　　コラム｜業界平均PERを求める際はどこまでを業界の銘柄として含めるべきなのか？ 438

03 上場までの株主構成をどう考えるか（資本政策） 439
04 クラウドファンディング 443
　　資金調達のみではないクラウドファンディングの役割と効果 445
　　クラウドファンディングの課題と波及効果 448

第12章
ビジネスパーソンとして
ざっくり知っておくべき
主要数字一覧 451

あとがき 461

索引 467

第1章
ファイナンスの全体像：
Life of a Company

「ファイナンスの知識を身につけたのはいいが、現場でどう使えばいいかイメージが湧かない」
これは、コーポレートファイナンスの分野で最もよく耳にする読者の悩みです。
そこで、本書ではファイナンスの実務の全体像をつかんでもらうため、最初にLife of a Company［会社の一生］という考え方をご紹介します。
実際、外資系投資銀行に新入社員として入社した筆者が真っ先に学んだのは、財務諸表でもなく、株式市場や債券市場のことでもなく、このLife of a Companyでした。
会社には、ライフステージに合った経営戦略、財務戦略が存在します。どのライフステージでどんな戦略が発生するかを知ることで、各章で学ぶ知識がどんな場面で使われるのか、まずは直観的に把握してください。

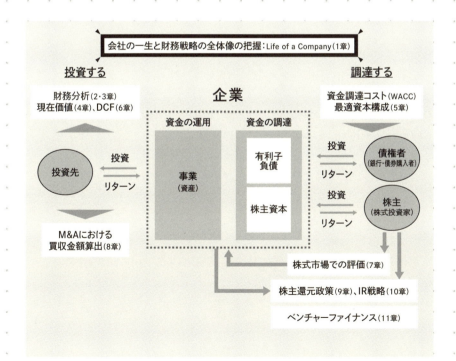

01 事業戦略と財務戦略は車の「両輪」

　企業にとって、事業戦略と財務戦略（ファイナンス）は両輪です。事業投資をするためにはお金が必要で、さらなるお金を生み出すには事業投資が必要です。そして、みなさんが最近よく耳にするM&A（買収、合併、売却）は、財務戦略そのものと表現しても過言ではありません。それほどにファイナンスは重要なのですが、企業の成長ステージによって採るべき財務戦略は異なります（図表1-1）。

　筆者が初めてこのLife of a Companyの考え方を学んだときは、まさに目からウロコの思いでした。以下、Life of a Companyのプロセスを3つに分けて概括しながら、本書を通じて学んでいく内容について紹介します。

誕生──ひたすら生き抜く（目安として設立後5年まで）

　日本では毎年あまたの企業が新たに設立されていますが、そのうちの70%程度は設立後5年以内に消滅（倒産、廃業、休眠）していると言われます。

　起業後しばらくの間は費用が先に出ていきますので、自ずと赤字となり、設立時に出資した資本金を食いつぶしていくことになります。最初はたくさん集めたと思っていた資本金も、意外とすぐになくなります。

　筆者は資本金1,200万円で起業した経験がありますが、当時、すでにベンチャー企業を経営していた友人から「1,000万円なんてすぐになくなるよ」と言われました。「そんなわけない。1,000万円は大金じゃないか」と思っていたのですが、彼の言うとおり1,200万円は1年もしないうちになくなりました。

　資本金を食いつぶしてしまう前に資金調達を行わなければ、企業は生き抜けません。したがって、起業後間もない経営者の頭の中は常に金策のことでいっぱいです。お金を銀行から借りることができればいいのですが、70%の確率で消滅するということは、その企業にお金を貸しても戻ってこない確率が70%ですから、銀行は当然このステージの企業に対する融資に消極的です。

1-1 Life of a Company（コーポレートファイナンスの羅針盤）

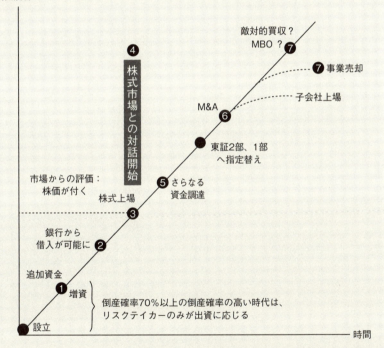

銀行がベンチャー企業に対してなかなかお金を貸さないことに対して、非難や不満の声が上がることがありますが、銀行側にしてみると返ってこない確率が高いところには当然貸せません。生き残りそうな企業を選別する眼を鍛えればいいのですが、あえてベンチャー企業の中からそのような企業を探さなくとも、もっと社歴の長い企業を相手にしていた方が銀行の経営的には安全です。

　一方、ベンチャーキャピタルは、ダイヤモンドの原石のようなベンチャー企業を見つけて、そのベンチャー企業の株式を購入することで企業にお金を提供します。つまり、出資するわけです。企業側から見れば、増資をするということになります(図表1-1❶)。将来その出資をした企業が上場した際、もしくは他社に売却された際に、保有する株式が値上がりしていれば売却することで利益を得ます。典型的なハイリスク・ハイリターン投資です。未来のFacebookやAmazonを発掘し、株価が低いうちに先に投資をしておき、後で株式を売却することで利益を上げることがベンチャーキャピタルの仕事です。

　一方、最悪のケースでは企業が倒産してしまい株券は紙くずになります。その場合、企業に出資したお金は出資者に返ってきません。

　企業側からみれば、株式発行による資金調達は返済する必要性がなく、利息の支払いもないため当面は事業に集中できます。もっとも、経営陣は、将来的には上場するか他社に会社を売却するかしてベンチャーキャピタルが株式を売却できる環境を整える必要がありますが、あくまで何年も後の話であり、すぐに対応を迫られる問題ではありません。

　このベンチャーキャピタルからの出資を受け入れる時点から、企業の本格的な財務戦略がスタートします。自社株式の何株をいくらでベンチャーキャピタルに購入してもらうのか、そして、出資を受け入れた後の株主構成、持分割合はどうなるのか、それらを総合的に考えて出資金額が決定されます。

このときに初めて自社の時価総額、資本政策というものを各社の経営陣は意識するようになります(詳しくは11章で見ます)。

初期の最もハイリスクな時期を乗り切り、企業の経営が徐々に軌道に乗れば信用力が上昇し、銀行が融資に応じてくれるようになります(図表1-1❷)。ベンチャーキャピタルと銀行の大きな違いは、それぞれの狙う打率、リスクの許容度です。ベンチャーキャピタルは、そもそも成功確率が非常に低い中に飛び込んで投資をするので、投資の失敗確率は高いです。一方、投資がうまくいき投資先企業が上場したり他社に売却されたりすれば、リターンは何倍、何十倍になって戻ってきます。数少ない投資成功案件で他の多くの失敗投資をカバーするのが、ベンチャーキャピタルのビジネスモデルです。

他方、銀行は融資先企業がどれだけ成功したとしても、収益源は利息(金利)だけです。金利は年々変動していますが、近年の銀行の平均貸出金利は5%以下であり、銀行はハイリスクを許容できません。本来的にローリスク・ローリターンな商売であり、失敗が許されないのです。

このように、ベンチャーキャピタルと銀行が求めるものは異なります。企業の財務戦略が本格化するのは、この異なる2者との対応を迫られるようになってからです。お互い求めるものが異なるのですから、当然意見も違ってきます。うまくバランスを取りながら、かつ、自社にとって最適な資金調達、財務戦略を遂行することが重要となります。

成長——ビジネスの拡大（株式上場まで）

　さて、事業が軌道に乗れば、次に企業が目指すのは株式公開（IPO）になります（図表1-1❸）。ベンチャーキャピタルはどこかのタイミングで株式を売却しますが、最も一般的なのは投資先企業が株式公開（上場）をして、市場で株式を売却するパターンです。したがって、ベンチャーキャピタルからの出資を受ける=株式公開を目指すのが一般的です。
　最近では、株式公開ではなく、他社に自社を売却することを最初から見据えて起業するケースも多く見られますので、以前ほどIPOありきではありませんが、それでもIPOがベンチャー企業にとって1つの目標であることは間違いありません。

　ただし、企業が株式公開をするのはベンチャーキャピタルのためだけではありません。一番の目的は、いつでも株式発行によって多額の資金調達ができる状況を確保しておくことにあります。
　企業が大きく成長するときには、なんらかのリスクを背負った戦略を展開しますが、上述したとおり銀行はリスクを嫌います。株式公開をしておくと、いざリスクを取るとき、多くの投資家から多額の資金調達が可能となります。
　資金調達以外にも、株式公開には、企業の認知度向上による各種メリット（顧客に対しての信用力アップ、採用がやりやすくなる、従業員が住宅ローンを受けやすくなるなど）が存在します。

　なお、株式は上場して初めて売買が可能になると思っている人もいるようですが、実は上場前でも売買可能です。しかし、株価をいくらにするかの値付けや、売買相手を探すことが容易ではないので、なかなか簡単には売買できないのが実情です。上場すれば、株価の値付けも売買先の確保も圧倒的に

楽になります。

成熟──さらなる成長への資金ニーズ
（M&Aや市場での資金調達を活用）

　株式上場時には、ベンチャーキャピタルのような既存株主が一部保有株式を売り出す一方で、企業も新たに株式を発行することで資金調達ができます（増資）。それらの株式は企業の打ち出す上場後の成長戦略（エクイティストーリーと呼ばれます）に魅力を感じた投資家が購入します。企業はこのときに調達する資金を活用して新たに人材を採用したり、工場の建設をしたり、より攻めの経営姿勢に転じることが可能です。

　上場後は随時、資金ニーズが発生するにしたがって株式市場からの資金調達が可能となります。しかし、そのためには継続的に株式市場と「対話」を行い、常に潜在投資家を開拓しておく必要があります。日頃からの「対話」を怠ると、いざ資金調達しようにも投資家が応じてくれない可能性が高いからです。この「対話」がIR（Investor Relations：投資家対応）と呼ばれるもので、上場企業にとっては非常に重要です（図表1-1❹）。

　青果市場や鮮魚市場でも商品を値付けするには鮮度、色、状態、産地などを確認します。株式も同じで、企業の状況と今後の成長可能性を値付けの材料とする投資家のために、常に情報を提供する必要があります。それがIRです。
　もちろん、IRをしなくとも株式は市場で売買可能ですが、何の情報提供もない企業の株式は怖くて誰も手を出せません。そうすると売買する人が減り、値付けがだんだん困難になっていきます。値付けが困難になると、ますます売買する人が減り、誰もその株式に注目しなくなります。したがって、「株式なんて勝手に売買しておいてよ」と放置するわけにいかないのです。

売買する人が少ない株式は、株価の信憑性が薄く、また、その株式を購入しても売りたいときに売れない可能性があります。実はこの「売りたいときに売れない」というのは株主にとっては大きなリスクで、非常に嫌がられます。すると、企業が資金調達をしようとして株式を発行したくても、購入する投資家が存在せずに資金調達ができなくなってしまいます。これは「流動性リスク」と呼ばれ、事業会社やコンサルタントが見落としがちなものです。IRにはこの流動性を向上させる役割もあります(10章で詳しく見ます)。

　なお、株式を上場したからといって株式で資金を調達する必要性は必ずしもありません。引き続き銀行からお金を借りたり、社債を発行して投資家からお金を借りることも可能です。企業から見てお金を調達する場合にかかるコストを資本コストといいますが、株式発行(増資：エクイティファイナンス)と銀行や社債で調達(デットファイナンス)する際の資本コストは異なります(図表1-1❺)。それぞれのメリット・デメリットを見極め、適した方法で戦略的に資金を調達することが企業には求められます(5章で詳しく見ます)。

　M&Aについても触れておきましょう。通常、企業(メーカーを想定します)は、工場を建設し、製品を作り、それを販売して利益を得て再投資する、という一連の流れを繰り返して大きくなっていきます。しかし、新製品には開発期間が必要ですし、工場も建設してから完成するまで時間がかかります。その間にライバル社が先に製品を販売して市場を席巻してしまうかもしれません。したがって、企業は事業拡大を考えるときに、すでに工場や製品を保有する企業を丸ごと買収してしまい、「時間を買う」行動に出ることがあります。これがM&Aです(図表1-1❻)。

　通常の買い物をするときにも保証期間があるのと同様に、M&Aでも買収後ある一定期間は保証期間が設けられます。電化製品であれば保証期間は1年というのが通常ですが、M&Aでは決まった損害補償期間や損害補償金額があるわけではありません。買収代金の支払方法や支払タイミング、従業員

の引き継ぎなど、他の項目とともに毎回交渉によって決まります。それぞれ、売る側も買う側も自社に都合のいいように契約をまとめたいと思うわけです。

M&Aの対象は大企業に限りません。ベンチャーキャピタルによる国内投資額も、ベンチャー企業を対象とするM&Aも、企業内ベンチャーキャピタル（CVC）の投資額もすべて2018年は過去最高水準に伸びてきています。

特にベンチャー企業においては、IPOを目指さずに会社を丸ごと売却して、また起業をするというシリアルアントレプレナーと呼ばれる人たちが増えています。大企業でもこれまでは自社内の研究開発を起点とした事業化に軸足を置いていましたが、新規事業を外から丸ごとM&A（図表1-1❼）で買ってくるという動きが活発です（8章で詳しく見ます）。

以上、簡単ではありますが、会社の成長という時間軸（Life of a Company）ごとにどのような財務戦略やM&Aが展開されるかを垣間見ました。冒頭でご覧いただいたLife of a Companyの図は、より詳しく各ステージの財務戦略と突合させて書くと図表1-2のようになります。以降の章で、それぞれについて詳しく見ていきましょう。

なお、企業の経営陣が採る財務戦略だけを抜き出して、起業時から経験していくコーポレートファイナンス戦略を整理すると図表1-3のようになります。のちほど11章でも触れますが、近年はベンチャー企業でも早いタイミングでM&AやIR対応などを求められる場面が増えていますので、以前なら1つずつ登場したこれら財務戦略は、上場後、あるいは上場前でも同時多発的に登場するケースが比較的増えています。

1-2 Life of a Companyと具体的な財務戦略のイメージ

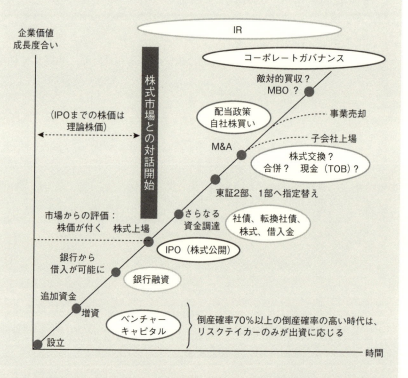

1-3　経営陣が経験する財務戦略（時系列）

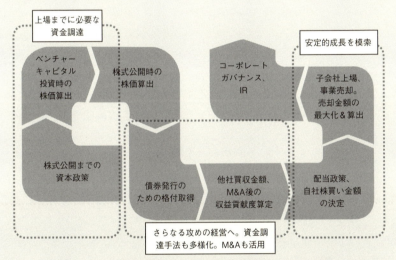

企業価値向上のための収益増加、費用削減のための施策としてM&A、
コーポレートファイナンス戦略が位置付けられる

第2章
ファイナンスに必要な会計を理解する

コーポレートファイナンスを理解するために助けとなる会計の知識。本章と次章ではコーポレートファイナンスのセンスを身につけるために必要最低限の会計知識を整理します。
まず、会計の基本中の基本である財務3表を構成する損益計算書（P/L）、貸借対照表（B/S）、キャッシュフロー計算書（C/F）について、コーポレートファイナンス的な視点からおさらいしていきましょう。本章は前著『あわせて学ぶ 会計＆ファイナンス入門講座』（ダイヤモンド社）をベースにしていますので、前著をお読みの方や会計に自信のある読者の方は本章を読み飛ばして次章に進んでいただいてもかまいません。

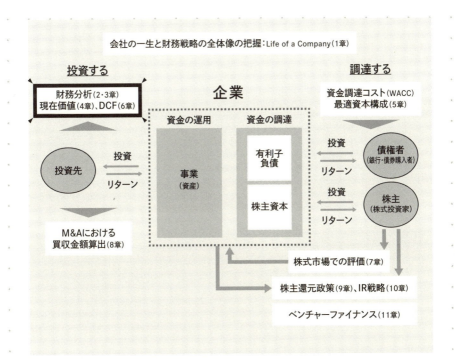

ファイナンスと会計の関係は「原因と結果」 01

　ファイナンスを理解するためには会計に関する基本的な知識が必要であるといわれています。ファイナンスと会計の関係については、ファイナンスが経営戦略の1つであり、会計が経営戦略の「結果」を表した情報だと言えます（図表2-1）。

　経営戦略の中には、ファイナンスのほか、マーケティング、生産、人材開発やR&Dなどがありますが、ファイナンス以外の経営戦略については、それらを理解するために会計の知識が必要であるといわれることはほとんどありません。いったいなぜでしょうか？

　これは、マーケティング、生産、人材開発やR&Dなどの経営戦略がいかに少ない費用で多くの収益を上げ、その結果として利益を獲得できるか、という形でマネジメントするものであり、会計との関係が比較的単純だからといえます。極論すると、会計に関する詳しい知識なんてなくともマーケティングなどの経営戦略を理解することも立案・実行することもできるわけです。

　これに対して、ファイナンスは、企業価値の向上を目的とした経営戦略です。詳細は後述しますが、ファイナンスの世界では企業の実力のことを「企業価値」という言葉で定義します。そして、この企業価値は、将来獲得するキャッシュフローの大きさによって決まります。キャッシュフローは文字通り、企業の事業活動によって生じる「キャッシュの出入り」を意味するわけですが、これは会計情報の1つであるキャッシュフロー計算書(C/F)に表れます。そして、このキャッシュフロー計算書は貸借対照表(B/S)と損益計算書(P/L)をもとに作成されているのです。つまり、ファイナンスは、貸借対照表(B/S)、損益計算書(P/L)およびキャッシュフロー計算書(C/F)から構成される財務3表そのものをマネジメントするための経営戦略です（財務3表については後述します）。換言すると、財務3表という会計情報の構造を知らないとファイナンス戦略を理解することも使うこともできないのです（図表2-2）。

2-1 会計とファイナンスの関係

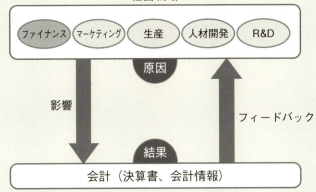

2-2 会計との関係の強さ

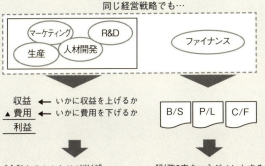

P/Lはフロー、B/Sはストック 02

　まずはよく耳にする貸借対照表(Balance Sheetの略でB/Sと呼ばれます)と損益計算書(Profit & Loss Statementの略でP/Lと呼ばれます)ですが、両者は密接に関連しています。なお、本書では以下、B/SとP/Lという用語で統一して説明していきます。

　B/SとP/Lを理解するには、会社の設立から考えるとわかりやすいでしょう。ここでは、あなたがパン屋を起業すると想像してみてください。800万円の自己資金と、200万円の銀行借入で会社を設立するとしましょう。株価を1万円に設定し、あなたが800株を購入します。これで資本金800万円です。会社設立の瞬間、会社には現金が1,000万円存在しますよね。会社設立時のB/Sは図表2-3のようになります。

　2日目、パンを作るための小麦粉、バター、牛乳を即金払いで仕入れました(通常の商取引では"掛け"で仕入れることが一般的ですが、ここでは話を単純化するために現金で即日仕入れたこととします)。また冷蔵庫も必要ですので、調達しました。すると、2日目終了時のB/Sは図表2-4のようになります。

　このように、B/Sは3つのハコでできています。左のハコは資産、右上は負債、右下は純資産です。資産、負債は、短期のもの(流動)と長期のもの(固定)に分かれます。小麦粉、バター、牛乳はすぐに商品化されて出ていきますよね。したがってこれは流動資産です。

　一方、冷蔵庫は今後何年も使用しますので、固定資産です。固定資産は、冷蔵庫のように目に見えるもの(有形固定資産)と、特許のように目に見えないもの(無形固定資産)があります。

　負債も同じです。今月働いてくれた従業員に対して来月払うべき給与は未払給与として流動負債にのりますし、1年以内に返済期限の来る借入金も流動負債です。返済期限が1年以上の借入金は固定負債といいます。

2-3 会社設立時のB/S

2-4 2日目終了時のB/S

このようにB/Sは、ある時点(通常は年度末の決算最終日)において、資金をどう調達したか(右側のハコ2つ)とそれをどう運用したかの状況(左側のハコ)を示しています。企業の財務内容を、ある瞬間のスナップショットでとらえた「ストック」の概念です(図表2-5)。

さて、この時点で売上は発生しましたか？　まだですね。費用は？　これもまだです。モノを仕入れただけでは費用は発生しません。ということで、P/Lはこの時点ではまだ作成できません。

次に、小麦粉、バター、牛乳で実際にパンを作って売ったとしましょう。150万円の売上となりました。利益はいくらですか？　材料は100万円で仕入れましたので、50万円の利益ですね。やや非現実的ですが、これが1年間の売上、費用、利益だとしましょう。そうすると、これが1年間のP/Lです。

```
売上　　150万円
▲費用　100万円
利益　　 50万円
```

P/Lは1年間における取引活動の結果、どれだけ儲かったか(または損したか)を示しており、これは「フロー」の概念ということができます。

読者のみなさんの1年間の給与と日々の生活費はP/L、一方、今銀行口座にいくらの貯金と借金があるか、これがB/Sです。

B/Sは、過去何年にも及ぶ企業の取引活動の結果であるP/Lの蓄積にほかなりません。したがって、P/Lは「原因」、B/Sはその「結果」を表しているということもできます(図表2-6)。なんてことのない話に聞こえるかもしれませんが、ここをきちんと理解できているかどうかは、会計やファイナンスの本質的なセンスに直結しています。

B/Sが健全な状態(自己資本比率が高い：借入金の割合が低い)であるということは、過去の長い期間を経て、毎期少しずつ利益を積み上げてきた結果

2-5 B/Sは3つのハコでできている

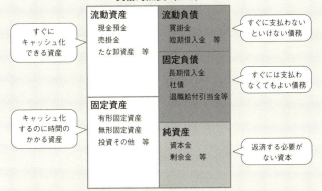

2-6 P/Lは「原因」、B/Sは「結果」

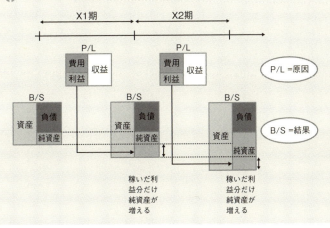

を表しています(**図表2-7**)。財務状況のよくない会社が、ある一期間だけ多くの利益を計上しても、悪化したB/Sを瞬く間によくすることはできません。B/Sをよくするのは、レンガを1つ1つ積み上げるような作業なのです。

一方で、借入金がゼロならB/Sが超健全で喜ばしいかというと、実はそうではありません。借入金を適度に活用して収益を伸ばす、これがコーポレートファイナンスのミソで、5章ではこの借入金の「適正度」について議論します。本書の中身を先取りすれば、企業活動とB/S、P/Lの関係は**図表2-8**のようになります。そして、この全体の最適解を求めて実行することがコーポレートファイナンス戦略なのです。

P/LとB/Sの関係の話に戻りましょう。一時的なP/L改善がB/Sをただちに大きく改善するわけではないのと同様に、逆にある期間だけP/Lで大きな損失を計上したからといって、B/Sがたちまち悪化することはありません。

投資ファンドを運営するインテグラル株式会社 代表の佐山さんは「P/Lは年間打率、B/Sは(生涯の)通算打率」とおっしゃっています。言い得て妙とは、まさにこのこと。1シーズンだけヒットを打ち続ければ年間打率は上がりますが、通算打率を上げるには引退するまで打ち続けなければいけません。

経営不振に陥った会社が再建を果たすとき、メディアではよく「V字回復」と報道されることがあります。

ただ、打率のたとえ話でもわかるとおり、採算を改善してP/Lの利益を出すようにすることは比較的容易ですが、財務内容が著しく悪化した会社のB/Sを改善するのは、どうしたって時間がかかるものです。

B/Sの内容を短期間のうちに劇的に改善するには、含み益のある資産を売却するか、借入金の返済を免除してもらう(債務免除)、増資に応じてもらう(エクイティファイナンス)など特別な手が必要になります。

P/Lはフロー(原因)、B/Sはストック(結果)。わかりきったことのように感じますが、これはファイナンス戦略を考える上でも重要ですので忘れないでください。

2-7 B/SとP/Lの本質

P/Lはフロー（原因）、B/Sはストック（結果）だけに……

P/Lはすぐに改善できる（悪化する）が、B/Sの改善は（悪化も）時間がかかる

2-8 企業活動とB/S、P/Lの関係

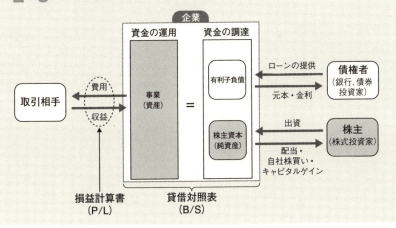

キャッシュフローとは? ～利益とキャッシュフローの違い～ 03

　企業活動によって生じるキャッシュの出入りのことを「キャッシュフロー」といいます。企業活動によって入ってきたキャッシュ(＝キャッシュインフロー)から企業活動によって出ていったキャッシュ(＝キャッシュアウトフロー)を差し引いたキャッシュフローをネットキャッシュフローといいます。そして、この現金の出入りのみを記録する財務諸表がキャッシュフロー計算書(C/F)です。以下本書では、C/Fといいます。
　コーポレートファイナンスの世界では、キャッシュ(ないし、キャッシュフロー)がとりわけ重視されます。しかし、ここで疑問が生じます。P/Lを見れば企業がどれだけ儲かっているかわかるのに、なぜわざわざC/Fを作成しなければいけないのでしょうか?
　それは、利益とキャッシュがまったくの別物だからです。

　読者のみなさんは、「黒字倒産」という言葉を聞いたことはあるでしょうか?「え? なぜ利益の出ている会社がつぶれるんですか?!」と思われる方がいるかもしれません。しかし、現実にはこのようなことが起きています。
　図表2-9をご覧ください。
　ある会社は、1個100万円の商品を10個仕入れました。仕入金額は合計で1,000万円です。このうち、2個の商品を1個150万円で販売したため、合計300万円の売上を計上することができました。こんな単純化されたケースで考えてみましょう。
　この会社の今期のP/LとC/Fを作成してみます。
　まずP/Lは、売上高が300万円(＝150万円×2個)となり、この売上高に対応する売上原価は200万円(＝100万円×2個)ですから、差し引き利益は100万円となります。P/Lは見事に黒字となっています。
　さて、C/Fはどうなるでしょうか。キャッシュインフローは売上収入の300万円(＝150万円×2個)ですが、キャッシュアウトフローは仕入に伴う支出1,000万円(＝100万円×10個)ですから、ネットキャッシュフローは700万

2-9 「利益」と「キャッシュフロー」の違い

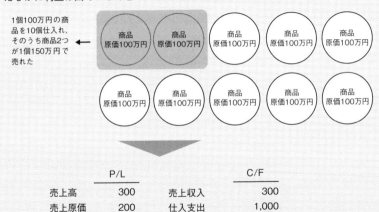

たしかに利益は出ているけど……

1個100万円の商品を10個仕入れ、そのうち商品2つが1個150万円で売れた

	P/L		C/F
売上高	300	売上収入	300
売上原価	200	仕入支出	1,000
利益	100	キャッシュフロー	▲700

キャッシュが尽きたら会社は倒産する

円のマイナスになります。

　このように、P/Lでは販売した2個の商品に関する収支のみを計上しているため黒字になります。ところが、仕入れた商品10個のうち8個も売れ残っているため、C/Fでは売上代金の収入が仕入代金の支払いによる支出をまかないきれていない、深刻な状況です。

　仕入代金の1,000万円を金融機関からの借入によって調達すれば納入先に対する支払はできるかもしれませんが、将来も売れ残りを出し続けるようなことがあれば、借入金の返済原資を用意できず、どこかで資金繰りは行き詰まります。そもそも、今期の仕入代金の1,000万円を用意できなかったら、その時点で事業の継続は不可能となり、会社は倒産してしまいます。これが黒字倒産の実態ですが、中小企業ではこのように「利益は出ているのに資金繰りが苦しい」という状況が多発しています。

　P/L上で利益だけを見ても資金繰りの実態はつかめません。C/Fを見ることによって、キャッシュフローの状況が確認できるのです。

　米国ビジネススクールのファイナンス・コースでもテキストとして使われいる『VALUATION』という名著の中で、ファイナンスの世界は"Cash is King"であると書かれています。その意味するところは、会計上の利益より将来キャッシュを生み出す能力こそファイナンスの世界では絶対視されるということ。なぜなら、ファイナンスの世界では、企業の実力たる企業価値は、その企業が将来キャッシュを生み出す能力であると定義するからです。会計上の利益が出ていても、キャッシュを生み出していなかったら、ファイナンスの世界では無価値とみなされます。そして、その企業価値を最大化することを目的とした経営戦略こそ"ファイナンス戦略"なのです。

04 利益は「意見」、キャッシュは「事実」

　日経新聞朝刊の投資情報面を見ると、毎朝のように上場企業の決算情報が載っていますよね。そこには「利益は対前期比○%の伸び」といった文字が躍っています。このように、会計の世界では「利益」が主役です。

　これに対して、コーポレートファイナンスの世界における主役は「キャッシュ（フロー）」です。キャッシュフローの多寡が企業価値を決めるため、「キャッシュがいくら増減するのか」が重要なのです。

　また、会計とファイナンスの主役の違いには、次のような事情も影響しています。会計で計算される利益の金額は、実は会計方針によって大きく変わるのです。

　たとえば、会社が設備投資を行い、機械設備などの固定資産を1,500万円で購入するケースを考えてみましょう。

　会社はこのような固定資産をその後長期にわたり活用し、収益を上げていくため、長期で少しずつ、獲得していく収益に対応させる形で費用に計上していきます。つまり、固定資産の購入代金を取得した決算期に一度に全額を費用として処理することはしません。これが「減価償却」の概念です。

　このケースにおいて、機械の購入代金1,500万円を5年間で均等額ずつ償却していけば毎期の減価償却費は300万円（＝1,500万円÷5年）となりますが、3年間で償却していけば毎期の減価償却費は500万円（＝1,500万円÷3年）となります。したがって、収益から減価償却費を含む費用を差し引いて求められる利益の金額は、どのように減価償却を行うかによって、まったく異なります（図表2-10）。

　つまり、会計の世界では、どのような方針で収益や費用を計算するかによって利益はいくらでも変えることができるし、極論すると恣意的な数字を作ることさえできてしまうのです（だから、粉飾決算が行われます）。

　また、まったく同じ取引についても会社が違えば異なる会計処理が行われることだってあります。同じ業界に属する複数の会社の業績を比較する際、本来はこのような会計処理の違いを調整しなければ意味がないわけです。

2-10 利益とキャッシュの関係

会計方針によって、利益は大きく異なるが……

【ケース1】
X0期末に1,500で購入した設備を「5年」定額法、残存価額ゼロで減価償却する。
売上は毎期2,000とする。

P/L

	X0期	X1期	X2期	X3期	X4期	X5期
売上	2,000	2,000	2,000	2,000	2,000	2,000
減価償却費	0	300	300	300	300	300
利益	2,000	1,700	1,700	1,700	1,700	1,700

【ケース2】
X0期末に1,500で購入した設備を「3年」定額法、残存価額ゼロで減価償却する。
売上は毎期2,000とする。

	X0期	X1期	X2期	X3期	X4期	X5期
売上	2,000	2,000	2,000	2,000	2,000	2,000
減価償却費	0	500	500	500	0	0
利益	2,000	1,500	1,500	1,500	2,000	2,000

C/F

	X0期	X1期	X2期	X3期	X4期	X5期
売上収入	2,000	2,000	2,000	2,000	2,000	2,000
設備購入	▲1,500					
CF	500	2,000	2,000	2,000	2,000	2,000

キャッシュフローはどちらも同じ

X1〜X5期の累計利益はケース1でもケース2でも8,500で同じ、累計減価償却費も1,500で同じだが、減価償却の期間を変えることで毎年の利益はケース1と2で変えられる

このような曖昧な会計の世界は、シロクロはっきりつけたい人にとっては気持ちが悪いかもしれません。でも、それが会計の大きな特徴であると理解しておく必要があります。一方、ファイナンスの主役であるキャッシュは、どのように計算しても答えは1つしかありません。

　同じケースで考えてみるとわかりますが、1,500万円の機械を購入した場合、設備投資した決算期に1,500万円のキャッシュが会社から出ていったという事実は誰も否定のしようがありません。それ以降、減価償却を5年で行おうが3年で行おうが、減価償却費に相当する300万円や500万円が実際に会社からキャッシュとして出ていくわけではありません。これが、会計とファイナンスの大きな違いです。

　加えて、会計においては、会社の利益は、継続して行われる企業活動の結果、少しずつ生み出されると仮定します。したがって、固定資産の減価償却費の計算に代表されるように、あらゆる会計方針は毎期の利益が平準化されるように決められています。その方が、経年での収益分析も便利です。

　一方、コーポレートファイナンスの世界では、キャッシュの出入りはあくまで経営戦略の結果であり、会社の意図したとおりになるとは限りません。そのため、会計上の利益が毎期安定する傾向にあるのに対して、毎期のキャッシュフローやキャッシュ残高はデコボコする傾向にあります。

　両者の違いは、会計が人為的に利益を計算する制度であるのに対して、ファイナンスがキャッシュという事実に着目する、という点から生じています。これが「利益は意見(主張)であり、キャッシュは事実である」といわれるゆえんなのです。

キャッシュフロー計算書に登場する 3種類のキャッシュフロー　05

　今、前期末のキャッシュ残高が1,000、当期末のキャッシュ残高が800で当期のキャッシュフローが▲200という企業があったとします（図表2-11）。読者のみなさんは、この会社の当期のキャッシュフロー（▲200）を見て、会社がどんな状況だったのか読みとれますか？

　これだけだと、もちろん無理です。何によってキャッシュが減ったのかがわからないからです。
　そこで、キャッシュフロー計算書（C/F）は、キャッシュフローの性格の違いによって3つの区分を設けています。それが「営業活動によるキャッシュフロー」「投資活動によるキャッシュフロー」「財務活動によるキャッシュフロー」です（図表2-12）。

　ただ単に前期末と当期末のキャッシュ残高を比較しただけでは、キャッシュ残高が当期中に200減少したという結果しかわかりませんが、3つに区分されたそれぞれのキャッシュフローの状況を知ることによって、企業が置かれていた経営環境、事業や商品のライフサイクル、それに対して企業が実行した戦略やその成否を理解できるようになります。

営業活動によるキャッシュフロー

　営業活動によるキャッシュフローは、「本業の事業活動によって稼ぎ出したキャッシュフロー」をいいます。これがプラスでその金額が大きいほど、事業の「稼ぎ力」が強いことを意味します。

投資活動によるキャッシュフロー

　投資活動によるキャッシュフローは、「企業の設備投資および設備の売却、

2-11　キャッシュフロー計算書(C/F)

前期末キャッシュ残高	1,000
当期末キャッシュ残高	800
当期キャッシュフロー	▲200

キャッシュが200減ったのはわかるが、どのような要因で減ったのかわからない

2-12　キャッシュフロー計算書(C/F)の3つの区分

キャッシュフロー（C/F）は、その内容によって、3つのカテゴリーに分類できる

キャッシュフローの区分	内容
営業活動によるキャッシュフロー	本業の事業活動によって稼ぎ出したCF このCFがプラスで金額が大きいほど事業の稼ぎ力が強いことを意味する。
投資活動によるキャッシュフロー	企業の設備投資および売却によるCF このCFがプラスだと設備などの売却収入があり、マイナスだと設備投資を行っていることを意味する。
財務活動によるキャッシュフロー	資金の調達および返済等によるCF このCFがプラスだと資金を調達し、マイナスだと借入返済、自社株買い、配当を行ったことを意味する。

キャッシュに含まれない金融資産への投資および金融資産の売却によるキャッシュフロー」をいいます。設備の売却等プラスのキャッシュフロー(＝キャッシュインフロー)と設備投資等マイナスのキャッシュフロー(＝キャッシュアウトフロー)から構成されます。

　この投資活動によるキャッシュフローのマイナスは事業への投資を意味するので、将来のために積極的に投資する企業は自ずとこの数値がマイナスになります。Amazonは、営業活動によるキャッシュフローはプラスですが、投資活動によるキャッシュフローはマイナスです。これは、事業で稼いだキャッシュをガンガンと成長投資に回していることを意味します。投資活動によるキャッシュフローのマイナスは、むしろ市場からは好意的に評価されることも多いです。

財務活動によるキャッシュフロー

　財務活動によるキャッシュフローは、「資金の調達および返済、配当や自社株買いなど株主への還元によるキャッシュフロー」をいいます。銀行借入や増資による資金調達等プラスのキャッシュフロー(＝キャッシュインフロー)と借入返済、配当、自社株買い等マイナスのキャッシュフロー(＝キャッシュアウトフロー)から構成されます。

　さて、3つのキャッシュフローの区分を理解したところで、もう一度図表2-11を振り返ってください。この図では、どのような要因によってキャッシュ残高が減ったのか理解することができませんでした。
　しかし、図表2-13を見るとどうでしょう。4つのケースは、いずれも当期のキャッシュフローが▲200となっていますが、3つの区分ごとのキャッシュフローの状況はまったく違います。それぞれのケースで、会社の状況がどのようなものであったのか、想像できるはずです。実際には中身を詳しく見

ないとわかりませんが、たとえば、ケース1なら、事業から順調にキャッシュフローが生み出されており、適度な成長投資を行いつつ、借入金の返済も行っているという比較的成熟した企業の姿が想像されます。

　一方、ケース4は、ベンチャー企業で、やっと事業活動が軌道に乗りつつあるものの、まだ営業活動によるキャッシュフローはマイナス、一方で、ここが勝負とばかりに積極的に事業投資を行っており、投資活動によるキャッシュフローはマイナス、そして、そのお金は借入金あるいは増資でまかなっているがゆえに、財務活動によるキャッシュフローはプラス、というような感じです。

2-13　3つの区分を見れば会社の状況がわかる

同じキャッシュフロー▲200の会社でも置かれた状況はまったく違う

	ケース1	ケース2	ケース3	ケース4
営業活動による キャッシュフロー	600	300	100	▲200
投資活動による キャッシュフロー	▲200	▲600	100	▲900
財務活動による キャッシュフロー	▲600	100	▲400	900
当期 キャッシュフロー	▲200	▲200	▲200	▲200

キャッシュフローを見れば 企業のライフステージがわかる 06

　実際のケースをご覧いただくとより理解が深まりますので、1つ事例を見ていきましょう。読者のみなさんは、メガネトップという会社をご存じでしょうか。多くの方にとっては会社名より「眼鏡市場」というブランド名の方に馴染みがあると思います。

　2013年4月15日、東証1部に上場していた眼鏡業界最大手のメガネトップが創業経営者による株式公開買付（TOB）でのマネジメント・バイアウト（MBO）を行い、同社を非上場化すると公表しました。その後、経営陣は株式公開買付で同社の株式の買い取りに成功し、非上場化を果たしたわけですが、その当時の眼鏡業界の主なプレーヤーのキャッシュフローに着目すると、大変おもしろいことがわかります。

　かつて昭和世代がメガネを買うときは、パリミキ、メガネスーパー、メガネドラッグといった大手全国チェーン店へ行くのが相場でした。フレームを選んで、視力検査をして、レンズを作ってもらい、最後に会計をすると5万円也。さらに、できあがるのは1週間後でした。

　今にして思えば、ずいぶん高い買い物です。当時、メガネは貴金属品扱いでした。昔の眼鏡屋さんは、どのお店も扱っているフレームやレンズ、それに値段もほぼ同じだったので、企業の競争力は単なる知名度の差のみ。ゆえに、眼鏡屋のテレビCMがやたらと多かったものです。粗利率は高く、大きく儲けた利益で大量にテレビCMを打つ。これが昔の眼鏡業界の必勝パターン。そんな眼鏡業界に革命を起こしたのがメガネトップです。

　日本の眼鏡業界では、「パリミキ」ブランドの三城ホールディングスが、長年業界のトップに君臨していました。そこに「眼鏡市場」というブランドで全国にロードサイド店を展開したメガネトップは、画期的な一手を打ちます。それが、どんなフレーム、どんなレンズを選んでも価格はすべて18,000円ポッキリという「ワンプライス制」です。それまでの眼鏡業界にしてみれば、超シンプル、かつ、明朗会計で斬新な事業コンセプトです。

　眼鏡業界でトップの座を取るという悲願をそのまま社名に冠した同社はみ

るみる業績を伸ばし、2012年3月期、三城ホールディングスをついに売上高で抜き去りました。

しかし、メガネトップが我が世の春を謳歌していた頃、眼鏡業界には、次のイノベーションを起こしつつある第3勢力がいたのです。それがフレームとレンズを合わせて5,000円、7,000円、9,000円という「スリープライス制」を打ち出したJINSを経営するベンチャー企業ジンズです。このJINSやZoff、OWNDAYSなどの第3勢力は、明朗会計の上に安く、ファッション性が高く、バリエーションが豊富。これが若者を中心に大ヒットしました。

そんな各社の事情も頭に入れた上で、メガネトップ、三城ホールディングス、ジンズの3社の当時のキャッシュフローの推移を見てみましょう。メガネトップがMBOを公表した2013年4月15日までに確定していた各社の決算に基づいて作成したキャッシュフローの推移が**図表2-14**です。

メガネトップは、着実に営業活動によるキャッシュフローを生み出し、それをもとに新規出店や改装のための設備投資を行った上、余ったお金の中から借入金の返済や配当を行っていることがわかります。まさにプロダクト・ポートフォリオ・マネジメント(PPM)でいうところの「金のなる木」を絵に描いたような理想的なキャッシュフローの状態です。

他方、三城ホールディングスに、かつて業界の盟主だった面影はなく、2012年3月期までの5年間、P/Lは収支トントンまたは赤字の状態でした。したがって、営業活動によるキャッシュフローが減少傾向であり、メガネトップにくらべても弱くなっています。もっとも、紙幅の都合上掲載はしていませんが、同社のB/Sに目を転じると、実質的に無借金である上、資産の3割がキャッシュというお金持ちですから資金繰りにはまったく困っていません。

ジンズは、2012年8月期までの5年間、業界の風雲児のごとく急成長を実現しています。そして、将来の成長が見込めるという予測のもと、銀行借入やエクイティファイナンスで資金を調達して、プロモーションや新規出店の

2-14 眼鏡業界3社のキャッシュフロー

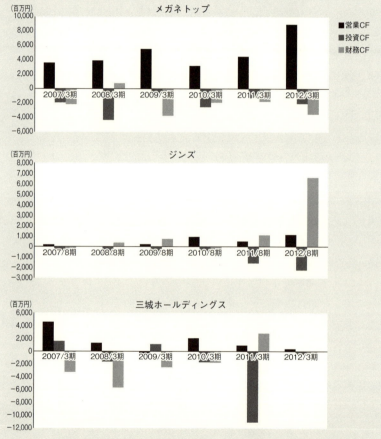

3社のライフステージの違いがキャッシュフローに如実に表れている

ための投資に回しています。そのため、投資活動によるキャッシュフローはマイナス(支出超過)で、財務活動によるキャッシュフローが大きなプラス(正味の資金調達)となっているのです。

　同じ眼鏡業界でも3社のキャッシュフローの状況はまるで違いますよね。メガネトップは安定成長を実現させ、ライフサイクルでいえば「成熟期」にあるといえます。三城ホールディングスは、昔のビジネスモデルが通用しなくなってきた影響から事業そのものが効果的にキャッシュを生まなくなっています。ライフサイクルでいえば、成熟期を越え「衰退期」へ足を突っ込みかけています。ジンズは典型的な「成長期」にあるベンチャー企業のキャッシュフローの状態です。今は獲得したキャッシュを溜め込むのではなく、外部から資金調達をしてでも積極的に投資を行っています(図表2-15)。

　いかがでしょうか？　ライフステージとキャッシュフローの密接な関係性がこれほど理解できる事例は珍しく、ケーススタディにはうってつけです。

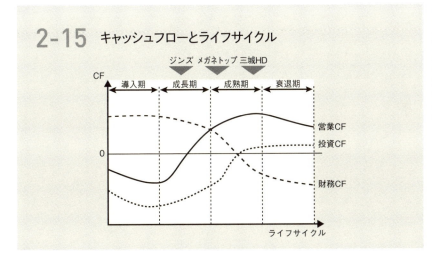

2-15　キャッシュフローとライフサイクル

運転資本と
キャッシュフローの関係性　07

　もう1つ、キャッシュフローを理解する上で重要な運転資本についても理解を深めましょう。かつて、新型インフルエンザやSARSという呼吸障害を起こすウイルスが流行った時期がありました。町中みんなマスクです。マスクを製造販売する企業にしてみると、ここ一番の稼ぎ時。みなさんがそんなマスク製造企業の経営者ならどうしますか？「大量にマスクを作れー！」と工場に大号令をかけ、それこそ工場を24時間稼働させるぐらいの戦略を導入しそうです。しかし、そんなときにあえてマスク事業から撤退した企業があります。エステーです。

　エステーはなぜそんな一世一代の稼ぎ時にマスク事業から撤退したのでしょうか？　それは不良在庫を抱えないようにするためです。新型インフルエンザやSARSでマスクが大量に必要になるということは、どの経営者にも見えるビジネスチャンス。おそらく、どの企業も増産するでしょう。
　その結果何が起こるかといえば、まず市中にマスクが溢れます。需要と供給を考えるとわかりやすいのですが、大量にマスクが供給されれば、当然価格は下がります。安いマスクを大量に販売して（薄利多売）、何とか各社とも利益を確保しようとするでしょう。それでも余ると、せっかく作ったマスクが滞留し始めます。これを滞留在庫と呼びます。
　マスクは生鮮食品とは違い消費期限がありませんから、滞留在庫になってもいつか売れさえすれば資金は回収できます。しかし、滞留在庫になると、それを保管しておく場所、すなわち倉庫が必要となり、賃借料がかかってしまいます。それは、実質的にはマスクのコストを押し上げ、利益を削ります。何年分もの滞留在庫を抱えた場合は、倉庫代を考えると、むしろ廃棄処分してしまった方がいい、なんていうことにもなりかねません。しかも、もし、新型インフルエンザやSARSが早期に収束してしまったらどうでしょうか？
　事態はさらに悪化します。
　このように、在庫を抱えることは、資金が寝てしまうこととイコールであ

り、資金繰りを圧迫するリスクが存在するのです。在庫は一部では「罪子」と呼ばれるほどに注意すべきものです。商品を販売する営業部隊は売り逃しを恐れますので、在庫をたくさん持ちたがります。しかし、適正レベルを超えてしまうと、在庫はむしろ企業にとっては害となります。エステーは、そのことを見越してマスク事業絶頂期にあえて撤退したのでした。実際、その後、市中では大量のマスクが余り、経営的に大きなダメージを受けた企業も存在します。一方のエステーは、マスク事業に費やしていたリソースを他に仕向けることで、むしろ成長を遂げていきました。

同様の事例に、たまごっちがあります。1990年代に登場したたまごっちは、その後も長期にわたり親しまれる存在となっていますが、われわれ著者と同年代の人たちならご存じのように、初代たまごっちは実は短命でした。1997年に空前のブームを引き起こしたたまごっちは、どの店頭でも売り切れ状態。当然メーカーのバンダイは、たまごっちを増産します。しかし、製造には時間がかかります。そうこうしているうちに「たまごっちもどき」のニセモノが市中にたくさん登場する始末となりました。数ヶ月経って品切れしていたたまごっちをバンダイがやっと店頭に再び届けた頃には、ブームは急速に終焉を迎えていました。結局残ったのは大量の在庫の山。マスクはいずれ売ることができるでしょうが、たまごっちのようなブーム性のあるものは、ブームが去ると決して売れません。マスク以上に厄介ものです。

結局、バンダイは大量のたまごっちの在庫を廃棄処分します。その損失額は数十億円におよびました。その後、ビジネス雑誌のインタビュー記事で同社社長が、在庫の怖さを思い知ったと話しています。

キャッシュは企業の生命線です。在庫が増えるとキャッシュが減少するというのは、会計におけるキャッシュフロー計算書を理解する上で最も重要なポイントです。しかし、在庫というものが、われわれ個人の日常生活には登

場しないがゆえに、それを本当に理解するのは容易ではありません。しかし、このようなマスクやたまごっちの事例を聞くと、だいぶイメージしやすくなるのではないでしょうか。

第3章

会計をファイナンスに生かすためのキャラクター分析

これまでの章では、コーポレートファイナンスの理解に最低限必要な会計の基本をおさらいしました。このあと6章「DCF法による事業価値の算出方法（超実践版）」では、それらをもとに事業価値や理論株価を求めるバリュエーション手法を学びます。DCF法を使ったバリュエーションは、企業の事業計画に基づいて、将来生み出すキャッシュフローをベースに理論的な株価をはじきます。つまり、企業の本質的な価値は、その企業の将来にかかっているというわけです。予測をするには、まずは現状分析、理解が必要です。人間ひとりひとりにキャラクター（個性）があるように、どんな企業にも強みや弱みといったキャラクターがあります。そのキャラクターこそが、その企業の将来を形作っていくのです。本章では、DCF法によるバリュエーションを行う上で非常に重要な、企業のキャラクター分析のお作法について解説します。

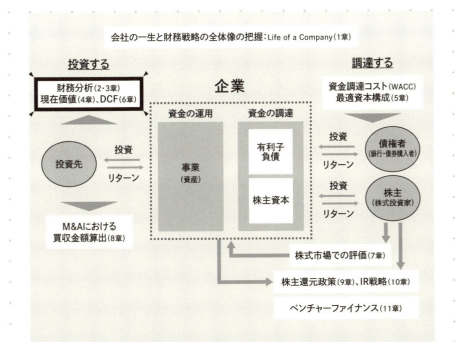

01 会計は会社のキャラクター(個性)を知るための最強の武器

　コーポレートファイナンスを理解するために会計の知識が重要であることはご理解いただけたと思います。
　ところが、会計に対しては「何度勉強してもわかったようでわからない」「本で理解しても実務で使えるようになった気がしない」といった印象を抱いているビジネスパーソンが多いのもまた事実です。いったん勉強すれば財務3表の読み方くらいはわかるようになりますし、表面的な財務分析もできるようになります。でも、「それで？」となってしまい、せっかく勉強してもビジネスの現場で「使える武器」になった実感が持てないようです。

　事実、財務3表を読むことも、それを使って財務分析を行うことも、あくまで「手段」であって、「目的」ではありません。財務3表を理解できるようになっておしまいではなく、読者のみなさんには本書を通じて、ぜひ会計を「使える武器」に昇華させていただきたいと願っています。
　では、会計を学ぶ目的は何なのか。
　すべての経営戦略の目的は、極論すれば「儲ける」ことです。経営戦略の実行結果は財務3表に表れます。それを経営陣へフィードバックするという会計の機能に着目すれば、会計という道具はたちまち「儲けるための武器」として使えることがわかります。
　また、会計を学ぶことのメリットは、その企業の、どこに、どんな強みや弱みがあるのか、企業の特性をたちどころに浮かび上がらせることができることです。
　われわれ人間には、ひとりひとりにキャラクター(個性)があります。実は、企業にも各社のキャラクターがハッキリと表れます。筋のよい、自社にとって最適な経営戦略を策定するには、自社のキャラクターを正しく理解しておくことが求められます。
　一度でも会計や財務分析の勉強をした経験のあるビジネスパーソンならば、企業のキャラクターを浮き彫りにするための道具(ROAや自己資本利益率な

どを使った財務分析）そのものはすでに知識として持っています。ただ、「武器」として使えるようになっていないだけです。

　武器として使えるようになるには、ほんのちょっとした「お作法」を身につけることが必要です。それさえできれば、自社のキャラクターから効果的な経営戦略を立案することができるようになります。
　また、コーポレートファイナンスの代表的な打ち手である「他社の買収」は、買収対象先の強みや弱みを理解することから始まります。会計から強みと弱みを分析してはじめて、自社の戦略や方針に合致した買収が可能なのか検討し、買収後の統合マネジメントのための有効な打ち手を立案することが可能になります。会計という道具を武器として使えるようになるとは、そういうことなのです。

ROAに隠された「収益性」「生産性」からわかる会社のキャラクター 02

　会計や財務分析に関する教科書では、売上高利益率、在庫の回転期間、流動比率、利益成長率といった各種の指標を「収益性」「生産性」「安全性」「成長性」という4つに分類しているケースが一般的です(図表3-1)。

　この4つの分類は、企業のキャラクターを決定づける原因となる「収益性」と「生産性」、それらの結果としての「安全性」と「成長性」の2つの性格に分けることができます。

　企業の根本的なキャラクターを理解する上で相対的に重要なのは、原因たる収益性と生産性です。これら2つのキャラクターが優れていれば、結果である安全性や成長性は必然的に強くなります(図表3-2)。

　ところで、読者のみなさんは、企業のキャラクター分析の王様たる財務指標は何だと思いますか？　売上高に対して利益をどれだけ残しているかの売上高利益率を想起する人が多いのではないでしょうか？

　実は、「総資産利益率」(ROA：Return On Assets)が正解です。

　ROAは企業が投下したすべての資産を使って、どれだけのリターン(利益)を得たかを示す代表的な財務分析指標です。財務分析に詳しい読者にとっては「え？　ROAが!?」と意外に思われたかもしれません。馴染みの指標でありながら、「で、これで一体何がわかるの？」といった印象のぬぐえない、どこかとらえどころのない代物です。

　では、なぜROAがキャラクター分析の王様かといえば、収益性と生産性という2大キャラクター指標に分解することができるからです(図表3-3)。詳しく見ていきましょう。

　ROAは $\dfrac{利益}{総資産}$ ですよね。では、この「利益」にはP/Lのどの利益区分を使うのが適切でしょうか。「純利益(当期純利益)」、「経常利益」、「営業利益」など様々な利益の区分については図表3-4をご覧ください。純利益だと本業以外の損益が反映されてしまうことが多く(たとえば、保有していた土地を

3-1 会社のキャラクター(個性)を知る

会社のキャラクターは、4つの要素に集約される

- **収益性** いかに儲かっているか（売上のうち利益を残すか）
- **生産性** いかに効率的に稼ぐか
- **安全性** いかに安定しているか（余裕があるか）
- **成長性** いかに業績が伸びているか

3-2 収益性と生産性が重要

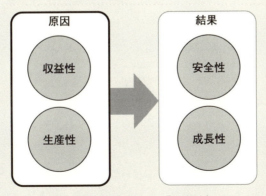

原因である「収益性」と「生産性」にクローズアップする

3-3 総資産利益率(ROA)の分解

ROAは、企業の総合力を示す最重要指標（キャラクター指標の王様）

$$ROA = \frac{営業利益}{総資産} \quad \cdots （第1式）$$

$$= \frac{営業利益}{売上高} \times \frac{売上高}{総資産} \quad \cdots （第2式）$$

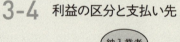

売上高利益率（営業利益率）　　　総資産回転率
　　　　＝　　　　　　　　　　　　＝
　　収益性指標　　　　　　　　　　生産性指標

ROAは、収益性指標と生産性指標に分解することができる

3-4 利益の区分と支払い先

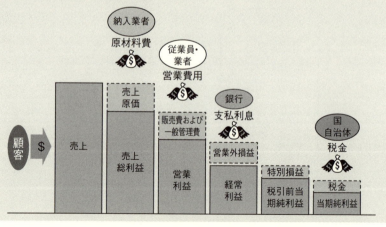

売却した場合の損益など)、本業の価値を測るにはやや不便です。経常利益は営業利益に営業外収益(利息や配当金の受け取りなど)を加え、営業外費用(支払利息や為替差損など)を差し引いて求められる利益(営業利益に財務関連損益を調整した利益)です。本業のビジネスの強み・弱みを理解したいキャラクター分析を行うときには、経常利益に含まれる財務関連損益はノイズになります。その点、営業利益は本業のビジネスから生み出された利益のみが反映され、わかりやすいというメリットがあるため、筆者は常に営業利益を用いています。以降、本書では、ROAを分解したときの売上高利益率は、すべて「営業利益率」としています。

　図表3-3のとおり、ROAの第1式は、第2式のように分解することが可能です。営業利益率は「顧客から獲得した売上高のうち、どれだけの儲け(付加価値＝利益)を残すのか」を示す収益性指標です。
　そして、総資産回転率は、「企業が本業の事業に投下した総資産を使って、どれだけの成果(リターン＝売上高)を獲得したのか」を示す生産性指標です。
　営業利益率が高いほど利益を多く生み出し、総資産回転率が高いほど保有資産から売上高を効率的に生み出しますから、企業価値のもととなるキャッシュを生み出す能力が高くなります。それゆえに収益性と生産性という2つのキャラクターが企業価値の源泉なのです。
　ROAの優れているところは、営業利益率や総資産回転率に企業の強みや弱みを発見し「その要因は具体的にどんなところにあるのだろう？」と疑問を持ったときに、それら2つのキャラクター要素をさらに分解して突き止めることができる点です。中小企業の経営分析を行う場合は、このROAだけをつぶさに見ていけばキャラクター分析は十分とさえ言えます。

　ちなみに、日本の上場企業のROAを平均値で見ると5％です(分子に営業利益をとっても経常利益をとってもほぼ同じです)。これは2018年3月期まで

の3年間ほとんど変化がありません。ビジネスパーソンとして、ROAの「普通」の水準である5％は覚えておきましょう。

さらに、上場企業の2018年3月期における売上高営業利益率の平均値は6％（ちなみに、経常利益率もほぼ同じです）、総資産回転率は0.8回（365日÷0.8＝456日分の売上高で総資産を回収できるという意味）となっています。

ROA5％≒営業利益率6％×総資産回転率0.8回

は、セットで頭に入れておきましょう。

実務で得意先や買収対象先の財務内容を調べる場面に出くわしたとき、いきなり、詳細な数字を深掘りしてはいけません。「木を見て森を見ず」の状態にならないよう、まずは、ROAが5％より高いか低いか、営業利益率や総資産回転率は普通と比べてどうか、という大きな視点でチェックすることを心がけます。ほんのちょっとしたことですが、パッと見ただけで普通より「よい会社」か「悪い会社」かを伝えることができればクライアントや上司に喜んでもらえます。じっくり調べてから詳細な分析結果を翌週にクライアントや上司へ報告することも重要ですが、このようにビジネスパーソンとして知っておくべき数値を頭に入れておくと、その場ですぐに気の利いたコメントができますので、周りの人とも差がつけられます（12章で、このような頭に入れておくべき数値をまとめてあります）。

ちなみに、総資産回転率について、一般的な財務分析の教科書では「売上高÷総資産＝○回」と書かれていることが多いと思います。このとき、「1年間の売上高を獲得するためにすべての資産を○回使った」と説明されるのですが、このように回転「率」という概念で説明されても多くの人が感覚的にイメージしにくいようです。

そこで、筆者は、回転率ではなく、分母分子を逆にした「総資産÷日商（1

日当たり売上高：売上高÷365日）＝〇日」という形の回転「期間」を計算することをお勧めしています。

　商品在庫についても、「回転率が4回」と言われるより、「回転期間が90日」（4回という回転率は1年に4回転するから月数に換算すれば3ヶ月であり、日数で換算すればザックリ90日となります）と言われた方が「商品在庫を仕入れてから販売してはけるまでに90日間かかるんだな」と感覚的に理解できると思います。

　両者は同じことを表現していますが、日数で表現した方がわかりやすいですよね。

キャラクター分析の
お作法   03

　さて、このようなキャラクター分析の有用性について、「なるほど！」とガッテンしていただくためには、覚えておくべき有効なお作法がもう1つあります。
　それは「並べる」と「比べる」というもの。
　具体的には、キャラクター分析の対象となる企業の収益性指標や生産性指標を時系列に並べること、そして、それらの指標を同業他社と比べる（比較する）（図表3-5）。たった、これだけのことです。
　5年分とか10年分とか時系列にデータを並べることによって、それだけで企業のキャラクターに関する趨勢や傾向が感覚的にわかるようになります。また、自社がベンチマークしている同業他社と比較することによって、否が応でも自社の強みや弱みがクッキリと浮かび上がってきます。
　以下では、実際のキャラクター分析を外食産業の事例を用いて見てみることにしましょう。
　日本のサラリーマンの心強い味方「吉野家」を運営する吉野家ホールディングス、ちょい飲みを武器にビール好きなオジサンたちを虜にしている「日高屋」を運営するハイデイ日高、それに、立ち食いステーキの「いきなり！ステーキ」で飛ぶ鳥を落とす勢いのペッパーフードサービスの3社のキャラクターを探ってみます（3社それぞれの概要については図表3-6を参照）。
　キャラクター分析のお作法は「並べる」と「比べる」です。各社のキャラクター分析の指標を5年分並べた上で、3社を比べます。

　まずは、ROA、および、ブレークダウンした要素を並べてみましょう（図表3-7、3-8、3-9）。
　それぞれの下図は「ROAツリー」と呼ばれるもので、ROAをブレークダウンした各構成要素をビジュアル化したものです。

3-5 キャラを浮き彫りにするための基本

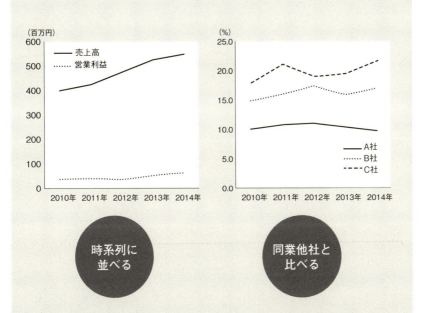

時系列に「並べて」、同業他社と「比べる」

3-6 外食業界3社の概要

	吉野家 ホールディングス 吉野家 YOSHINOYA	ハイデイ日高 熱烈中華食堂 日高屋	ペッパー フードサービス いきなり!ステーキ IKINARI STEAK
展開ブランド と店舗数	吉野家：1,207店舗 はなまる：432店舗 アークミール：184店舗 京樽：329店舗	中華そば日高屋、中華食堂日高屋、未来軒： 373店舗 焼鳥日高等：24店舗	ペッパーランチ等： 403店舗 焼肉ステーキ・くに等： 24店舗 いきなり！ステーキ： 115店舗
損益状況	売上高：188,623百万円 営業利益：1,865百万円 当期利益：1,248百万円	売上高：38,514百万円 営業利益：4,564百万円 当期利益：2,916百万円	売上高：22,333百万円 営業利益：958百万円 当期利益：572百万円
従業員数	4,251人	747人	351人

注）吉野家ホールディングスとハイデイ日高は2017年2月期、ペッパーフードサービスは2016年12月期の数字

3-7 ROAのブレークダウン：吉野家ホールディングス

吉野家ホールディングス

	実績 2013/2期	実績 2014/2期	実績 2015/2期	実績 2016/2期	実績 2017/2期	
ROA（営業利益ベース）	2.0%	2.3%	3.4%	1.5%	1.6%	
営業利益/売上高	1.1%	1.3%	2.0%	0.9%	1.0%	
売上原価/売上高	35.8%	37.3%	37.5%	38.2%	36.3%	
販管費/売上高	63.0%	61.5%	60.5%	61.0%	62.8%	
総資産回転率	1.8	1.9	1.8	1.7	1.7	
現金預金回転率	10.4	10.7	8.0	7.7	8.1	
売掛金回転率	55.0	56.2	48.4	50.3	53.2	
在庫回転率	40.1	33.6	33.1	26.6	25.8	回転"率"で表示
その他の流動資産回転率	62.1	64.3	60.1	55.1	53.0	
有形固定資産回転率	4.2	4.5	4.6	4.4	4.2	
無形固定資産回転率	46.4	45.8	54.6	60.3	54.3	
投資その他の資産回転率	6.6	7.2	7.2	7.0	7.0	
総資産回転期間	205.9日	196.6日	207.0日	216.1日	218.9日	
現金預金回転期間	35.0日	34.1日	45.9日	47.5日	45.2日	
売掛金回転期間	6.6日	6.5日	7.5日	7.3日	6.9日	
在庫回転期間	9.1日	10.9日	11.0日	13.7日	14.1日	回転"期間"で表示
その他の流動資産回転期間	5.9日	5.7日	6.1日	6.6日	6.9日	
有形固定資産回転期間	86.0日	81.0日	79.2日	82.9日	86.8日	
無形固定資産回転期間	7.9日	8.0日	6.7日	6.1日	6.7日	
投資その他の資産回転期間	55.4日	50.5日	50.6日	52.0日	52.3日	

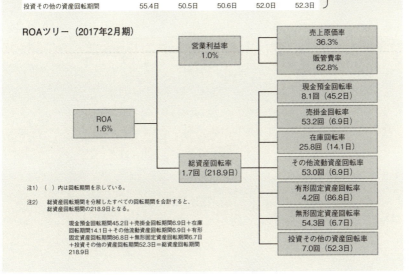

ROAツリー（2017年2月期）

注1）（ ）内は回転期間を示している。
注2）総資産回転期間を分解したすべての回転期間を合計すると、総資産回転期間の218.9日となる。

現金預金回転期間45.2日＋売掛金回転期間6.9日＋在庫回転期間14.1日＋その他の流動資産回転期間6.9日＋有形固定資産回転期間86.8日＋無形固定資産回転期間6.7日＋投資その他の資産回転期間52.3日＝総資産回転期間218.9日

3-8 ROAのブレークダウン：ハイデイ日高

	実績 2013/2期	実績 2014/2期	実績 2015/2期	実績 2016/2期	実績 2017/2期
ROA（営業利益ベース）	20.1%	19.0%	18.6%	17.9%	17.5%
営業利益/売上高	12.5%	11.7%	11.8%	11.8%	11.9%
売上原価/売上高	26.9%	27.7%	27.3%	27.3%	27.3%
販管費/売上高	60.6%	60.6%	60.9%	60.9%	60.8%
総資産回転率	1.6	1.6	1.6	1.5	1.5
現金預金回転率	6.8	7.7	6.5	5.2	4.7
売掛金回転率	150.1	179.3	166.7	184.8	194.0
在庫回転率	219.1	217.1	200.6	200.1	194.3
その他の流動資産回転率	52.8	52.9	53.8	57.6	59.6
有形固定資産回転率	3.9	3.6	3.5	3.8	4.0
無形固定資産回転率	334.6	460.0	591.3	545.6	380.8
投資その他の資産回転率	5.5	5.8	6.2	5.8	5.4
総資産回転期間	226.4日	224.5日	231.0日	239.6日	247.4日
現金預金回転期間	53.8日	47.5日	56.2日	69.9日	78.1日
売掛金回転期間	2.4日	2.0日	2.2日	2.0日	1.9日
在庫回転期間	1.7日	1.7日	1.8日	1.8日	1.9日
その他の流動資産回転期間	6.9日	6.9日	6.8日	6.3日	6.1日
有形固定資産回転期間	94.2日	102.6日	104.3日	95.9日	90.9日
無形固定資産回転期間	1.1日	0.8日	0.6日	0.7日	1.0日
投資その他の資産回転期間	66.3日	62.9日	59.1日	63.1日	67.5日

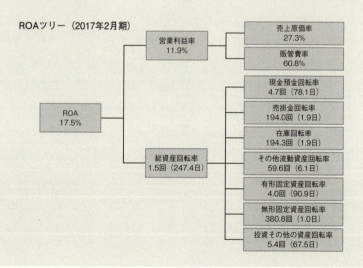

ROAツリー（2017年2月期）

3-9 ROAのブレークダウン：ペッパーフードサービス

	実績 2012/12期	実績 2013/12期	実績 2014/12期	実績 2015/12期	実績 2016/12期
ROA（営業利益ベース）	6.7%	10.6%	18.1%	14.1%	12.0%
営業利益/売上高	2.0%	3.6%	6.6%	4.7%	4.3%
売上原価/売上高	49.9%	49.3%	49.3%	53.8%	55.3%
販管費/売上高	48.1%	47.2%	44.2%	41.5%	40.4%
総資産回転率	3.4	2.9	2.7	3.0	2.8
現金預金回転率	42.2	16.7	11.4	12.4	11.1
売掛金回転率	18.7	18.8	21.1	26.7	26.6
在庫回転率	96.4	121.8	145.1	153.5	141.9
その他の流動資産回転率	36.5	32.9	27.8	34.3	32.5
有形固定資産回転率	15.1	12.8	10.1	9.1	8.1
無形固定資産回転率	256.4	146.5	141.9	265.0	302.8
投資その他の資産回転率	8.9	9.8	12.5	15.4	15.7
繰延資産回転率	2,826.8	6,204.7	27,776.8	320,759.7	—
総資産回転期間	108.9日	123.8日	132.9日	121.6日	130.0日
現金預金回転期間	8.6日	21.8日	32.1日	29.5日	32.8日
売掛金回転期間	19.5日	19.5日	17.3日	13.7日	13.7日
在庫回転期間	3.8日	3.0日	2.5日	2.4日	2.6日
その他の流動資産回転期間	10.0日	11.1日	13.1日	10.6日	11.2日
有形固定資産回転期間	24.1日	28.6日	36.1日	40.3日	45.2日
無形固定資産回転期間	1.4日	2.5日	2.6日	1.4日	1.2日
投資その他の資産回転期間	41.2日	37.2日	29.2日	23.8日	23.2日
繰延資産回転期間	0.1日	0.1日	0.0日	0.0日	—

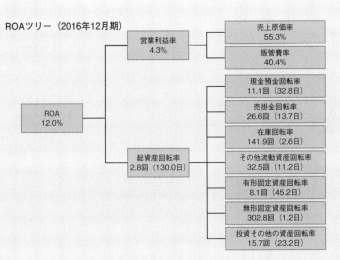

そして、3社のROA、営業利益率、総資産回転率をグラフにして比べてみます(図表3-10)。

　さらに、各社の強みと弱みがどこに起因しているのか検証してみます。具体的には、収益性指標である営業利益率を原価率と販管費率に、生産性指標である総資産回転期間を在庫回転期間、有形固定資産回転期間、投資その他の資産回転期間にブレークダウンします(なお、売掛金や無形固定資産などの回転期間は、今回はあまり意味のある分析ができないため無視します)。すると、各社のキャラクターの違いがクッキリと浮かび上がってきます。
　各社の収益性を見ていくと、ハイデイ日高の営業利益率が素晴らしく高いわけですが、これは原価率が低いことが寄与しているのだとわかります(図表3-11)。同社の原価率の低さ(粗利率の高さ)は、原材料の仕入政策のうまさによる原価低減の効果もありますが、それ以上に客単価を上げていることが奏功していると考えられます。

　日高屋へ行くとわかりますが、生ビールを330円で飲める「ちょい飲み」というメニューがあります。会社帰りのサラリーマンを囲い込む狙いですが、実にありがたいことに、中華そばと餃子6個を合わせて頼んでも1,000円でおつりが来るという安さと質です。「へ〜、これでよく儲かるなぁ」なんて思ったりしますが、筆者を筆頭に、餃子やおつまみを頼み始めたら、生ビール1杯でお店を出られるほど意志の強いオジサンなんて、この世にいません。ついつい、気がついたら「もう1杯同じの！」と追加でオーダーしているわけです。こうしてオジサンたちは日高屋に仕掛けられた巧妙な罠にハマってしまうのですが(笑)、生ビールの原価率はフード類に比べると低いため、客単価と粗利率の向上につながっています。
　このように、吉野家やいきなり！ステーキと比べて、利幅の厚いアルコール類の販売比率が高いことが日高屋の粗利率を押し上げているわけです。

3-10　ROA／営業利益率／総資産回転率（比べる）

- 3社ともROAはピーク時に比べると直近の数値はやや悪化している。
- ただし、上場企業のROAの平均値が5％であることを知っていると、ハイデイ日高とペッパーフードサービスは、かなりの高水準であると理解できる。
- ハイデイ日高はピーク時で20％を超え、直近でも10％台後半を維持しており、およそ3,600社にのぼる全上場企業の中でも上位に入る。
- 一方、吉野家ホールディングスは直近では1％台と低迷し、大苦戦。

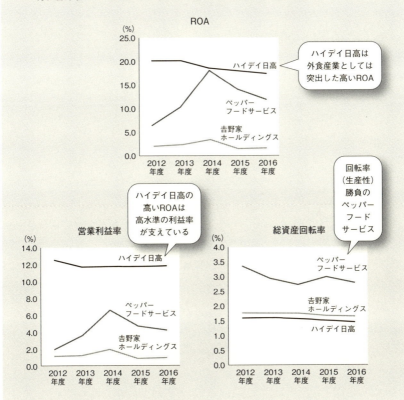

3-11 外食3社の原価率・販管費率（比べる）

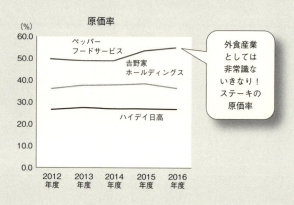

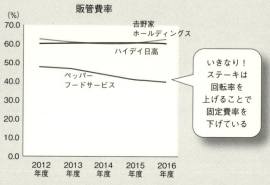

ペッパーフードサービスは、他の2社と比べると、原価率が高く、販管費率が低いという特徴が際立っています。外食業界には、「売上高100％に対して、食材費30％、人件費30％、家賃などの経費30％、営業利益10％」という健全経営の黄金法則があることをご存じでしょうか。この"業界の常識"と比較すると、同社の50％を超える原価率は非常識も甚だしく、「儲けなんて出るわけない」という水準です。

　それでも儲けが出る秘訣についても、いきなり！ステーキへ行くとわかります。立ち食い形式なので客が店に長居せず、ひっきりなしに次の客が入ってきます。お昼時ともなると客が出ては入りの「グルグル回っている」状態です。つまり、ヒレステーキ200グラムを1,944円という感動的な低価格で原価率を高めに設定しつつも、回転率を上げることによって固定費(販管費)率を下げて儲けを生み出しているのです。

　このように業界の非常識に挑戦して業績を拡大させることに成功しているいきなり！ステーキのビジネスは、まさに"食のイノベーション"と呼ぶにふさわしいでしょう。

　近年、同社の営業利益率は低下傾向にありますが、これは経営の失敗ではなく、今は出店攻勢を仕掛けている状態なので、戦略的な投資を行っている結果と理解できます。

　他方、吉野家は苦境にあえいでいます。直近の営業利益率は1.0％ですから、何とか利益を絞り出しているといった感じです。近年の吉野家は、値下げで客数を増やそうと目論むも期待どおりには増えず、利益を確保すべく値上げをすると客離れが起きる、という具合に価格政策の失敗を繰り返してきました。

　そうこうしている間にお客が代わり映えのしないメニューに飽きたり、コンビニ弁当などとの競争が激しくなったり、吉野家としての付加価値を打ち出せず利益が出にくくなってしまっています。

さて、生産性指標にも目を向けてみましょう(**図表3-12**)。
　ここでも、ペッパーフードサービスの生産性の高さが突出しています。直近の総資産回転率2.8回という数値は、投下した資産の金額の2.8倍の売上高を叩き出していることを意味します。上場企業の2018年3月期の総資産回転率の平均値は0.8回でしたよね？　また、外食産業は比較的総資産回転率の高い産業ですが、外食業界を含む小売業界の平均的な総資産回転率は1.4回です。それと比べても2.8回というのは高い数値であり、生産性が高いことがわかります。日数で換算すると、365日÷2.8回＝約130日です。つまり、すべての投下資本は130日分の売上で回収されるのです。直近の在庫の回転期間も2.6日ですから、塊の肉を仕入れてから、さばいて客の胃袋に放り込むまで3日とかからない計算になります。
　有形固定資産回転期間を見てみましょう。直近は45.2日ですから、お店の設備投資を45.2日分の売上で回収してしまうことを意味します。これは非常に速いといえます。投資その他の資産回転期間の23.2日は、出店する際に物件オーナーへ差し入れる敷金保証金を23.2日分の売上で回収することを意味します。これも驚異的な速さです(同社の「投資その他の資産」の主な内容は差入敷金保証金です)。
　吉野家ホールディングスとハイデイ日高の総資産回転率もまずまずの水準ですが、ペッパーフードサービスは"天文学的な"数字といえます。
　同社の特筆すべき生産性は、感覚的にイメージできますよね。決して広いとはいえないスペースの店内を客がひっきりなしに回転している上に、吉野家や日高屋より客単価は高いわけですから。一度食べに行っていただくと実感できると思います。

　このようなキャラクター分析のスキルは、一義的には自社の経営戦略を検討する際に大いに使える武器になるはずです。ここまでの事例で見たとおり、

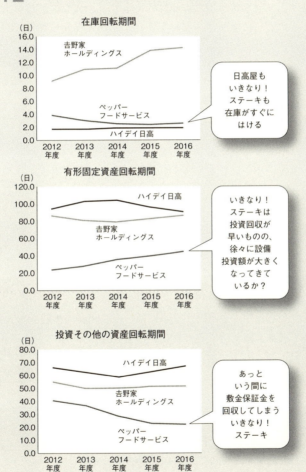

ROAをブレークダウンすれば、自社の強みや弱みがどのように時系列で変化しているかや、現状の課題やこれまでに実践した戦略・戦術の成果がわかりますし、ベンチマークする他社との比較によって自社の相対的な優位性や課題が浮き彫りになってきます。もしも、ブレークダウンした各指標について目標と実績値との間にギャップがあれば、それを埋めるための打ち手を社内で具体的に検討できるようになります。企業のCFO（最高財務責任者）は、このような大局的な戦略的視点を常に持っておかなければなりません。

　企業のキャラクター分析は、6章で学ぶDCFでも生きてきます。DCFは企業が将来生み出すキャッシュフローを一定の割引率で現在価値に割り戻して企業価値や買収金額を計算する評価方法ですが、その将来キャッシュフローは事業計画から求められます。つまり、理論的な企業価値というのは、将来の事業計画いかんによって決まってくるのです。
　容易に想像がつくと思いますが、事業計画はいくらでも自分たちに都合よく作ることができます。そのため、背伸びした事業計画をベースにDCFを用いて企業価値を評価すれば、実態より高く算出されることになってしまいます。企業価値を評価する上で重要なことは、評価対象企業の"本当の実力"を知ることですから、DCFを適用する際には、その企業の実態を反映したリアリティのある事業計画を用いなければいけません。
　では、リアリティのある事業計画とは、どのようなものでしょうか。そこで、先ほどのキャラクター分析が生きてきます。対象企業のキャラクター分析の結果から大きく矛盾した事業計画を見せられても誰もリアリティを感じません。
　このように、DCFにおいては、将来キャッシュフローを算出する前の準備作業として企業のキャラクター分析が必要になってくるのです。

株式市場はキャラクターをどう評価するか 04

　ここまでは、所詮は財務分析です。会計を知っている人なら計算可能でしょう。しかし、コーポレートファイナンスの世界で重要なことは、「株式市場がキャラクター分析の結果から見えてきた企業の強みや弱みをどのように評価しているのか」です。

　では、吉野家ホールディングス、ハイデイ日高、ペッパーフードサービスの3社について見てみましょう。株式市場が最も重視する企業のキャラクターは、「収益性」と「成長性」です。生産性を気にしないわけではありませんが、株式市場は将来にわたって株価が上がることを期待しますので成長性が投資判断の重要な材料になります。

　ここでは、収益性の指標として「予想営業利益率」、成長性の指標として「予想売上高成長率」を用います。そして、

　　予想営業利益率と予想PER
　　予想売上高成長率と予想PER

の組み合わせをプロットしたグラフを作ることにより、株式市場がどのように評価しているか確認してみます。

　なぜ、ここで「予想」を用いるのかといえば、株式市場が知りたいのは将来のことだからです。極論、市場は過去に執着しません。今、投資する株式の将来性を知りたいので、評価をする際は予想値を用います。

　なお、PER(Price Earnings Ratioの略称)は「株価収益率」といい、下記の算式のとおり、株価が一株当たり予想当期純利益(「EPS」、Earnings Per Shareの略称)の何倍を付けているかを示した指標です。

$$\text{PER} = \frac{\text{株価}}{\text{一株当たり予想当期純利益(EPS)}}$$

　ざっくり言うと「株価は何年分の純利益で回収できるのか」といった感覚でしょうか。

　日本の上場企業の平均的なPERはだいたい15倍くらいに落ち着きます。

株式市場が過熱してくるとPERは20倍くらいになり、リーマンショックなどの衝撃で市場参加者が弱気になると10倍付近の水準になります。また、成長著しいベンチャー企業のPERは50倍、100倍といった水準まで跳ね上がることもあります。予想純利益が、来期以降倍々ゲームで増えると予測すれば、株価はそれを見越してグンと上がるわけです。したがって、当期予想利益をベースにしたPERはそのような企業では非常に高くなります。単純に言えばPERは、その銘柄の成長性への期待を「人気度」として表していると言えます。
　さて、3社に対する株式市場の評価は**図表3-13**のとおりです。
　収益性の水準が上場企業の中でも高い部類に入るハイデイ日高は予想PERが23.1倍となっていますので、ものすごく高いとは言いがたいところですが、まずまずの人気と言えます。ペッパーフードサービスの予想PERは34.5倍ですから、かなりの人気を集めている"モテモテ"銘柄です。なぜモテているかといえば、ペッパーフードサービスの場合は何といっても成長性です。予想売上高成長率が21.7％というのは、外食という成熟産業にある中堅企業としては立派な水準です。

　キャラクター分析でパッとしなかった吉野家ホールディングスの予想PERが55.5倍ときわめて高くなっているのは、ある種の"異常値"とも言えます。PERの計算式の分母は純利益ですので、純利益がゼロに近くなってしまうと、どうしてもPERは高くなってしまう側面があります（最新の実績をチェックしてみたところ、PERは94.3倍とさらに高くなっています）。成熟した業界の中でよく見られる傾向です。つまり、55.5倍という吉野家ホールディングスのPERは「株式市場がきわめて高く評価している」とは言い切れないわけです。ただし、業績が悪化することで利益が急激に落ち込む、かろうじて利益が出る、といった状況になっても、それが一時的なものであり将来は回復するだろうと株式市場が予想すれば、株価は業績の落ち込みほど下落せずPERは著しく高くなります。

3-13 外食3社に対する株式市場の評価

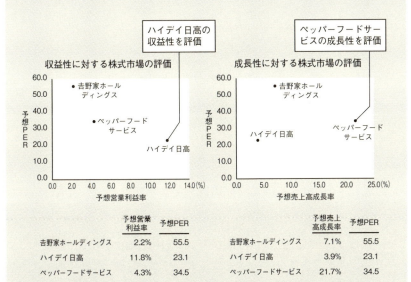

注1）予想売上高および予想営業利益は、直近決算期に関する決算短信で公表した業績予想の数値に基づく
注2）株価および予想PERは、2017年5月1日の株価終値に基づく

業績水準より高いPERを付けているということは、「吉野家はこんなものではない。必ず復活する！」という将来に対する高い期待を株式市場が抱いているとも言えるのかもしれませんが、本書籍執筆時点ではその可能性は低い、つまり単純に利益が減っているためにPERが高く出ていると言えそうです。

なお、今回は3社だけでの比較でしたので、ややイメージしづらい部分があるかもしれませんが、図表3-13のプロット図は、社数が多ければ図表3-14のような右肩上がりの分布になるはずです（イメージ）。

このようなプロットの近似線（回帰直線）よりも、右下のフィールドにいる銘柄は比較的割安、左上の銘柄は比較的割高と言えるでしょう。ただし、このプロットはあくまでも1期先の収益性と成長率を見ただけですから、割高（割安）に見える銘柄も、2期先、3期先の収益性、成長性まで勘案すると妥当だということはよくありますので、早計な判断は禁物です。しかし、多くの投資家はこのように収益性、成長性とPERを比較して投資判断を下しているのもまた事実です。

次に図表3-15も見てください。

この図は3社の株価とTOPIXの過去5年間における推移を示しているのですが、このようなグラフを「ファンチャート」と呼んでいます。5年前の株価を100とした場合に、その後の株価のパフォーマンスがどのようになっているかを示しています。TOPIXもまじえたファンチャートをチェックすることの意義は、キャラクター分析の基本と同じです。TOPIXは「東証1部市場銘柄の株価指数」ですから、市場平均と比べて株価がアウトパフォームしているかアンダーパフォームしているかが一目瞭然です。

これを見ると、吉野家ホールディングスはTOPIXをアンダーパフォームしていることがわかります。同社は、キャラクター分析で見たとおり、業績的にはとても苦しんでいるのですが、株価は過去5年間上昇しています。しか

3-14 予想利益率、予想成長率と予想PERの関係性のイメージ

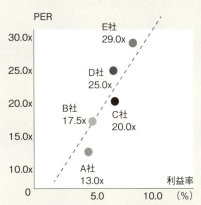
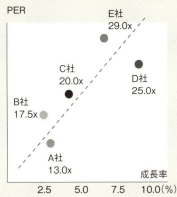

3-15 ペッパーフードサービスとハイデイ日高のパフォーマンス

株価のファンチャート

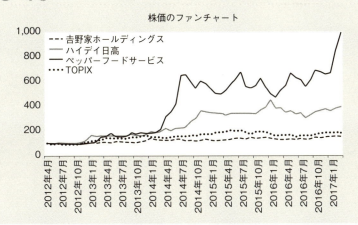

しながら、市場全体ほどには上がっていないのです。

　それとは対照的に、ハイデイ日高とペッパーフードサービスは、TOPIXを大きくアウトパフォームしています。ハイデイ日高は過去5年間で株価が4倍、ペッパーフードサービスにいたっては、5年間で株価が10倍に跳ね上がっています。年率リターンで考えると、実に58％です。いかに株式市場がこの2社を高く評価しているのかが理解できます。

　いかがでしょうか？　キャラクター分析により企業戦略の違い、企業の強み・弱みが浮き彫りになり、それらはPER（株価）で評価されるという構造が見えてきましたよね。

　投資銀行、証券会社には常にBloombergや日経Quick、ロイターという情報端末がデスクにあります。われわれは企業が日々発表する新戦略、新商品、そしてときには天気予報までをそれら情報端末でリアルタイムにチェックします。画面半分は、当然ですが株価一覧です。そうやって、日々の企業のIR活動、ニュース、会計情報と株価の動きをカラダに染み込ませていきます。そして、担当する業界の各社のPERは日々ウォッチしています。なお、米国企業のCEOの中には、買収候補先企業一覧リストを作り、日々それら企業のPERを眺めている人たちもいます。割安になったと見るや、M&Aを仕掛けるという構図です。それほどまでに、PERは実務の現場で重視されています。

ROEより重視すべきはROA 05

　ここまで、企業のキャラクター分析の王様たる財務指標ということで、ROAを切り口として分析してきました。一方、近年、日本の上場企業の経営者を最も駆り立てたコーポレートファイナンス戦略のテーマといえばROE（自己資本利益率：Return On Equity）の向上でしょう。したがって、ROAよりもROEを見るべきではないかと訝しがる方もいらっしゃると思います。

　本書もROEを否定するわけではありません。ただ、お伝えしたいのは、過度のROE依存を避けましょうということです。ROEは、

$$\text{自己資本利益率(ROE)} = \frac{\text{当期純利益}}{\text{自己資本}}$$

という計算式から見てもわかるとおり、「株主から集めた資本を使って、企業がいかに利益を獲得したか」を表しています。そのため、企業だけでなく、株主にとっても特にわかりやすい指標です。株主は、自分が投資している会社のROEと期待投資リターンを比べることで簡便的に投資判断もできるでしょう。

　そんなわかりやすいROEですが、日本の上場企業の平均値は、2017年3月期までは8％前後で、2018年3月期では10％程度になっています（各業界のROEの数値は12章にまとめていますので、ご参照ください）。先の節では、ROAを収益性指標（営業利益率）と生産性指標（総資産回転率）にブレークダウンしましたが、ROEも同じように3つの要素にブレークダウンできます。実は、ROAの2つの要素に財務レバレッジの要素を加えるだけなのです。

$$\begin{aligned}\text{ROE} &= \frac{\text{当期純利益}}{\text{自己資本}} \\ &= \frac{\text{当期純利益}}{\text{売上高}} \times \frac{\text{売上高}}{\text{総資産}} \times \frac{\text{総資産}}{\text{自己資本}} \\ &= \text{収益性} \times \text{生産性} \times \text{財務レバレッジ}\end{aligned}$$

財務レバレッジについては、5章「02事業リスクと財務リスク」「03補論：財務レバレッジとROE」で詳述していますので、ここでは簡単に述べるにとどめておきます。

　「財務レバレッジを高める」というのは、事業に必要な総資産を調達する手段として、自己資本＝エクイティをあまり使わず、他人資本＝デットをなるべく使う、つまり「投資家から調達する資金を賢く選択する」という発想であると理解しておいてください。

　計算式に戻りましょう。先の節で営業利益を用いていましたが、ここでは当期純利益を用いているため、その点は異なりますが、式の最初の2つの項目(収益性と生産性)の要素はROAをブレークダウンした計算式ですでに見ましたね。つまり、収益性や生産性を向上させるとROAもROEも高くなります。これは感覚的にもスーッと腹落ちするはずです。

　では、ROEのブレークダウンで今回登場したレバレッジの項目を見ましょう。総資産を自己資本で割っていますので、総資産に対する自己資本の割合が低ければ低いほどROEが高くなります。B/Sの右側を想像してもらいたいのですが、借入の割合を増やすことでレバレッジ比率を高めても同じことになります。つまり、収益性や生産性といった稼ぐ力が変わらなくても、財務レバレッジ(総資産に占める借入金の割合)さえ高めれば、ROEを向上させることができるのです。感覚的にご理解いただくために図表3-16を見てください。

　次の図表3-17上は、日本を代表する上場企業のROAとROEをグラフ化したものです。グラフ左の企業群はROAとROEの差が大きい(ROAに比べてROEが著しく高い)企業、右はROAとROEがほぼ同じ水準またはROAがROEより大きい企業群です(ROAは営業利益ベース、ROEは純利益ベースなのでROAがROEを上回ることもあります)。

　どの企業もROEが10％を超えているので標準的な企業より「優良」と言うこ

3-16 ROEとレバレッジを直観的に理解する

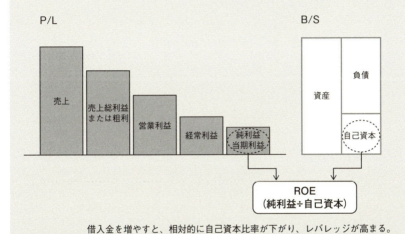

借入金を増やすと、相対的に自己資本比率が下がり、レバレッジが高まる。
その結果、ROEは上がる

3-17 ROEのブレークダウン（2018年3月期）

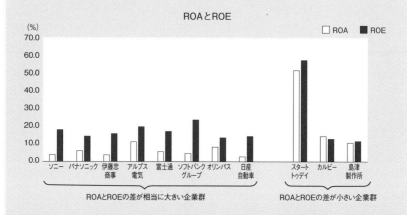

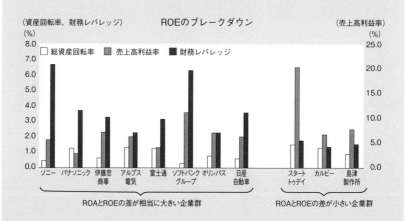

とができるでしょう。そこで、これらの企業のROEの高さは、どんな要因によってもたらされているかを探るべく、ROEを売上高利益率、総資産回転率、財務レバレッジの3つにブレークダウンしてみましょう（図表3-17下）。

左側の企業群では、財務レバレッジの高さが高水準のROEに寄与していることがわかります。これに対して、右側の企業群のスタートトゥデイ、カルビー、島津製作所の3社は、ROA、ROEともに高いのですが、これら3社のROEをブレークダウンすると、財務レバレッジは低い、つまり、デットをあまり使っていないことがわかります。この3社は、売上高利益率や総資産回転率のよさ、つまり、稼ぐ力の強さだけで高いROEを実現しているのです。

このように、10%という高いROEを誇る企業でも、

A社：売上高利益率5.0%×総資産回転率1.0回×財務レバレッジ2.0
B社：売上高利益率2.0%×総資産回転率1.0回×財務レバレッジ5.0

という2社を比べた場合、本質的な企業の稼ぐ力はA社の方が強いわけです。B社は稼ぐ力は相対的に弱いものの、財務レバレッジを高めることで高い水準のROEを実現しています。極論すると、デットで調達した資金を原資として、配当や自社株買い（詳しくは後述します）をドンドンやって自己資本（エクイティ）を小さくする、つまり、B/Sの右側での負債と自己資本の割合を変えるというような小手先のテクニックを使えばROEを高めることはできてしまうのです。

実は、このことを裏付けるように、近年、ROEの向上そのものが目的化してしまい、本末転倒とも言えるファイナンスもしばしば見られました。それが「リキャップCB」と呼ばれるファイナンスの手法です。

リキャップというのはRe-capitalization（資本の再構成）という単語の略称、CBはConvertible Bond（転換社債）のことです。資本の再構成とは、B/Sの右側の負債と自己資本の割合を変更することを意味します。CBは発行当初は社債で、ある一定の条件を満たすと株式に転換するというものです。つまり、

デットとエクイティの資本構成を変えるためにCBを発行する、というわけです。実際にリキャップCBを発行した企業は、手にした資金で自社株買いを行います。そうすれば、デットが増えて、エクイティが減るため、レバレッジ比率が向上し、結果的にROEは向上します。

　リキャップCBについては、ROEの向上以外にも、企業による自社株買いで市場に買い需要が創出されることでの株価押し上げ効果もあるため、株主が歓迎する向きがあったのも事実です。ところが、このようにしてROEを無理やり改善しても、収益性や生産性という企業の本質的な稼ぐ力が強くなったわけではありません。本来、長期的な企業の稼ぐ力を強くするためには、やはり、最強のキャラクター指標であるROAを高める企業努力を地道にコツコツやっていくしかないのです。

　本節で誤解いただきたくないのは、決して「ROEは重要ではない」と言っているのではないということです。ROEは、特に株主にとっては、自分たちが出す投資マネーに対しての期待リターンの簡便指標になりますので、最重要指標の1つです。しかし、本書は企業経営者、あるいは、経営者を目指す人たちにとっての経営戦略としてのコーポレートファイナンスにフォーカスを当てています。株価最大化を目指すだけならばいけいけどんどんで借入金を増やし、レバレッジ効果でROEの最大化を図るべきなのかもしれません。しかし、それははたしてサステイナブル(持続可能)なのか。中長期にわたる企業の発展と企業価値の最大化という観点から見れば、将来キャッシュを生み出す力を磨き続けるしかありません。

ROAと投下資産利益率(ROIC) 06

　これまで"キャラクター分析の王様"としてのROAと、株主視点で重要となるROEについて説明してきました。しかし、会計情報による企業分析においての最も強力な武器は、実は他にあります。それが、本章の最後にご紹介する投下資産利益率、ROIC(Return On Invested Capital。「ロイック」と読みます)です。ROAは、ROICに登場を願う前の、いわば前フリだったのです。

　ROICが、キャラクター分析の王様だとまで言って紹介したROAよりも優れている理由は、分子と分母の対応の厳密さにあります。

　ROAは誰でも簡単に計算できるという利点がある一方、厳密な意味で分子と分母の対応が図れていないという欠点も内包しています。

　総資産の中には本業の利益を生み出すのに直接関係のない資産(たとえば、余剰現預金、ゴルフ会員権、保険積立金、不良債権など)も含まれているため、営業利益を総資産で割ったROAでは、厳密な意味での投資リターンを測ることができないからです(図表3-18)。

3-18 ROAの欠陥

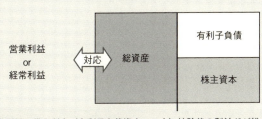

経常利益は借入利息（有利子負債資本コスト）控除後の利益だが総資産に対応させるべき利益は借入利息控除前の利益のはず。一方、総資産の中には営業利益を直接生み出していない資産（非事業用資産）も含まれており、営業利益でも厳密な対応は図れない。

では、最強の武器であるROICの計算式を見ていきましょう。

$$投下資産利益率(ROIC) = \frac{税引後営業利益}{事業投下資産}$$

ROICは、端的には投下した資金に対しての純粋なリターンです。具体的な中身は、事業活動の結果得られた利益である税引後営業利益に対して、純粋な意味で事業に投下され営業利益を生み出す資産(事業投下資産)だけを対応させるものです。そのため、キャラクター分析を厳密に行うためにはROICを用いるのがより適切であるといえます(**図表3-19**)。

ROIC計算式の分子である「税引後営業利益」は、P/L上の営業利益からそれに係る税金を控除したものです。分母となる「事業投下資産」は、日々の事業活動に最低限必要な資産・負債である「運転資本」、および、事業活動に用いられる「有形固定資産」、「無形固定資産」、「投資その他の資産」から構成されます。営業利益は対象企業の本業のビジネスによって得られた儲けであり、事業投下資産は直接事業活動を行うために投下された資産を意味するため、ROICが純粋な意味で"事業に投下した資本に対する儲け"を表していることが理解できると思います。

3-19 ROICの計算式の意味

$$投下資産利益率（ROIC）＝\frac{税引後営業利益}{事業投下資産}$$

資産を事業用資産と非事業用資産に分類する

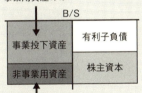

B/S（左）
- 資産
- 有利子負債
- 株主資本

資産のすべてが営業利益を直接生み出しているわけではない
（例）
余剰現預金
ゴルフ会員権 ｝非事業用資産
不良債権 等

B/S（右）
- 事業投下資産
- 非事業用資産
- 有利子負債
- 株主資本

営業利益を直接生んでいるのは事業用資産のみ

営業利益を直接生んでいない

ROICの分析にあたっては、営業利益を生んでいる「事業投下資産」と営業利益を生んでいない「非事業用資産」を分けて把握しておく必要がある。

営業利益を生み出すのは事業用資産だから、税引後営業利益に対応させるのは総資産のうち事業投下資産のみとなる

ROICはバリュードライバーを明らかにする 07

　ROAと同様、ROICも企業の儲けの構造を理解しやすいレベルにまでブレークダウンできるところが優れています。図表3-20は、ROICの構成要素を示したもので、一般に「ROICツリー」といわれています。

　まず、ROICは「税引前ROIC」と「営業利益に対する実効税率」に分解されます。税引前ROICは、営業利益と事業投下資産の比率で、事業投下資産が税引前のレベルで営業利益をどれだけ生み出しているかを示します。
　重要なのは、この税引前ROICです。これは、収益性を表す指標である「営業利益率」と生産性(資本効率)を表す指標である「事業投下資産回転率」に分解されます。ここまでは、ROAのブレークダウンと同じですね。さらに、営業利益率は「売上原価率」「減価償却費率」「販売費及び一般管理費率」に、事業投下資産回転率は「運転資本回転期間」「事業用有形固定資産回転期間」「事業用その他資産回転期間」にそれぞれブレークダウンすることができます。

　販売費及び一般管理費率は、よくいわれる販管費率です。これらは業界平均値がありますので、それらと比べると分析対象企業の数値が高いか低いか瞬時に判断できます。運転資本回転期間も同様です。これは、売掛金、在庫(たな卸資産)、買掛金が主な構成要素ですが、売上に対してどの程度売掛金や在庫(たな卸資産)、買掛金を保有しているかもその業界の人間なら業界平均値は知っておくべき数値です。それらと比較すると、自社のポジショニングがすぐにわかります。
　このように、このROICツリーを同業他社と「比べる」ことによって、分析対象企業の事業価値に大きな影響を与える強みが浮き彫りになってきます。事業価値に直接影響を与える強みの要素を「バリュードライバー」といいますが、ROICツリーは、これを明らかにしてくれる最強のツールなのです。
　なお、営業利益率をブレークダウンするとき、なぜ減価償却費を抜き出すのかといえば、減価償却費は過去の投資の結果、不可避的に発生するコスト

3-20 ROICの構成要素(ROICツリー)

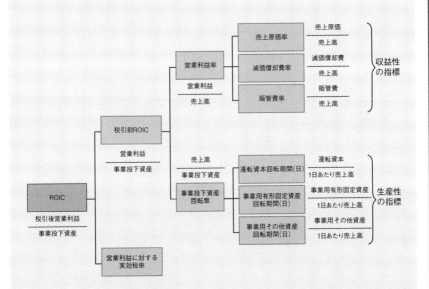

であり、現在においてはコントロール不可能であるため、他の固定費とは分けて把握しておきたいからです。また、フリーキャッシュフローの計算に備えて、減価償却費を別個に捕捉する狙いもあります。

　なお、最初に登場した実効税率というのは、利益に対する税額の占める割合を示す比率であり、理論的には法律で定められている法人税、住民税、事業税の税率で自動的に決まってきます。

　日本の大企業の場合、現在の実効税率は税引前当期純利益に対して概ね30%程度ですが、赤字を計上した過年度に発生した税務上の欠損金を課税所得と相殺することによって税金負担が少なくなり、見かけ上の実効税率が低くなることもあります。このように、ROICは税金の特殊要因によって毎期変動する可能性があることも考慮しておかなければなりません。

　ここまでの説明を受けて、「でも、そんなに重要だという割にROICってあまり聞かなくない？」という感想をお持ちの読者の方も少なくないでしょう。それもそのはず、ROICを日本企業が取り入れるようになったのは最近です。なぜかというと、そう、ROICの計算は面倒だからです。

　ROA、ROEの計算は簡単でしたよね？　しかし、ROICは計算するためにB/Sの組替が必要になるなど、一手間かかります。それゆえ、これまではあまりメジャーではありませんでした。しかし、経営戦略に生かそうと思えばROICが3つの中で最強です。まだまだROICの開示に積極的でない企業もありますが、投資家の要求を受けて徐々に開示が進んできています。

　たとえば、日本経済新聞の2018年10月12日の記事では、ROICの「経営指標への活用進む」として、キリンホールディングスやドンキホーテを紹介し、生命保険協会の投資家向けアンケートでは投資家の4割が経営指標として重視する指標にROICを挙げていると述べています。

ケーススタディ：上場企業を やめてしまったメガネトップ 08

　せっかくROICについて触れたので、実際に起こった事例を用いて、ROICにもとづくキャラクター分析のおもしろさを体感していただきます。
　ここで再び眼鏡業界の3社に登場してもらいましょう。メガネトップ、三城ホールディングス、ジンズの3社に関するキャラクター分析を行い、「なぜメガネトップはMBOによる非上場化という道を決断したのか？」について同社経営陣の思惑を推察してみます。

　46-49ページで触れた眼鏡業界3社のそれぞれの背景についてもう一度思い出してくださいね。
　3社の税引前ROICを比べてみることにしましょう。税引前ROIC＝営業利益率×事業投下資産回転率であることに着目して、税引前ROIC、営業利益率、事業投下資産回転率のそれぞれを並べて比べてみます（図表3-21）。
　なお、メガネトップと三城ホールディングスの2008年3月期およびジンズの2008年8月期をFY1（1年目。FYは「Fiscal Year」：会計年度の意味）、メガネトップと三城ホールディングスの2012年3月期およびジンズの2012年8月期をFY5（5年目）として表しています。
　そうすると、FY1ではほとんど同じ水準だった3社の税引前ROICが5年目のFY5ではずいぶんと差がついている印象です。ジンズがベンチャー企業らしく税引前ROICでは最高水準を記録していますが、メガネトップの税引前ROICだって40％を超えており上場企業の中ではきわめて高い水準です。メガネトップとジンズの2社はともに営業利益率が10％を超える高収益体質ですが、両社の差は事業投下資産の生産性にあることがわかります。
　この2社のキャラクターについて、ROICツリーの構成要素にしたがって、もう少し掘り下げていきましょう。
　収益性指標である営業利益率を原価率、減価償却費率、販管費（減価償却費を除く）率の3つにブレークダウンしてみます（図表3-22）。

3-21 眼鏡業界3社比較：ROIC

税引前ROIC＝営業利益率×事業投下資産回転率

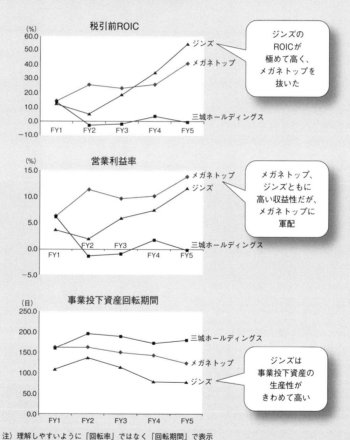

注）理解しやすいように「回転率」ではなく「回転期間」で表示

3-22 眼鏡業界3社比較：収益性指標

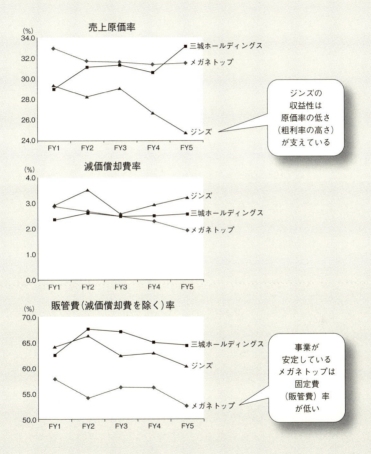

これがなかなか興味深いですよね。メガネトップとジンズを比べると、営業利益率ではメガネトップに軍配が上がるものの、原価率だけを見ると価格帯がグッとカジュアルなジンズの方が7ポイントも低いんですね。つまり、ジンズの方が粗利率が高くなります。たかが粗利率と侮ってはいけません。粗利率のほんのちょっとした変動は、それが梃になって、営業利益を大きく変動させることになるのです。そのため、どんな企業も粗利率を高めることには心血を注いでいます。粗利率の高さは稼ぐ力そのものです。

次に、運転資本、事業用有形固定資産、事業用その他資産のそれぞれの資産について、回転期間を見てみましょう(図表3-23)。

運転資本の生産性に関しては、メガネトップとジンズが拮抗していますが、事業用有形固定資産と事業用その他資産(主な内容はテナント出店するためにオーナーに差し入れる敷金保証金です)の回収期間はジンズの方が短くなっています。店舗設備に関する投下資産をジンズの方が早く回収できるため、経営としては優れているといえます。

なお、ここで、ROICのブレークダウンからは離れますが、眼鏡業界3社の店舗当たり売上高を見てください(図表3-24)。

FY5では、ジンズの店舗は眼鏡市場の約1.5倍を売り上げていることがわかります。みなさん、ちょっとイメージしてください。眼鏡市場とジンズ。それぞれのお店にはどんな特徴があるでしょうか?

眼鏡市場は郊外型ロードサイド店が多いのに対して、ジンズはショッピングモールに入っている小さな店舗というイメージを持っているはずです。大きなお店の眼鏡市場より小さなお店のジンズの方が金額ベースで1.5倍も売り上げているのですから、設備に関する資本の生産性に著しい差が生じるのも合点がいくのではないでしょうか。

FY5におけるジンズの1店舗当たり売上高1億5,596万円という数字は、ざっくりとした単純計算ですが、年間の営業日数を360日、平均客単価を7,000円

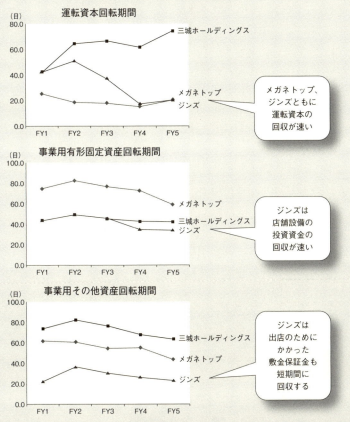

3-24 眼鏡業界3社比較：1店舗当たり売上高

各社の期末時点における店舗数（直営店）

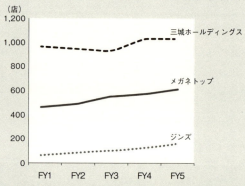

1店舗当たり売上高

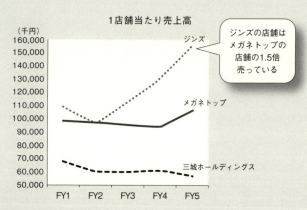

ジンズの店舗はメガネトップの店舗の1.5倍売っている

とすると、1日当たり62本のメガネを販売していることになります。実際にはオンラインで購入するお客もいますからこれより少ないでしょうが、それにしても驚異的な数字で、感動すら覚えます。

次に、運転資本の生産性について、さらにブレークダウンしてみます(図表3-25)。

ここで特筆すべきは商品在庫(たな卸資産)の回転期間がメガネトップもジンズも約1ヶ月にすぎない点です。旬の売れ筋商品をタイムリーに企画開発・販売する商品戦略と在庫管理に優れている両社の姿が浮かび上がってきます。

ジンズは、ユニクロ同様SPAモデルを採用しています。SPAとは、企画・生産・流通・販売までを自社で一貫して行うモデルのこと。そのため、売り場の声がすぐに工場に届きます。つまり、顧客が欲しいと思ったものをすぐに作って店頭に並べることができ、より旬な商品ラインアップができるのです。この説明を読んで事業戦略と財務戦略、会計情報が結び付いてきた実感がつかめればしめたものです。

なお、売掛金はクレジットカードなどで支払う(キャッシュレス)顧客に対するものでしょう。メガネトップよりジンズの方が売掛金の回収期間が長いのは、ジンズの中心顧客である若年層の方が、キャッシュレス比率が高いということだと推察されます。

さて、このような3社のキャラクターに対して、株式市場はどのように評価しているのでしょうか。3社の過去5年間の株価を確認してみます。

メガネトップはジンズと比べると埋没してしまいますが、TOPIXを入れたファンチャートも併せてチェックすると、TOPIXを大きくアウトパフォームしていることがわかります(図表3-26)。

5年間で25倍になったジンズの株価の上昇は驚異的ですが、メガネトップの株も5年前に買っていれば、4倍近くになっているのですから、資産運用の

3-25 眼鏡業界3社比較：運転資本回転期間

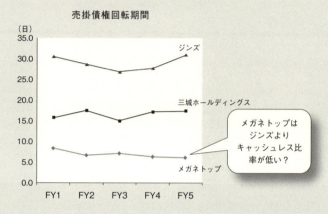

売掛債権回転期間

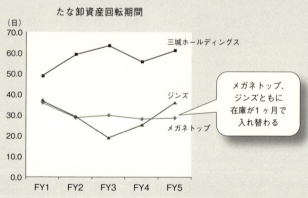

たな卸資産回転期間

3-26 3社の株価比較：ファンチャート

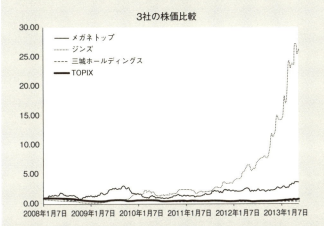

3社の株価比較

ジンズを除くとメガネトップもTOPIXを大きくアウトパフォーム

2社の株価比較

投資対象としては間違いなく「おいしい」銘柄です。
　このようにファンチャートを含む株価のトレンドを見ると、ジンズもメガネトップも優れたキャラクターを株式市場からきちんと評価されているように見えます。ところが、眼鏡業界3社の収益性と成長性に対する株式市場の評価についてPERを使って検証してみると、興味深い事実が浮かび上がってきます。

　株式市場は、主に収益性と成長性を評価します。この章で外食産業でやったのと同じように、ここでは眼鏡業界の予想営業利益率(収益性指標)、および、予想売上高成長率(成長性指標)の両者について、それぞれ予想PERとの関係を座標面にプロットしてみます(図表3-27)。
　左側の予想営業利益率と予想PERの関係を見ると、メガネトップのPERは11.6倍です。メガネトップより営業利益率が高いジンズのPERが38.1倍と高いのはわかりますが、業績が収支トントンレベルで低迷している三城ホールディングスのPERより低い水準です。上場企業の平均的なPERは概ね15倍前後ですから、メガネトップのPERはそれと比較してもふるいません。上場企業の平均的な営業利益率は6％でしたよね？　つまり、6％の企業群のPERが15倍なのに、倍以上の14.1％の営業利益率が予測されるメガネトップは11.6倍に甘んじているということなのです。
　右側の予想売上高成長率と予想PERの関係も同様の状況です。PERが24.5倍もある三城ホールディングスの売上高成長率は2.3％しかないのに、メガネトップの売上高成長率は8.1％と立派な水準にあるにもかかわらず、PERは11.6倍と低く、株式市場に評価されていないように見えます。

　ROICを使ったキャラクター分析を通じてわかるとおり、ジンズのパフォーマンスの高さは特別かもしれません。ただし、稼ぐ力でいえば、メガネトップも上場企業の平均的な水準を遥かに上回る、かなりの「イケメン」です。

3-27　3社の収益性・成長性とPER

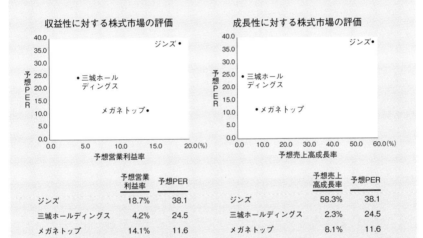

メガネトップは業界他社と比較して、株式市場での評価が低い

しかしながら、PERで見るとジンズは38.1倍とモテモテなのに、メガネトップは11.6倍とまったくモテなかったのです。イケメンなのにモテなくてつらい。このあたりにメガネトップ経営陣が上場企業であることをやめてしまおうと決意した原因があると推察できます。

　もうメガネトップの経営陣が自社を買収するというMBOを実施した理由がわかりましたよね？　そう、株価が割安に放置されていたのです。実際、当時、テンプルトンという外国人株主がメガネトップの大株主(持株比率6.5％)に名を連ねていることが判明しました。テンプルトンがメガネトップの割安さに魅力を感じたのか、あるいは、同社の経営陣に退陣を迫り、低い株価を高めるような圧力をかける可能性もあったかもしれません。事業面では、同業他社のジンズからは斬新なビジネスモデルで激しい追い上げを受け、眼鏡市場のワンプライスモデルも陳腐化しつつありました。
　このような状況を目の当たりにし、いったん非上場化をした上で、短期的には利益を削ってでも中長期的な競争力を確保するための思い切った投資をしたい、という思惑が働いた結果のMBOの実施と考えるのが妥当でしょう。

　ところで、メガネトップはイケメンなのに、なぜモテなかったのでしょうか。この後触れますが、実際にDCFでメガネトップの理論株価を算出すると市場株価よりも高くなります。その理由を答えられる人は、実はコーポレートファイナンスの書籍を書いている人でも多くありません。こうした理論株価と現実との乖離をどう理解するかこそが、まさに本書の「はじめに」で触れた「株式市場との対峙」なのです。
　先に結論を頭出ししておくと、メガネトップのように時価総額が大きくない中小型株銘柄に特有の「流動性ディスカウント」を受けていたことが要因の1つと考えられます。6章「07バリュエーションと株価」で詳述しますので、ここでは簡単な説明にとどめますが、中小型株銘柄は機関投資家の投資対象と

ならないため、企業のキャラが十分に反映されずに株価が割安に放置されるということがよく見られるのです。

3社の税引前ROIC推移

　本文では、3社の「比べる」に主眼を置きました。
　次ページからの図表3-28、3-29、3-30では、ご参考までに直前5期間の決算データに基づいて各社の税引前ROICを計算して並べています。メガネトップが非上場化をプレスリリースしたのは2013年4月15日です。その時点では、2013年3月期に係る決算はまだ発表されていませんので、2012年3月期までのデータに基づいています。同様に、ジンズの2008年8月期から2012年8月期までの5期分の税引前ROIC、三城ホールディングスの2008年3月期から2012年3月期までの5期分の税引前ROICも並べていきます。

　こうして3社分の税引前ROICツリーを並べてみるだけでも、メガネトップとジンズは成長トレンドに乗っている一方、三城ホールディングスが業績の低迷に苦しんでいる様子が手に取るようにわかりますし、各社が今後戦略的にテコ入れすべき指標、他社より優れている戦略も浮き彫りになりますよね。

3-28 メガネトップのROIC分析

	実績 2008/3期	実績 2009/3期	実績 2010/3期	実績 2011/3期	実績 2012/3期	
税引前ROIC	14.2%	25.7%	23.5%	26.0%	41.0%	
営業利益率	6.3%	11.4%	9.6%	10.2%	13.9%	
売上原価（減価償却費除く）率	33.0%	31.7%	31.6%	31.4%	31.5%	
減価償却費率	2.9%	2.7%	2.5%	2.3%	1.9%	
販管費（減価償却費除く）率	57.9%	54.2%	56.2%	56.1%	52.6%	
事業投下資産回転率	2.3	2.3	2.4	2.6	2.9	回転率で表示
運転資本回転率	14.6	20.0	20.6	24.8	18.0	
事業用有形固定資産回転率	4.9	4.4	4.7	5.0	6.1	
事業用その他の資産回転率	5.9	6.0	6.7	6.6	8.3	
事業投下資産回転期間（日）	161.3	161.8	149.6	142.7	123.9	回転期間で表示
運転資本回転期間（日）	24.9	18.3	17.8	14.7	20.3	
事業用有形固定資産回転期間（日）	75.0	82.8	77.2	72.8	59.4	
事業用その他の資産回転期間（日）	61.4	60.7	54.7	55.1	44.2	

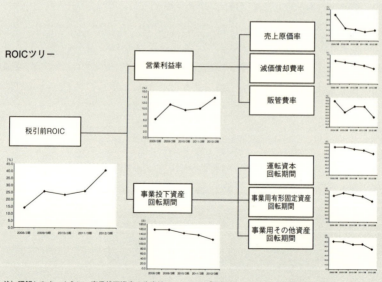

ROICツリー

注）理解しやすいように、事業投下資産の生産性については、「回転率」ではなく「回転期間」で表示しています

3-29 ジンズのROIC分析

	実績 2008/8期	実績 2009/8期	実績 2010/8期	実績 2011/8期	実績 2012/8期
税引前ROIC	12.1%	5.2%	18.8%	34.4%	54.6%
営業利益率	3.6%	1.9%	5.9%	7.4%	11.6%
売上原価（減価償却費除く）率	29.4%	28.3%	29.1%	26.7%	24.8%
減価償却費率	2.9%	3.5%	2.6%	2.9%	3.2%
販管費（減価償却費除く）率	64.1%	66.3%	62.5%	63.0%	60.4%
事業投下資産回転率	3.4	2.7	3.2	4.6	4.7
運転資本回転率	8.8	7.2	9.9	21.2	18.1
事業用有形固定資産回転率	8.3	7.4	7.9	10.4	10.7
事業用その他の資産回転率	16.1	10.0	11.9	13.7	15.5
事業投下資産回転期間（日）	108.1	136.8	113.6	78.9	77.8
運転資本回転期間（日）	41.6	51.0	37.0	17.2	20.2
事業用有形固定資産回転期間（日）	43.8	49.1	46.1	35.1	34.1
事業用その他の資産回転期間（日）	22.7	36.7	30.6	26.6	23.5

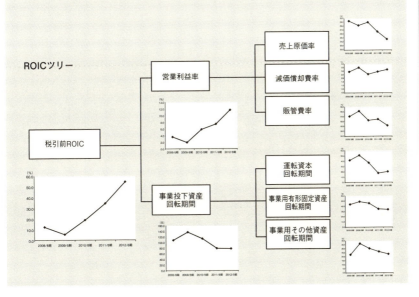

ROICツリー

3-30 三城ホールディングスのROIC分析

	実績 2008/3期	実績 2009/3期	実績 2010/3期	実績 2011/3期	実績 2012/3期
税引前ROIC	13.9%	−2.6%	−1.9%	3.7%	−0.4%
営業利益率	6.1%	−1.4%	−1.0%	1.8%	−0.2%
売上原価（減価償却費除く）率	29.0%	31.1%	31.3%	30.6%	33.2%
減価償却費率	2.4%	2.6%	2.5%	2.5%	2.6%
販管費（減価償却費除く）率	62.6%	67.6%	67.1%	65.1%	64.4%
事業投下資産回転率	2.3	1.9	1.9	2.1	2.0
運転資本回転率	8.7	5.7	5.5	5.9	4.9
事業用有形固定資産回転率	8.3	7.4	8.0	8.5	8.6
事業用その他の資産回転率	4.9	4.5	4.8	5.4	5.7
事業投下資産回転期間（日）	159.8	195.7	188.9	172.9	180.4
運転資本回転期間（日）	42.1	64.3	66.5	61.7	74.2
事業用有形固定資産回転期間（日）	44.0	49.6	45.6	43.0	42.5
事業用その他の資産回転期間（日）	73.8	81.8	76.7	68.2	63.7

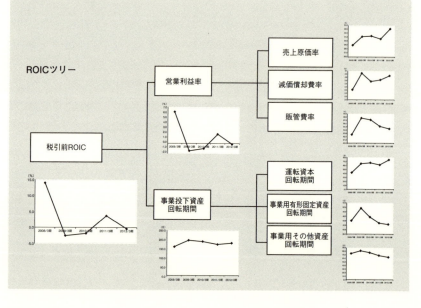

ROICツリー

第4章

ファイナンスの一丁目一番地「現在価値」

前章では、過去の業績をもとにしたキャラクター分析だけでも十分に企業の戦略の打ち手が見えてくることがおわかりいただけたかと思います。本章以降では、キャラ分析で得られた情報をもとに企業価値の算出を行っていきます。

企業価値を評価する上で大変重要な概念が、本章で紹介する「時間価値」と「複利計算」です。コーポレートファイナンスは企業価値の向上を目的とした経営戦略ですが、その代表的な打ち手が「投資によってリターンを得る」というものです。すべての企業は、自社の企業価値を向上させるため、必ず投資をしなければなりません。投下された資産は、時間が経過してから価値を生み出します。したがって、コーポレートファイナンスの世界では、「時間」という概念がとても大切になってきます。

なお、現在価値については、類書でも必ず登場する項目であり、すでに理解できている方は読み飛ばしていただいても大丈夫です。

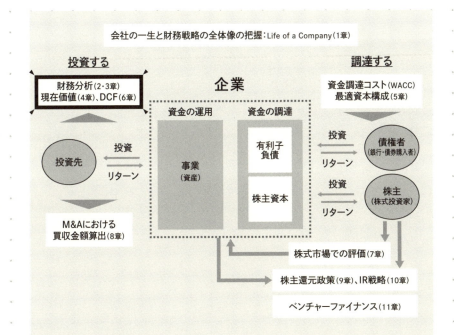

現在価値の概念：1年後の100万円より今日の100万円 01

　時間の価値というと聞き慣れないかもしれませんが、難しいお話でもなんでもありません。こんな例を考えてみたら感覚的に理解できるはずです。
　もし、あなたが、「今日100万円もらえるのと1年後に100万円もらえるのではどちらが嬉しいですか？」と聞かれたら、どう答えますか？　きっと直感的に「今日100万円もらえる方が嬉しい」と答えるはずです（図表4-1）。
　なぜでしょうか？　理由を考えてみてください。

　筆者が実施する企業の新入社員研修で受講生にこの質問を投げかけると「今日100万円もらえたら運用して1年後には100万円以上に増やせるから」「1年後にもらうんだったら金利分を上乗せした100万円以上じゃないと割が合わない」といった答えが返ってきます。そのとおりですね。
　その感覚こそが「時間価値」というものです。たとえば、金利が5％だとすると、今日100万円を元手にして、すぐに運用を始めれば、

100万円×(1＋0.05)＝105万円

となりますから、1年後には105万円に増えるわけです。つまり、今日の100万円のお金は1年後の105万円のお金と価値が釣り合う。コーポレートファイナンスの世界では、ここでいう105万円のお金を「将来価値」といいます。

　一方、1年後の100万円のお金を今日の価値に引き直すと、

100万円÷(1＋0.05)≒95.2万円

となります。この95.2万円のお金のことをコーポレートファイナンスの世界では、「現在価値」と呼んでいます。金利が5％なら、現在の95.2万円と1年後の100万円なら、価値がちょうど釣り合うというわけです（図表4-2）。

4-1　現在価値の概念

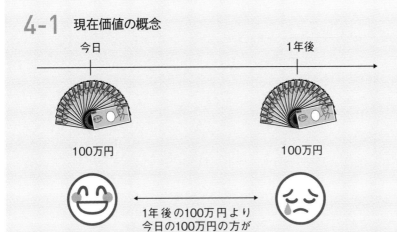

4-2　現在価値と将来価値

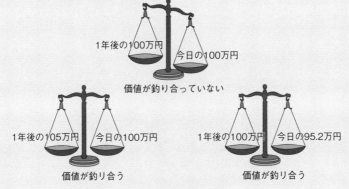

現在価値の求め方:「複利計算」という基本的な約束事 02

コーポレートファイナンスの世界では、将来にわたってキャッシュフローを生み出す投資プロジェクトや企業そのものの価値を評価します。そこで価値と言っているものは、すべて「現在価値」なのです。身近な例で言えば、私たちが支払っている確定給付型年金の保険料も将来受け取れる年金額から逆算して保険料が算定されています。ここでも実は、お金の現在価値を求めているのです。

さて、お金の現在価値を求める際の大事な約束事に触れておきましょう。

それが「複利計算」といわれるものです。元本として100万円のお金を用意して金利5％、満期5年の金融商品に投資したとしましょう。そうすると、100万円のお金は1年後、

100万円 × (1 + 0.05) = 105万円

に増えますね。5万円の金利が付くからです。

では、2年後にお金はいくらになるでしょうか？

105万円 + 100万円 × 0.05 = 110万円

鋭い読者はもうお気づきかと思いますが、答えは違います。ここが複利計算のミソです。満期5年の投資商品ですから、解約しないかぎり、1年後に付いた金利5万円は手許に引き出しません。したがって、2年目は、1年目に増えた金利5万円も合わせて105万円のお金を丸ごと金利5％で運用することになります。正しくは、2年後のお金は

105万円 × (1 + 0.05) ≒ 110.3万円

に増えることになります。同様に、

3年後：110.3万円 × (1 + 0.05) ≒ 115.8万円
4年後：115.8万円 × (1 + 0.05) ≒ 121.6万円
5年後：121.6万円 × (1 + 0.05) ≒ 127.6万円

と増えていきます。5年後の満期が到来すると、127.6万円のお金を受け取ることになります。このカラクリを簡単な計算式で表すと、

100万円 × $(1 + 0.05)^5$ ≒ 127.6万円

となるんですね。1年ごとに増える金利について、引き出さずに翌年も丸ごと運用すれば、元本だけでなく金利も金利を生み出すわけです。このように雪だるま式に増えていくのが複利計算の原理なのです（**図表4-3**）。

複利計算の対照が「単利計算」ですが、これは毎年増えた金利をそのたびに手許に引き出した場合の計算方法です。その場合、毎年受け取るお金は、次のように計算されます。

1年後：100万円×0.05＝5万円（金利）
2年後：100万円×0.05＝5万円（金利）
3年後：100万円×0.05＝5万円（金利）
4年後：100万円×0.05＝5万円（金利）
5年後：100万円×0.05（金利）＋100万円（元本）＝105万円

したがって、5年間で受け取るお金の総額は125万円となります。複利計算によって得られる127.6万円と単利計算によって得られる125万円との差額2.6万円が複利計算による効果です。

この複利計算の効果には、大変な威力があります。複利計算にまつわる有名な「72の法則」はご存じでしょうか？　これは、72を金利の数字で割ると、投資元本を2倍に増やすのにかかるおおよその年数がわかるというものです。

金利3％の場合：72÷3＝24年
金利5％の場合：72÷5＝14.4年
金利10％の場合：72÷10＝7.2年

実際には、算出結果から微妙にズレていますが、約数が多くて便利だからという理由で72という数字が使われています。

元本100万円を複利と単利で運用する場合、金利の違いによってお金がどのくらい増えていくのかを示したのが**図表4-4**です。期間が長くなれば単利と複利の差額が無視できない大きさになっていくことがわかります。

最近は、日本株への期待投資リターンは5-6％とされることが多いですが、72の法則に当てはめると、投資元本のお金を2倍にするためには12-14.4年間

4-3 複利計算で100万円の元本はいくらになるか？

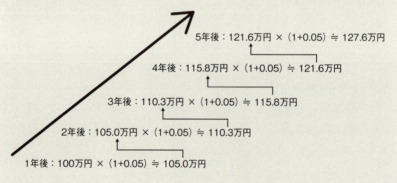

金利5％の複利計算では…

5年で127.6万円に

5年後：121.6万円 ×（1+0.05）≒ 127.6万円
4年後：115.8万円 ×（1+0.05）≒ 121.6万円
3年後：110.3万円 ×（1+0.05）≒ 115.8万円
2年後：105.0万円 ×（1+0.05）≒ 110.3万円
1年後：100万円 ×（1+0.05）≒ 105.0万円

元本：100万円

4-4 元本100万円を複利と単利で運用した場合、どの程度増えるか

元本100万円を複利で運用すると……

(単位:万円)

複利計算		1年後	2年後	3年後	4年後	5年後	6年後	7年後	8年後	9年後	10年後	元本を2倍にするのにかかる年数
金利	1%	101.0	102.0	103.0	104.1	105.1	106.2	107.2	108.3	109.4	110.5	72.0年
	2%	102.0	104.0	106.1	108.2	110.4	112.6	114.9	117.2	119.5	121.9	36.0年
	3%	103.0	106.1	109.3	112.6	115.9	119.4	123.0	126.7	130.5	134.4	24.0年
	4%	104.0	108.2	112.5	117.0	121.7	126.5	131.6	136.9	142.3	148.0	18.0年
	5%	105.0	110.3	115.8	121.6	127.6	134.0	140.7	147.7	155.1	162.9	14.4年
	6%	106.0	112.4	119.1	126.2	133.8	141.9	150.4	159.4	168.9	179.1	12.0年
	7%	107.0	114.5	122.5	131.1	140.3	150.1	160.6	171.8	183.8	196.7	10.3年
	8%	108.0	116.6	126.0	136.0	146.9	158.7	171.4	185.1	199.9	215.9	9.0年
	9%	109.0	118.8	129.5	141.2	153.9	167.7	182.8	199.3	217.2	236.7	8.0年
	10%	110.0	121.0	133.1	146.4	161.1	177.2	194.9	214.4	235.8	259.4	7.2年
	11%	111.0	123.2	136.8	151.8	168.5	187.0	207.6	230.5	255.8	283.9	6.5年
	12%	112.0	125.4	140.5	157.4	176.2	197.4	221.1	247.6	277.3	310.6	6.0年

単利計算		1年後	2年後	3年後	4年後	5年後	6年後	7年後	8年後	9年後	10年後
金利	1%	101.0	102.0	103.0	104.0	105.0	106.0	107.0	108.0	109.0	110.0
	2%	102.0	104.0	106.0	108.0	110.0	112.0	114.0	116.0	118.0	120.0
	3%	103.0	106.0	109.0	112.0	115.0	118.0	121.0	124.0	127.0	130.0
	4%	104.0	108.0	112.0	116.0	120.0	124.0	128.0	132.0	136.0	140.0
	5%	105.0	110.0	115.0	120.0	125.0	130.0	135.0	140.0	145.0	150.0
	6%	106.0	112.0	118.0	124.0	130.0	136.0	142.0	148.0	154.0	160.0
	7%	107.0	114.0	121.0	128.0	135.0	142.0	149.0	156.0	163.0	170.0
	8%	108.0	116.0	124.0	132.0	140.0	148.0	156.0	164.0	172.0	180.0
	9%	109.0	118.0	127.0	136.0	145.0	154.0	163.0	172.0	181.0	190.0
	10%	110.0	120.0	130.0	140.0	150.0	160.0	170.0	180.0	190.0	200.0
	11%	111.0	122.0	133.0	144.0	155.0	166.0	177.0	188.0	199.0	210.0
	12%	112.0	124.0	136.0	148.0	160.0	172.0	184.0	196.0	208.0	220.0

差額		1年後	2年後	3年後	4年後	5年後	6年後	7年後	8年後	9年後	10年後
金利	1%	0.0	0.0	0.0	0.1	0.1	0.2	0.2	0.3	0.4	0.5
	2%	0.0	0.0	0.1	0.2	0.4	0.6	0.9	1.2	1.5	1.9
	3%	0.0	0.1	0.3	0.6	0.9	1.4	2.0	2.7	3.5	4.4
	4%	0.0	0.2	0.5	1.0	1.7	2.5	3.6	4.9	6.3	8.0
	5%	0.0	0.3	0.8	1.6	2.6	4.0	5.7	7.7	10.1	12.9
	6%	0.0	0.4	1.1	2.2	3.8	5.9	8.4	11.4	14.9	19.1
	7%	0.0	0.5	1.5	3.1	5.3	8.1	11.6	15.8	20.8	26.7
	8%	0.0	0.6	2.0	4.0	6.9	10.7	15.4	21.1	27.9	35.9
	9%	0.0	0.8	2.5	5.2	8.9	13.7	19.8	27.3	36.2	46.7
	10%	0.0	1.0	3.1	6.4	11.1	17.2	24.9	34.4	45.8	59.4
	11%	0.0	1.2	3.8	7.8	13.5	21.0	30.6	42.5	56.8	73.9
	12%	0.0	1.4	4.5	9.4	16.2	25.4	37.1	51.6	69.3	90.6

72を金利で割ると、元本を2倍にするのにかかるおおよその年数がわかる

じっと我慢して運用しておけばよい、ということになります。これが株式投資の世界で「投資するなら長期的な投資を」と言われるゆえんです。

この複利計算という基本的な約束事は、お金の現在価値を扱うコーポレートファイナンスの世界においては非常に重要ですので、しっかり理解しておいてください。

打ち出の小槌の値段

複利計算のカラクリを理解したところで、現在価値についてあらためて説明しましょう。こんな単純な事例を考えてみます。今、将来5年間にわたって、毎年大晦日の日に振れば"必ず"100万円が目の前に飛び出てくる打ち出の小槌があると想定します。

さて、あなたは、この打ち出の小槌をいくらで買いますか？（図表4-5）

筆者は、この打ち出の小槌の値段についても新入社員研修のときに受講生に質問しています。「400万円！」「450万円で買います！」とそれぞれ異なる金額を答えますが、少なくとも「500万円で買います」と答える人はいません。現在価値を感覚的に理解できているんですね。

というわけで、現在価値を計算して値段を求めてみましょう。ここでのポイントは「現在価値を求める際、金利を何パーセントにすればよいのか」です。

打ち出の小槌は1年に1回だけ振れば"必ず"100万円をもらえるというところがミソです。必ずということは、"100％確実"ということ。「もらえないかもしれない」という心配をする必要がまったくありません。

世の中で100％確実に投資した元本が返ってきて金利も受け取れる金融商品とは何でしょうか？

答えは「国債」です。

「えー！　日本は1,000兆円という世界一の借金を抱えて危険って言うじゃ

ないですかー!!」という声が今にも聞こえてきそうですね(笑)。
　たしかに日本の政府と地方が抱える借金はGDPの2倍近い水準に達しており、異常なレベルにあることは事実です。それでも、国債市場では、そんな状態を危険と見て、投資家が国債を投げ売ったり、金利が跳ね上がったりすることはありません。なぜなら、国債の満期である5年や10年で考えた場合、日本国が潰れることはまずないと考えられるからです。
　実は、コーポレートファイナンスの世界では、信用力の高い国が発行しているのだから「国債を安全資産とみなしましょう」という暗黙の約束事があります。安全資産の「安全」というのは、証券を発行した母体が破産して、証券に投資した人が元本を回収できなくなるという危険がない、という意味です。
　そこで、国債利回りを最も安全な金融商品に対する利回り(金利)とみなしており、これをリスクがない(=リスクフリー)安全資産に対する利回りという意味で「リスクフリーレート」と呼んでいます。

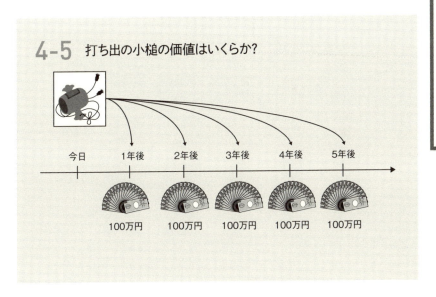

4-5　打ち出の小槌の価値はいくらか？

打ち出の小槌はリスクフリーですから、その現在価値を求める際はリスクフリーレートを用いて計算すればよいのです。リスクフリーレート(＝国債利回り)が実際に何パーセントかという議論はいったん脇へ置くとして、ここではわかりやすいように1%と仮定して計算してみましょう。
　打ち出の小槌から毎年飛び出してくる100万円の現在価値は、
　1年後：100万円÷(1＋0.01)≒99.009万円
　2年後：100万円÷(1＋0.01)^2≒98.029万円
　3年後：100万円÷(1＋0.01)^3≒97.059万円
　4年後：100万円÷(1＋0.01)^4≒96.098万円
　5年後：100万円÷(1＋0.01)^5≒95.146万円
で、すべて合計すると＝485.341万円と求めることができます(図表4-6)。
　この打ち出の小槌の例では1%というレートを使っていますが、これを現在価値に割り引くためのレートという意味で「割引率」と呼んでいます。

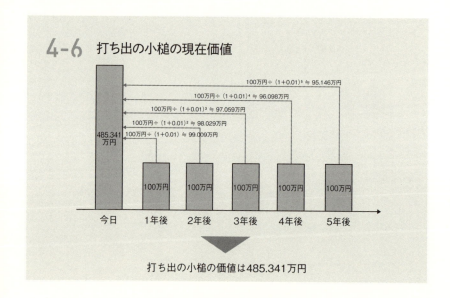

4-6　打ち出の小槌の現在価値

打ち出の小槌の価値は485.341万円

リスクとリターンは振り子である 03

　ビジネスパーソンなら誰しも普段何気なく使っている言葉である「リスク」と「リターン」の関係というのは、これまたコーポレートファイナンスの世界で基本中の基本とされている概念です。

　先ほどの打ち出の小槌の例では、損することをまったく心配する必要のない特別な世界でした。ところが、実際の企業が発行するデットやエクイティ（社債や株式など）に投資する世界はどうでしょうか？
　経営不振に陥って倒産し、貸したお金が返ってこなかったり、株券が紙切れになったりしてしまうこともあります。
　打ち出の小槌は"絶対に"決まった金額のお金を生み出しますが、実際の企業経営に"絶対"はありませんし、生み出す金額もブレます。企業は、うまくいけばお金をたくさん生み出すし、下手をすればすってんてんになってしまうかもしれません（図表4-7）。

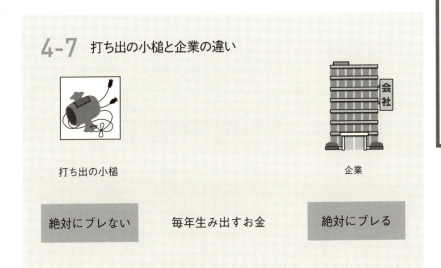

4-7　打ち出の小槌と企業の違い

打ち出の小槌　　　　　　　　　　　　企業

絶対にブレない　　毎年生み出すお金　　絶対にブレる

この「ブレ」がファイナンスでいうリスクの本質です。下手をすれば100万円を失うがうまくいけば1,000万円儲かるという場合、下限のマイナス100万円から上限のプラス1,000万円の振れ幅（バラつき）をリスクというのです。リスクを「危険性」だと理解している人がいますが、それは違います。
　振り子にたとえるとわかりやすいでしょう（図表4-8）。
　振り子の振れ幅の大きさこそがリスク。これは非常に重要な点です。
　コーポレートファイナンスを理解する上で大切なのは、リスクとリターンの関係を知ることです。リスクの大きさとリターンの大きさは常に見合っています（図表4-9）。したがって、世の中には「ローリスク・ローリターン」か「ハイリスク・ハイリターン」しか存在しません（その間を取った「ミドルリスク・ミドルリターン」があると言ってもいいですね）。
　銀行預金や国債への投資などは、大きく損することはないけれど大きく儲けることもありません（＝ローリスク・ローリターン）。一方、ベンチャー企業への投資は、うまくいけば大きく儲かる一方、しくじったら投資額は戻ってきませんので、振れ幅は大きくなります。いずれにしても、リスクとリターンは釣り合っていますから、大きく儲けたければ損をしたときの損失額の大きさへの覚悟が必要で、損をしたくなければ手堅く儲けることで甘んじなければなりません。
　考えてみれば当たり前ですが、不思議なもので、世の中には「ローリスク・ハイリターン」という幻想を抱く夢想家がたくさんいます。「必ず儲かりますよ」という詐欺師の甘い言葉に騙されてお金を失う人が後を絶ちません。
　もうおわかりですよね。"必ず"というのは100％確実ということですから、ファイナンス的には、振れ幅がまったくない、つまり、ローリスクどころかノーリスク（リスクフリー）ということです。ファイナンスの基本であるリスクとリターンの関係を理解していれば、うまい儲け話などあり得ない、ということがわかります。海外のビジネススクールでも、ファイナンスの授業で最初に教わることは"There is no free lunch"です。

4-8 ファイナンスの世界でのリスクの概念

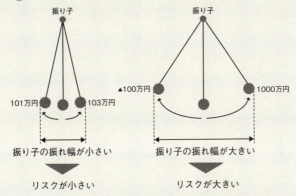

「リスク」とは、振れ幅（バラつき）のこと

4-9 リスクとリターンの大きさは常に見合っている

代表的な投資対象

- ローリスク ローリターン — 手堅く儲かる（大きく儲けることはないけど、大きく損することもない） → 銀行預金／国債／高格付けの社債
- ハイリスク ハイリターン — 伸るか反るか（うまくいけば大きく儲けるけど、しくじったら大きく損する） → ベンチャー企業株式への投資／ジャンク債への投資

世の中には「ローリスク・ローリターン」か「ハイリスク・ハイリターン」しかない

第5章
資本コストをマスターする

前章で、現在価値の概念はご理解いただけたと思います。本章では現在価値の算出に使用する割引率である「資本コスト」について見ていきます。企業は資金を調達して投資し、利益を上げて資金提供者にリターンを還元し、残ったものを再投資するという流れを繰り返します。したがって、投資リターンは資金調達コストを上回っていなければいけません。この資金調達コストのことを資本コストといいます。では資本コストは何によって決まるのか？ それは、投資家が負っているリスクと期待するリターンの大きさです。資本コストを低くすることができれば、企業が実施できる投資案件の機会も広がります。

コーポレートファイナンスの最初の関門がこの資本コストです。ここを突破すれば、ファイナンスを理解する上で大切なリスクとリターンの関係についても理解が深まります。

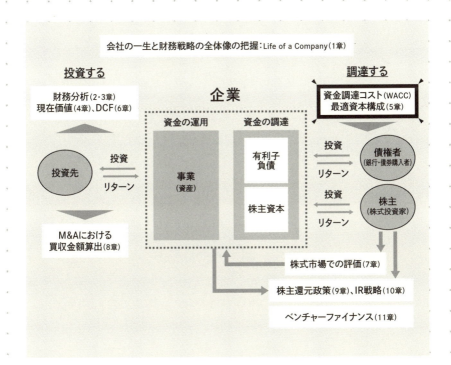

資本コスト(割引率)を計算する 01

資本コストは「投資家の期待」で決まる

　現在価値は割引率の大きさによって決まりましたよね。この割引率の正体こそ、企業側から見て資本(資金)を調達するためにかかるコスト、すなわち、資本コストです。以下で説明しましょう。

　ある投資家が運用資金として100万円持っていたとします。この投資家のもとに2つの投資案件が紹介されたものと仮定しましょう。投資案件Aは業容の安定した企業の発行する株式で、「1年後に105万円になっていれば十分」と考えています。一方、投資案件Bは創業5年目のベンチャー企業に対する株式投資の案件で、そのベンチャー企業はいまだ業績も安定せず、ひょっとしたら1年後には倒産してなくなっているかもしれません。この投資家は、投資案件Bについて「伸るか反るかわからないから、1年後に200万円になっている可能性がないとリスクを取って投資できない」と考えているものとします。

　このようなケースにおいて、この投資家の投資案件に対して期待するリターンは、投資案件Aが5%、投資案件Bが100%となります。これらの数値が将来のフリーキャッシュフローを現在価値に引き直すための割引率、つまり、資本コストとなるのです。

　投資案件Aにおける1年後の105万円と投資案件Bにおける1年後の200万円を比較すると、1年後の残高としては95万円の差がありますが、現在価値に引き直せばどちらも100万円という同じ価値になります(A:105万円÷1.05＝100万円、B:200万円÷2.00＝100万円)。

　逆に投資案件Aの1年後の残高が100万円としたときのその現在価値は95.238万円(≒100万円÷(1＋0.05))、投資案件Bの1年後の残高が100万円としたときの投資案件Bの現在価値は50万円(＝100万円÷(1＋1))となり、投

資家の期待リターン(資本コスト)が大きいほど現在価値は小さくなります。

加重平均資本コスト(WACC)の概念

　投資家が企業に対して投資を行う行為と企業が資本を調達する行為とは、同じ物事を表と裏から見る関係にあります。
　したがって、投資家の期待リターンは、簡単に言ってしまうと、「○○という企業に投資するのだったら、最低限これくらいのリターンが期待できないと投資なんてしたくない」という感情のことを指します。それを企業の側から見たら資本を調達するためにかかるコスト、すなわち、資本コストということになるのです。

　債権者である銀行や債券の購入者は、企業に資金を提供する(実質的には貸し付ける)にあたって金利の支払いを求めます。銀行からの借入れや債券の発行は企業にとって借金ですから、金利はまさしく企業の負担する資本コストです。コーポレートファイナンスの世界では、金利のことを「有利子負債資本コスト」と呼びます(正確には、税効果を加味した金利が有利子負債の資本コストとなりますが、これについては後述します)。
　また、株式投資家は企業の株式を購入する見返りに、配当の支払いや株価の上昇に伴うキャピタルゲイン(株式の売却益)の獲得を企業に対して期待します。したがって、企業にとって配当やキャピタルゲインは資本コストとなり、コーポレートファイナンスの世界では「株主資本コスト」と呼びます。
　ここで、1つ疑問が生じます。配当は実際に現金が会社から出ていきますので、資本コストの一部であることはわかります。でも、会社からなんらかの現金が流出していくわけでもないのに「キャピタルゲインが資本コストになる」のはなぜでしょうか？
　株式投資家が企業に期待するキャピタルゲインを企業側の資本コストとし

て理解するためには、経済学でいうところの「機会費用(損失)」という概念で考える必要があります。

　借入金などの有利子負債(デット)と異なり、株式の投資家は配当に加えて株価の上昇によるキャピタルゲインをも期待します(むしろこちらがメインでしょう)。機関投資家は、基本的に運用資産の全額をなんらかの株式に投資しますので、A社という会社の株に投資する際は、すでに保有していた他の銘柄(たとえばB社株)を一部売却することになります。つまり、B社という他の会社の株に投資することによって得られるであろう期待リターンを犠牲にしてA社株を購入するわけです。これが機会費用の概念です。投資家が期待する以上、企業は配当の支払いや株価の値上がりという形でそれに応えていかなければ投資家にソッポを向かれ、資金を調達することができなくなります。なぜなら、A社に辟易した株主が株を売り浴びせて株価が下がってしまうと、いざ新株を発行してエクイティファイナンスをしようにも難しくなってしまうからです。

　個人投資家の場合は、株価が戻ってくるまで塩漬けをすることもあるかもしれません。しかし、機関投資家の場合は自らの投資パフォーマンスが市場の平均リターンに見劣りしないことが重要ですので、傷が浅いうちに早く損切りし、より魅力的な株式に乗り換えるのが原則です。通常、機関投資家は、何パーセント以上株価が下がったら売却するというような損切りルールを定めています。

　そうして、どの株主からも見切りをつけられた会社はどうなるでしょうか？　株価はどんどんと下がっていき、誰も所有したくない会社、つまり存在価値のない会社になってしまいます。そうなると株式を発行して資金調達をすることは実質的に不可能になります。また、株価が著しく低迷する企業は、信用不安も巻き起こしますので、取引先から取引条件の見直し(厳格化)を求められたり、従業員も疑心暗鬼に陥ったりします。金融機関も融資に応じてくれず、むしろ、貸付金の回収に動き始めます。もちろん、これらは最

悪のシナリオですが、株主をある程度満足させておく必要性、自社を市場の中で魅力的に見せておく重要性はご理解いただけるでしょう。この「満足させておくコスト」、言い換えれば「他社ではなく自社を選んでいただくコスト」こそが、株主資本コストなのです。

ところで、企業はデットとエクイティを組み合わせて資金を調達していますので、企業にとっての資本コストは、デットとエクイティの組み合わせ（資本構成）を反映して、有利子負債資本コストと株主資本コストの加重平均（それぞれの重みを加味した平均）で決まります（図表5-1）。これを「加重平均資本コスト」といい、Weighted Average Cost of Capitalの頭文字を取って「WACC」（「ワック」と読みます）と呼んでいます。加重平均という言葉は耳慣れないかもしれません。通常われわれの日常生活で用いる平均値は単純平均です。濃度2%の食塩水と6%の食塩水を同量加えてできる食塩水の濃度は4%（(2%＋6%)÷2)）ですよね。しかし、2%の食塩水を10グラム、6%の食塩水を30グラムの場合は $2\% \times \frac{1}{4} + 6\% \times \frac{3}{4} = 5\%$ となります。これがまさに「加重平均」です。

そして、下記の計算式で求められるWACCが、予想フリーキャッシュフローの現在価値を計算する際に用いる割引率となります。

$$WACC = r_s \times \frac{E}{D+E} + r_d \times (1-t) \times \frac{D}{D+E}$$

E：株主資本（エクイティ）
D：有利子負債（デット）
r_s：株主資本コスト
r_d：有利子負債資本コスト
t：実効税率

5-1　期待とコストは裏表

投資家にとっての期待は企業にとってのコスト

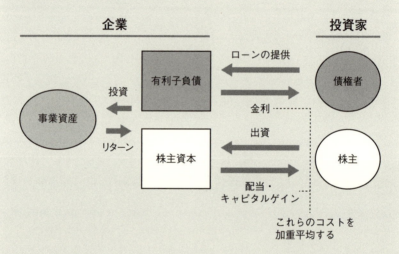

実際にWACCを求めるにあたっては、有利子負債資本コストと株主資本コストのそれぞれをあらかじめ求めておく必要があります。
　有利子負債資本コストに関しては、「簡単ですよ。借入利息の金利に決まっているじゃないですか！」と考える方が多いと思います。表面上はそう見えるのですが、実質コストは違うのです。**図表5-2**をご覧ください。

　A社、B社の2社があったとします。両社ともまったく同じ利益だとしましょう（ここでは、金利・税引前利益をともに500とします）。そして、両社とも資金調達にかかるコストが100で、A社は借入金のみで、B社は株式発行のみで資金調達をしているとします。A社の債権者が100の金利を受け取る場合と、B社の株主が100の配当を受け取る場合を比較すると、債権者と株主、どちらの投資家も100という金額のリターンを受け取っている点ではまったく同じです。ただし、100を支払う企業にとっては大きな違いがあります（**図表5-3**）。なぜなら、金利は税引前の利益から支払いが行われるのに対して、配当は税引後の利益から支払われるからです。金利は税務上損金に算入されるため、課税対象利益が減り節税効果がありますから、同じ金額の配当を支払う場合と比較して現金が浮くことになります（手許残金が多くなる）。つまり、節税分だけ有利子負債資本コストは、表面金利よりも低くなるのです。
　したがって、有利子負債資本コストは、借入金利をr_d、実効税率をtとすれば、

　有利子負債資本コスト ＝ $r_d \times (1-t)$

となります。ここは非常に重要ですので、腑に落ちない方は**図表5-3**とにらめっこしてしっかり理解してください。たとえば借入金利が2％で実効税率が40％なら有利子負債資本コストは2％×(1−0.4)=1.2％となります。

5-2 有利子負債資本コストの節税効果

借入の場合、金利は税務上「損金」に算入され、課税対象利益が減額するため節税効果がある

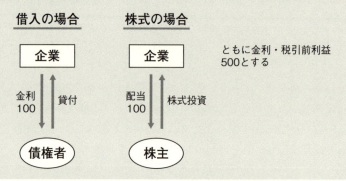

ともに金利・税引前利益 500 とする

5-3 借入金の節税メリット

借入金利100に実効税率40%をかけた40の分だけ、借入による方がキャッシュフロー上有利になる

	借入の場合	株式の場合
金利・税引前利益	500	500
▲金利	100	0
税引前利益	400	500
▲税金（※）	160	200
税引後利益	240	300
▲配当	0	100
手許残金	240	200

※実効税率を40%とする

株主資本コストとは

　株主資本コストの求め方で最も簡単で一般的なものがCAPM(「Capital Asset Pricing Model」の頭文字をとって「キャップエム」と呼ばれています)理論に基づく方法です(図表5-4)。
　CAPMの考え方によると、株主資本コストr_sは、リスクフリーレートをr_f、ベータを$β$、マーケットリスクプレミアムを$E(r_m) - r_f$とすると、

$$r_s = r_f + β × (E(r_m) - r_f)$$

という計算式で求められます。
　こういう数式表記が苦手な方は、図表5-4のように言葉で理解してしまえばそれで大丈夫です。式自体はさほど難しいものではありません。
　リスクフリーレートとは、文字通り「リスクのない投資に対する期待リターン」ですから、先ほどご紹介した国債の利回りということになります。
　そして、マーケットリスクプレミアムは、「株式市場が安全資産である国債利回りと比べてどれだけ高いリターンが期待できるか」を示した値です。$E(r_m - r_f)$は「期待値」の意味であり、$E(r_m)$は「株式市場全体に対する期待リターン」を表しています。全体、というのはすなわち全上場企業ということです。日本の場合、マーケットリスクプレミアム、つまり全上場企業の株式投資リターンの期待値は、過去30-40年ほどの統計データなどを踏まえて概ね5-6%程度となっています。
　ベータは、評価対象銘柄の株価の値動きが株式市場全体の値動きと比べてどれだけ高い(ないし低い)か、を表した値です。要するに、株式市場全体に比べてどれだけリスクが高いか(低いか)、を示しているわけです。ベータが1より大きければ株式市場全体より株価の値動きが大きく(リスクが高く)、1より小さければ株式市場全体より株価の値動きが小さい(リスクが低い)ことを示しており、株式市場全体とまったく同じ値動きをする銘柄のベータ値は

5-4 株主資本コストの求め方

CAPM（Capital Asset Pricing Model）の計算式

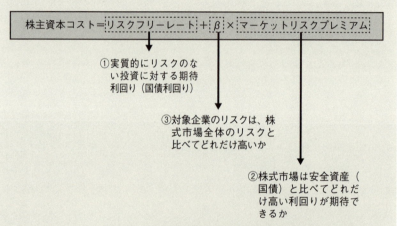

株式投資家は最低でも①国債利回りを起点とし、
②株式市場全体の平均リターンの上乗せを期待し、その上で、
③対象企業のリスクの度合いに応じたリターンを期待する

1となります。ハイテク業界やベンチャー企業など業績のブレが大きい業界のベータは高く、社会インフラを担う電力・鉄道など公共性が高く業績のブレが小さい業界のベータは低くなる傾向にあります。

CAPMは投資家の思考プロセスを反映したもの

　CAPMに基づく株主資本コストの計算式は、株式を購入する投資家の思考プロセスをイメージすることによって理解できます(図表5-5)。
　コーポレートファイナンスの世界では、株式投資家が資産運用を始めようとするとき、国債が最も安全な投資対象であるとみなすことを約束事としていますので、そこをスタートに考えます。

　株式投資家は、国債で運用する場合の利回りを起点とした上で、リスクを取って株式に投資しようと考えるわけです。次に、たくさんある銘柄の中から、どの企業の株式に投資するべきか、あれこれと悩むことになります。株式投資家が最終的に投資すべき銘柄を選択するときの1つの基準になっているのは、「投資対象銘柄が株式市場全体と比べてどのようなパフォーマンスをするのか」といった考え方です。
　このような株式投資家の思考プロセスをイメージすることができると、株主資本コストの数式も感覚的に理解できると思います。株主資本コストの数式をあらためて眺めてみましょう。

$r_s = r_f + \beta \times (E(r_m) - r_f)$

　株式投資家は、まず、国債で運用する場合の最低限のリターン(r_f)以上のものを期待します。そして、株式へ投資すると決めた時点で株式投資家は、株式市場の平均リターンである($E(r_m) - r_f$)に連動するリターンを期待しています。その上で、株式市場全体と比較した投資対象銘柄のリスクの度合いに応じたリターン(β)を期待するわけです。

5-5 CAPMのイメージ

対象企業（A社）に投資するまでの株式投資家の思考プロセスは…

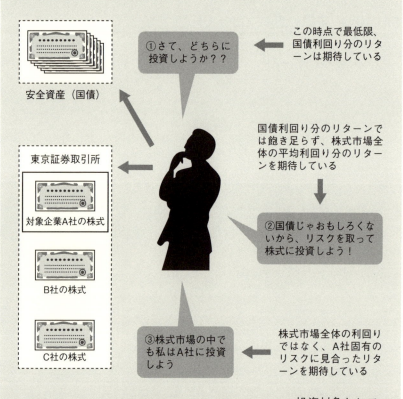

投資対象として、
安全資産か株式かを検討した上で株式投資を選択し、
さらに、複数存在する株式の中から対象企業（A社）を選択する

実務上は、リスクフリーレートについて、いつの時点のどのような数値を用いるべきかが議論になることがあります。一般的に、投資判断は「今、投資するとしたら、どれだけのリターンを期待できるか」が求められているため、事業価値を算出する時点の国債利回りを用いるのが適当です。この数字は日経新聞朝刊のマーケット総合欄に掲載されていますので簡単に知ることができます。

　また、ゴーイングコンサーン（企業は永続的に続くと仮定するコーポレートファイナンスの世界の約束事）の前提で考えると、理論的には、超長期の国債利回りを用いるべきなのかもしれませんが、日本の場合、超長期国債がそもそも少ない上、その流動性も低く、事業価値を算出するための材料として利用できるだけの信頼性に乏しいといえます。よって、実務上は10年物の国債利回りを用いることが多くなっています。

　マーケットリスクプレミアムに関する議論は深く、数式に当てはめれば答えが導かれる「サイエンス」というよりは、どちらかというと職人的な「アート」で決まる面もあるのですが、日本では実務上、5-6%という数値が用いられるケースが多いようです。これは、先述のとおり日本の株式市場で観測されるマーケットリスクプレミアムとして、過去30-40年間の統計値を参考にしています。しかし、当然のことながら、過去のどの期間に関するデータを捕捉するかによって、この数値は大きく異なってきます。

　また、現時点で投資するなら「最低これくらいの超過リターンが欲しい」という感覚がそれぞれの投資家にあるはずですが、当然のことながら、その数値も個々の投資家によって差があるでしょう。

　現在価値の計算は、将来のフリーキャッシュフローを予想し、その現在価値を求めるというアプローチをとるため、本来ならば、マーケットリスクプレミアムも予想値でなければ整合性が確保されないことになります。

ところが、マーケットリスクプレミアムの中長期的な数値を予想することは現実的に困難であり、むしろ長期的には5-6%程度と見るのが妥当であろうという考え方がとられています。実務上5-6%という数値が用いられるケースが多いのには、このような背景があります。

ベータ(β)は個別銘柄のリスクを表す

　ベータに対するぼんやりとしたイメージがつかめたところで、実際に上場企業の株価データを使って理解を深めていきましょう。
　ここでは、東京急行電鉄とGMOインターネットに登場してもらいます。東京急行電鉄を業績のブレが潜在的に小さな会社の代表格とし、GMOインターネットを業績のブレが潜在的に大きな会社の代表格とします。この両社の株価と東証株価指数TOPIXの値動きを比べることにしましょう(ここでは株式市場全体の値動きを示すインデックスとしてTOPIXを用いています)。2013年6月から2018年5月までの5年間における東京急行電鉄とGMOインターネットの株価、そして、TOPIXの値動きを示したファンチャートを見てください(図表5-6)。

　このチャートによると、東京急行電鉄の株価変動はTOPIXとほぼ同様ないしTOPIXより小さな値動きを示しているように見えます。これに対して、GMOインターネットの株価変動は、TOPIXより遥かに大きな値動きを示しています。東京急行電鉄の株価は、この5年間、TOPIXをアンダーパフォーム(下回る)している期間が長かったのですが、アンダーパフォームの程度が大きくなることもありません。一方、GMOインターネットの株価は、この5年間にわたって、ほぼ一貫してTOPIXをアウトパフォーム(上回る)していますが、逆に言えば、大きくアンダーパフォームする可能性だってあるということです。このようにチャートにするだけでも個別銘柄の株式の値動きが株

5-6 ベータの本質

TOPIX・東京急行電鉄・GMOインターネットの株価値動き

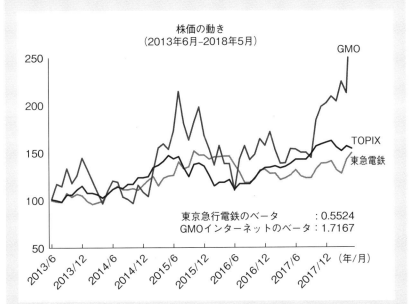

個別銘柄の株式のリスクの大きさ（＝ベータ）は
株式市場全体の値動きと比べて大きいか、小さいかで判断する

式市場全体と比べて大きいか、または、小さいか、感覚的に理解できると思います。

　さらに、過去の株価データを用いればエクセルを使って簡単にベータを求めることができます(**図表5-7**)。2013年6月から2018年5月までの5年間にわたる株価の月次データから回帰分析を用いて東京急行電鉄のベータを計算すると、0.5524になります(回帰線の傾き)。つまり、TOPIXが1変動するときに東京急行電鉄の株価は0.5524しか変動しない(約半分の大きさの値動きしかしない)ことを意味しています。
　東京急行電鉄株式の値動きのTOPIXとの乖離幅が小さいのは、同社の主要事業が安定した鉄道事業であり、同社の収益体質が相対的に景気の影響を受けにくいためです。したがって、東京急行電鉄の株式は、相対的にリスクの小さな株式であるということができます。
　これに対して、同じ期間におけるGMOインターネットのベータは1.7167と計算されます。つまり、TOPIXが1変動するときにGMOインターネットの株価は1.7167も変動することを示しています。GMOインターネットの株価の値動きがTOPIXの値動きと大きく乖離しているのは、同社の主要事業が変化と競争の激しいITサービスであり、同社の収益体質が相対的に不安定である(ブレやすい)ことに起因しています(あくまで潜在的に不安定であるというだけで実際の業績が不安定ということではありません)。つまり、GMOインターネットの株式は、相対的にリスクの大きな株式といえるわけです。以上のことを踏まえて、あらためてリスクと期待リターンの関係を考えてみましょう(**図表5-8**)。
　リスクのまったくない投資の代表格である国債の期待リターンがリスクフリーレートです。現在、10年物の国債利回りはきわめて低く、ほぼ0%の水準です。これに対して、株式市場全体の期待リターンは、リスクフリーレートにマーケットリスクプレミアムを上乗せしたものとなります。過去30年か

5-7 東京急行電鉄とGMOインターネットのベータ

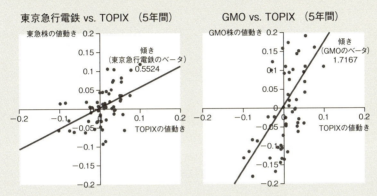

東京急行電鉄・GMOとTOPIXの値動きの相関性がベータ

5-8 リスクと期待リターン

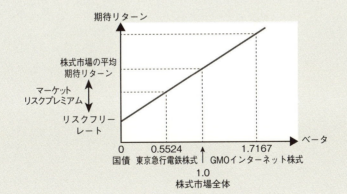

ら40年の間の株式市場の平均リターンを参考に計算されたマーケットリスクプレミアムは5-6%程度です。そして、ベータが1より小さな東京急行電鉄株式の期待リターンは株式市場全体より小さく、ベータが1より大きなGMOインターネット株式の期待リターンは株式市場全体より大きくなります。このようにして見ると、あらためて投資の大原則は「ローリスク・ローリターン」または「ハイリスク・ハイリターン」であり、ローリスクでハイリターンな投資は絶対にあり得ないことがわかると思います。

デットとエクイティでは、どちらの資本コストが大きい？

　デットとエクイティの根本的な違いは、両者の資本コストに表れます。これもとても大切なポイントですので、しっかり理解しておいてください。
　まず、デットとエクイティ、どちらの資本コストが高い(低い)か、わかりますか？　それは、一体なぜでしょうか？　ちょっと考えてみてください。

　デットの投資家とエクイティの投資家を比べると、投資家として負っているリスクの大きさに差があります。なぜなら、企業が倒産して清算する場合、残余財産はまず債権者＝デットの投資家に弁済されます。債権者への弁済が済んだ後、まだ財産が残っていたときに限って株主＝エクイティの投資家にも弁済されます。会社法上、株主より債権者の方が手厚く保護されているのです。
　デットの投資家の方がリスクは低く、エクイティの投資家の方がリスクは高いわけですから、デットの投資家は投資先の企業に求める期待リターンが相対的に低く、エクイティの投資家が投資先の企業に求める期待リターンは相対的に高くなります。つまり、企業側から見ればデットの方が資本コストは低いのです。
　また、デットの資本コスト(有利子負債資本コスト)は、税務上損金扱いと

なるため、その分税金が少なくなる節税効果をもたらすことは、先に見たとおりです。この節税効果もエクイティよりデットの資本コストを下げている要因になります。デットの方がエクイティよりも低コストな資金調達手段である、これはコーポレートファイナンスの重要なポイントです。

デットとエクイティの最適バランスは?

　デットの方がエクイティよりも資本コストが低いならば、必要なお金を全額借入金で調達すればWACCが低下してベストになるのでは、と思われがちですが、実はそうではありません。なぜなら、借入金の割合を増やしすぎると、今度は倒産のリスクが高まるからです。倒産リスクが高い企業にお金を貸したい金融機関は存在しません。
　したがって、企業の資金調達において、デットを増やすのは資本コストを下げるのに役立ちますが、ある一定レベルを超えてしまうと逆にまたコストを上昇させてしまいます。そこで、資金調達においてWACCが最小となるようなデットとエクイティのバランスはどのあたりかを探ることが企業の財務戦略上重要となります。そのバランスが最適なポイントを、最適資本構成と呼びます。

　最適資本構成を実現するには、デットを最大限に有効活用することになります。株主はレバレッジがきいた状況は大歓迎ですが(このあと補論で説明します)、デットへの依存度が大きいと、格付上はマイナスになります。
　格付機関は「この社債を購入するリスクはどの程度か」を簡単な記号で表してくれる専門機関です。その格付機関の表明する格付に基づいて、債券投資家は社債に投資をするリスクを測ります。重要なのは利息支払いと元本の返済がなされることですので、重視される指標は安全性、確実性です。これは、デット投資家からの視点です。

格付機関はいくつか存在しますが、どの格付機関でもAAAまたはAaaが最上位(最も安全で投資リスクがほとんどないという評価)、次にAA、A、BBBとなっていきます。BBBの社債とBBの社債ではデフォルト率に大きな違いがあり、BBB以上が投資適格、つまり、投資しても大丈夫な社債として評価されています。しかし、実際には機関投資家はA以上の格付の社債にしか投資しないと内規で定めているところも多く、国内ではBBBの格付で社債を新規発行するケースは稀で、多くはA以上の格付で発行されます。

　最適資本構成を実現するなら、デットを積極的に活用するため、格付はおそらくBBBになります。しかし、それだと社債を発行しようにも機関投資家に購入してもらえません。したがって、実際には最適資本構成を実現している企業は非常に少ないのです。格付の観点からも、資本コストの観点からもA程度の格付となるようなデットとエクイティの資本構成割合が現実的にはベストということになるでしょう(図表5-9、5-10)。

5-9　最適資本構成の考え方

企業はWACCを最小にするために、最適資本構成を模索

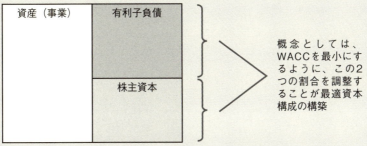

概念としては、WACCを最小にするように、この2つの割合を調整することが最適資本構成の構築

しかし、実際にはWACCを最小にする資本構成は、最適資本構成ではない。なぜ？

5-10　有利子負債とWACCの関係

理論的にはWACCが最小となるポイントだが……

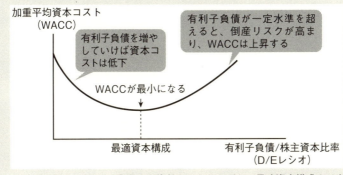

実際には格付もにらみながら、最適資本構成よりもデット比率が低い資本構成を目指す

事業リスクと財務リスク　02

　コーポレートファイナンスで登場するリスクについて、もう少し詳しく触れておきましょう。

　実際の企業には、「事業リスク」と「財務リスク」という2種類のリスクが存在します。事業リスクとは、P/Lに計上される利益といった「業績に関する振れ幅」のことです。他方、財務リスクとは、「デットの活用がリターンに与える影響に関する振れ幅」です。

　これは簡単な数字を用いた事例で理解した方が早いので、図表5-11を見てください。

　今、まったく同じ事業を行っているA社とB社、2つの会社があったとしましょう。両社ともに業績が好調だと営業利益は70になり、業績が不調だと30に落ち込むと予想されています。つまり、両社とも事業リスクはまったく同じだと仮定します。

　両社とも総資産の内容も金額もまったく同じですが、調達資金の内訳が大きく異なります。A社は100％エクイティの無借金経営、B社は800のデットと200のエクイティで調達しています。

　そして、デットの金利を5％、税引前利益に対する税率を40％とした場合の両社のP/Lを作った上でROEを求めてみましょう。

　すると、デットフリーのA社のROEは業績が下振れると1.8％ですが、上振れしても4.2％までしか上がりません。レバレッジをきかせているB社のROEは、業績が上振れると9％と高くなりますが、下振れると一気にマイナス5％まで激しく落ち込んでしまいます。

　まったく同じ事業リスクの2社でもデットの活用の違いにより、エクイティ投資家にとってのリターンであるROEは、これほどまでに差が生じるのです。デットの活用の程度＝財務レバレッジの違いは、ROEというリターンの振れ幅を大きくします。このリターンのバラつきが事業リスクに財務リスク

5-11　デットの活用とROEの振れ幅

デットフリーのA社

| 総資産 1,000 | エクイティ 1,000 |

デットを活用するB社

| 総資産 1,000 | デット 800 |
| | エクイティ 200 |

	業績上振れ	業績下振れ
営業利益	70	30
支払利息	0	0
税引前利益	70	30
法人税等	28	12
当期利益	42	18
ROE	4.2%	1.8%

	業績上振れ	業績下振れ
営業利益	70	30
支払利息	40	40
税引前利益	30	−10
法人税等	12	0
当期利益	18	−10
ROE	9.0%	−5.0%

注1)　金利は5%とする
注2)　税率は40%とする
注3)　ROE：当期利益÷エクイティ

▼

事業リスクが同じでも、デットを活用するB社の方が
業績がよいときのリターンが大きくなり、
業績が悪化したときのリターンは小さくなる
（リターンのバラつきが大きくなる）

第5章　資本コストをマスターする

を加味した総合的なリスクになります(この総合的なリスクが「ベータ」になります。正確には、「レバードベータ」といいますが、詳しくは後ほど説明します)。

これまでは簡単に理解していただくようにリスクについて「振れ幅」という言い方をしてきましたが、学問的には統計学に登場する確率分布(正規分布)を表します。デットフリーのA社の事業リスクは上に細長い釣鐘型の正規分布になりますが、レバレッジをきかせたB社の事業リスクと財務リスクを加味した総合的なリスクは横に平べったい正規分布になるわけです(**図表5-12**)。

このように財務レバレッジの程度はROEというリターンのバラつき程度を変化させます。財務レバレッジをきかせると大損するかもしれないため、どうしても「危ない」というイメージを持ってしまいがちです。それは間違いのない事実です。

ただ、これはデットフリーだとROEの上限を4.2%までしか実現できないのに対し、財務リスクを取ることによって9%という高水準のROEを追求することができるということでもあります。これこそ最高財務責任者たるCFOが検討すべき積極的な財務戦略オプションなのです。そして、鋭い人はすでに感づいているかもしれませんが、ベータの値はレバレッジ度合いによって変わってくるのです。これも後ほど詳しくご説明します。

5-12 事業リスクと財務リスク

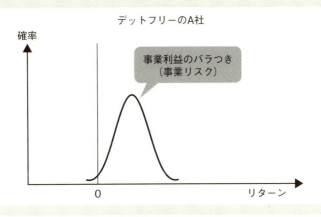

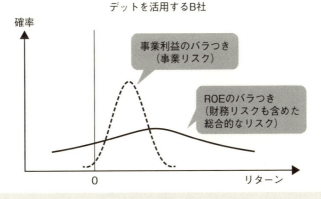

B社は事業リスクに加えてデットを活用する分の財務リスクも抱えるため、デットフリーのA社より、総合的なリスク（ブレ幅）は大きくなる

補論：
財務レバレッジとROE

03

　84ページでも、財務レバレッジがROEに与える影響を、実際の上場企業を例にとって学びました。ここでは財務レバレッジを高めるとROEの振れ幅が大きくなることを数式で確認してみることにしましょう。

　ROEはエクイティ投資家にとってのリターンを示しています。企業はリスクを適切にコントロールすることによってエクイティ投資家にとってのリターン、つまり、ROEを高めることが可能です。

　筆者が学生時代、ファイナンスを勉強しているときに感動した数式があります。

$$ROE = (1-t) \times \left\{ r + (r-i) \times \frac{D}{E} \right\}$$

　　r：ROA
　　i：デットの金利
　　t：税率
　　D：デット
　　E：エクイティ

　なぜ感動したのか。それは、この数式が「稼ぐためにはリスクを取らないといけない」という人生哲学をも教えてくれたからです。
　この数式の意味することはシンプルで、着目すべきは(r−i)とD/Eのところだけ。エクイティ投資家のリターンであるROEは、ROA(r)が金利(i)を上回っている限り財務レバレッジ(D/E)をきかせた方が大きくなりますが、ROA(r)が金利(i)を下回ってしまうと財務レバレッジ(D/E)をきかせたことが仇となって下がってしまいます。
　つまり、高いリターンを狙うには高いリスク(高い財務レバレッジ)を取らないといけないし、低いリスク(低い財務レバレッジ)しか負いたくなければ

低いリターンに甘んじなければいけないという世の中の基本原理を教えてくれているのです。財務レバレッジをどうするかがコーポレートファイナンス戦略のキモであることがこの式からも理解できるのではないでしょうか(図表5-13)。
　さらに、財務レバレッジがROEに与えるインパクトをビジュアルで見てみましょう(図表5-14)。デットとエクイティの組み合わせの異なる5つのケースについて、ROAとROEのマトリックス表を示していますので確認してみてください。
　ここではデットの金利を3.0％としていますので、ROAが3.0％のところでは、財務レバレッジの大きさにかかわらず、ROEは2.0％となっています。ROAが大きくなれば(マトリックス表の右側に行けば)財務レバレッジが大きいほどROEは大きくなります。反対に、ROAが小さくなれば(マトリックス表の左側に行けば)財務レバレッジが大きいほどROEは小さくなります。
　このように、財務レバレッジ、ROA、ROEの関係を見ると、財務レバレッジをきかせることがROEの感応度を大きくすることがわかります。

5-13 財務レバレッジとROE

$$ROE = \frac{当期純利益}{株主資本} = \frac{(1-t)(P-iD)}{E} = (1-t) \times \left\{ \frac{(E+D)P-(E+D)iD}{(E+D)E} \right\}$$

$$= (1-t)\left\{ \frac{EP}{(E+D)E} + \frac{DP}{(E+D)E} - \frac{(E+D)iD}{(E+D)E} \right\}$$

$$= (1-t)\left\{ \frac{P}{E+D} + \left(\frac{P}{E+D}\right)\left(\frac{D}{E}\right) - \left(\frac{iD}{E}\right) \right\}$$

$$= (1-t)\left\{ r + (r-i)\frac{D}{E} \right\}$$

t：税率
i：デットの金利
D：デット
E：エクイティ
P：営業利益
r：ROA

$$ROE = (1-t) \times \left\{ r + (r-i) \times \frac{D}{E} \right\}$$

$r>i$ のとき、財務レバレッジ(D/E)を高めればROEは大きくなる
$r<i$ のとき、財務レバレッジ(D/E)を高めればROEは小さくなる

財務レバレッジを高めると、ROEの振れ幅は大きくなる
（財務レバレッジをどうするかは、コーポレートファイナンス戦略のキモ）

5-14 財務レバレッジがROEに与えるインパクト

	デット(D)	エクイティ(E)	(D/E)
ケース1	800	200	4.0×
ケース2	750	250	3.0×
ケース3	667	333	2.0×
ケース4	500	500	1.0×
ケース5	0	1,000	0.0×

r：ROA
i：デットの金利

利子率 3.0%
税率 35.0%

ROE (%)

ROA (%)	0.0	1.0	2.0	3.0	4.0	5.0	6.0	7.0	8.0	9.0	10.0
	−7.8	−4.6	−1.3	2.0	5.2	8.5	11.7	15.0	18.2	21.5	24.7
	−5.9	−3.3	−0.7	2.0	4.6	7.2	9.8	12.4	15.0	17.6	20.2
	−3.9	−2.0	0.0	2.0	3.9	5.9	7.8	9.8	11.7	13.7	15.6
	−2.0	−0.7	0.7	2.0	3.3	4.6	5.9	7.2	8.5	9.8	11.1
	0.0	0.7	1.3	2.0	2.6	3.3	3.9	4.6	5.2	5.9	6.5

r < i ←　　r = i　→ r > i

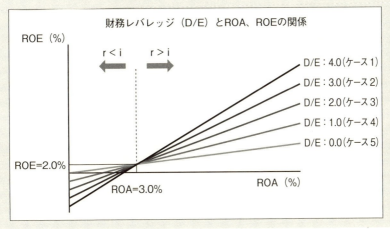

財務レバレッジ（D/E）とROA、ROEの関係

第6章
DCF法による事業価値の算出方法（超実践版）

コーポレートファイナンスの世界では、企業価値は、その企業が将来キャッシュフローを生み出す実力で評価されます。本章では、いよいよこの企業に値段を付ける「バリュエーション」について解説していきます。バリュエーションには複数の方法がありますが、現在ではディスカウンテッド・キャッシュ・フロー（「DCF」）法が最も理論的であるとして、M&Aの場面などで広く使われています。

DCFは、どこかで学んだことのある方も多いかもしれませんが、ここで紹介する手法は投資銀行の現場で実際に使われるものなので、日本一実務的な内容となっているはずです。3章で使ったメガネトップの事例で分析してみましょう。

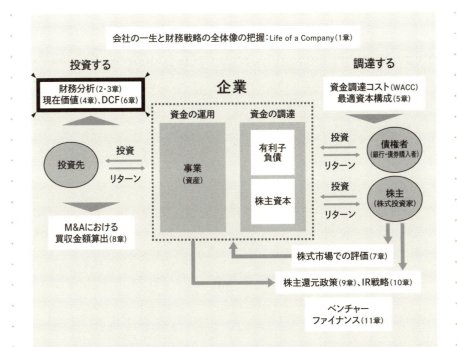

DCF法の全体像　01

DCF法によるバリュエーションの流れ

　細かい論点へ入っていく前に、まず全体の流れを確認しておきましょう（図表6-1）。
　将来のキャッシュフローを一定の資本コストで割り引くことによって現在価値を求める作業がDCF法の基本になります。図表6-1を見るとわかるとおり、DCF法では「事業価値」を計算し「非事業価値」を足し合わせて「企業価値」を求めます。そして、その企業価値からデット投資家の取り分である「有利子負債」を差し引くとエクイティ投資家の取り分である「株主価値」が求められます。ここまで一気通貫で行うのがDCF法の定番の型です。
　DCF法のメインディッシュは、本業の事業に投下される資産（これを「事業投下資産」といいます。ROICの計算式の分母ですね）が生み出す将来のキャッシュフローを現在価値（これを「事業価値」といいます）に割り引く作業です。

企業価値は「非事業価値」と「事業価値」で構成される

　企業価値は、「非事業価値」と「事業価値」の2つに分解することができます。
　非事業価値というのは、「会社の事業とは直接関係のない資産の価値」のことをいいます。具体的には、手許に保有しているキャッシュ、ゴルフ会員権や書画・骨董、余剰資金で運用している有価証券投資、役員に対する保険積立金などです。これらは換金価値があるため、「資産」としての価値はあります。しかしながら、このような資産を手許に置いていることで新たなキャッシュを生み出す、つまり、価値を新たに増やすことができるわけではありません。このような非事業資産は、それぞれの資産を時価で評価することが可能なので算出は簡単です。要は売却したらいくらになるか、です。

6-1 DCF法の全体の流れ

| 本業の事業に投下されている資産が将来キャッシュを生み出す価値 | → | 事業価値（事業投下資産の価値） | → | DCF法で現在価値を求めるのはこの部分 |

＋

| 本業の事業には直接投下されていない（将来キャッシュを生み出さない）資産の価値 | → | 非事業価値（非事業資産の価値） | → | DCFとは別に、非事業資産を個別に時価評価する |

＝

| 企業全体の価値 | → | 企業価値 |

↓

| 企業全体の価値 | → | 企業価値 |

－

| デット投資家の取り分 | → | 有利子負債 | → | 企業価値から、まずデット投資家の分け前を分配する |

＝

| エクイティ投資家の取り分 | → | 株主価値 | → | 企業価値のうち、デット投資家の分け前を除いた分がエクイティ投資家の取り分となる |

一方、事業価値というのは、「会社の事業そのものが新たに生み出す価値」をいいます。具体的には、企業が事業の運営によって将来獲得するキャッシュフローを一定の割引率で現在価値に引き直して計算します(4章で学んだ内容です)。非事業価値が"今"手許に保有しているキャッシュを指しているのに対して、事業価値は"将来"獲得するキャッシュの現在価値なのです。

　非事業価値と事業価値を合計したものが企業全体の価値、すなわち、「企業価値」にほかなりません。そして、この企業価値は、最終的に企業に対してキャッシュを投じてくれた投資家、つまり、デット投資家とエクイティ投資家に帰属します。先に見たように、会社法上、会社を清算したときに最後に残った会社財産は、はじめに債権者に分配し、なお余りある場合に限って、株主がその分配にあずかることができます。つまり、債権者と株主とでは、債権者の利益が優先され、株主は相対的に劣後した扱いを受けることになっています。そのため、企業価値から有利子負債を控除した残りが株主価値となるわけです。

事業価値は、ビジネスが将来生み出すフリーキャッシュフローの現在価値

　DCF法による事業価値の算出では、本業のビジネスが生み出すと予想される将来のフリーキャッシュフロー(Free Cash Flow:以下「FCF」といいます)を現在価値に割り引きます。FCFは、フリーという文字どおり「自由に使えるキャッシュ」という意味で使われています。ただ、ここで自由に使えると言っているのは、企業価値の構成でわかるとおり、債権者や株主という投資家にとって自由に使える(帰属する)キャッシュという意味になります。決して経営者が好き勝手に使えるキャッシュという意味ではありません。

　DCF法によるバリュエーションについて、まず全体の流れを確認しておきましょう(図表6-2)。

6-2 DCF法によるバリュエーションの流れ：3つのステップ

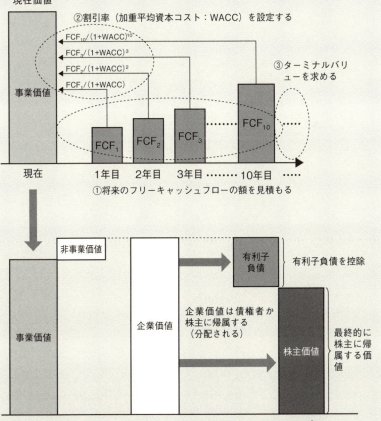

①将来のFCFの額を見積もる
②割引率(加重平均資本コスト、前章で見たWACC)を算定する
③ターミナルバリューを求める(後述)

　理屈は非常に単純です。ただし、それぞれの手順の中には細かく深掘りしていく論点もあるため、本書を読み進めていくと「いったい、今は何をしているんだっけ？」といった具合に迷子になってしまうことがあります。そのときは、必ずDCF法の3つのステップに戻って「今はこのステップにいるんだったな」と自分の立ち位置を確認するようにしてください。

なぜ、ファイナンスの世界ではROICが重宝されるのか？

　コーポレートファイナンスの教科書では、資本のリターンを示す指標として「ROA」ではなく「ROIC」がよく登場します。なぜだかわかりますか？

　それは、ROICの計算式がDCF法の体系に対応しているからです。だから、コーポレートファイナンスの世界では、ROAよりROICが重宝されるのです(図表6-3)。

　B/Sで考えると理解しやすいかもしれません(図表6-4)。会計上のB/Sに計上されている事業用資産は売掛金やたな卸資産などの運転資本、本業の事業に投下されている有形固定資産や無形固定資産など、事業用負債は買掛金やその他の未払債務などです。ROICの計算過程では、事業用資産に含まれる売掛金やたな卸資産などと事業用負債に含まれる買掛金などの運転資本に関する勘定科目は相殺して正味の運転資本としてROICの分母にカウントします。そのため、図表6-4右のような企業価値評価ベースのB/Sができあがります。

6-3 なぜ「ROA」ではなく「ROIC」なのか?

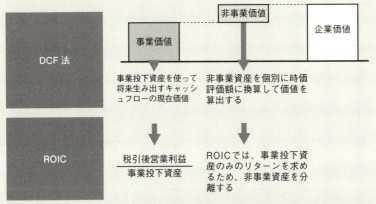

ROICの計算式はDCF法の体系に対応しているため、コーポレートファイナンスの世界では、ROAよりROICが重宝される

6-4 バランスシートで考えると理解しやすい

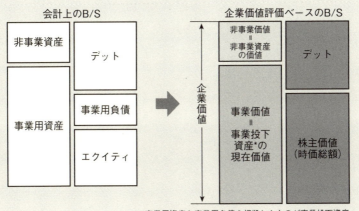

*事業用資産と事業用負債を相殺したものが事業投下資産

DCF法の3つのステップ

　DCF法の流れは、前述のとおり、①将来キャッシュフローの計算→②資本コスト（割引率）の推計→③ターミナルバリューの計算という3つのステップから構成されます。そして、3つのそれぞれのステップについて、いくつかの手順を踏んでいくことになります（図表6-5）。

　まず、将来キャッシュフローを計算するためには、FCFを求めるための前提となる予想P/Lと予想B/Sを作成する必要がありますが、そのためにはいくつかの前提条件を設定しなければなりません。さらに、何年分の将来を予想するのか、その予測期間も決める必要があります。
　次に、資本コストですが、WACCを求めるためには、デットとエクイティの資本構成割合、有利子負債資本コスト、株主資本コストをあらかじめ求めておきます。
　最後のターミナルバリューについては、これを算出するための前提条件を設定するとともに、ターミナルバリュー算出に最も重要である予測最終年度のFCFのチェックを行います。以上3つのステップを経ると、本業のビジネスの実力である事業価値が求められます。詳しく見ていきましょう。

6-5　DCF法の3つのステップ

1. 将来キャッシュフローの計算
  - 1-1. 将来予測の期間の設定
  - 1-2. 業績予測の前提条件の設定
  - 1-3. 予想P/Lと予想B/Sからフリーキャッシュフローの算出
  - 1-4. 一貫性と整合性のチェック

2. 資本コストの推計
  - 2-1. 株主資本コストの推定
  - 2-2. 有利子負債資本コストの推定
  - 2-3. 資本構成の推定
  - 2-4. 加重平均資本コスト（WACC）の推定

3. ターミナルバリューの計算
  - 3-1. ターミナルバリューの前提条件の設定
  - 3-2. 最終予測年度のフリーキャッシュフローをチェック
  - 3-3. ターミナルバリューの計算

コラム　用語の使い分けについて

　類書でコーポレートファイナンスの学習をした方のために**図表6-2**について補足説明をしておきます。類書では、**図表6-2**は
　　事業価値−ネットデット(有利子負債−キャッシュ)＝株主価値
と説明されていることが多いと思います。本書では、
　　事業価値＋非事業価値−有利子負債(デット)＝株主価値
と説明しています。「非事業価値」を「キャッシュ」と置き換えれば、この式は
　　事業価値＋キャッシュ−有利子負債(デット)＝株主価値
となり、
　　事業価値−(有利子負債−キャッシュ)＝株主価値
となりますので、類書での説明と本書での意味するところはまったく同じになります。
　本書では、現金や預金以外の有価証券やゴルフ会員権などの資産、つまり、将来のキャッシュを生む本業のビジネスに関連する資産(事業投下資産)ではない非事業資産の評価額のことを「非事業価値」と呼んでいます。もっとも、非事業資産の代表的なアイテムはキャッシュですから、一般的な書籍で紹介されている式で理解しても大きな支障はありません。本質的に大切なことは、
　　事業価値：本業のビジネスに投下されている資産が将来生み出すキャッシュの現在価値
　　非事業価値：本業のビジネスに投下されていない非事業資産の時価評価額
ということであり、DCF法は事業価値を求めるための評価方法であるということなのです。

　また、**図表6-2**下での一番上の事業価値のことを企業価値と呼んで解説している書籍も存在します(その場合、**図表6-2**下の真ん中の企業価値のことは総企業価値と呼んだりします)。読者の方々にしてみると統一してくれよ、という気持ちになると思いますが、流派の違いのようなもので残念ながら混在しているのが実情です。したがって、様々な書籍を読む場合は、どの用語がどの部分を意味しているのかを明確に理解して読み進めてください。

フリーキャッシュフローの予測 02

フリーキャッシュフローは営業利益からスタートする

　DCF法の3つのステップのうち、最初に取り掛かるのはFCFの予測です。FCFは予想P/Lと予想B/Sから導出するのですが、それに先立ち、FCFをどのように求めるのかを整理しておきましょう（図表6-6）。

　FCFは、デット投資家とエクイティ投資家に帰属する事業価値の源泉ですから、投資家にとって自由になるキャッシュです。さらに、本業のビジネスに投下されている事業投下資産が生み出すキャッシュですから、本業のビジネスが稼ぐ利益が元になります。

　したがって、FCFの算出は、本業のビジネスが生み出す利益概念である「営業利益」からスタートします。

　企業は利益を出せば法人税などの税金が課されますから、FCFを算出するためには営業利益にかかる税金を引かなければいけません。営業利益から、それにかかる税金を差し引いた税引後営業利益のことを「NOPLAT」（Net Operating Profit Less Adjusted Taxの略）と呼んでいます。

　一方、営業利益は、その計算過程でキャッシュアウトを伴わない費用科目である減価償却費が差し引かれています（3章で議論した減価償却費の計上を思い出してください）。そのため、キャッシュ概念であるFCFを求めるためには、減価償却費に相当する金額をNOPLATに足し戻してあげる必要があります。

　NOPLATに減価償却費を足し戻したキャッシュフローをすべて投資家に分配してしまったら企業はいずれ成長できなくなってしまいます。将来の成長のためには継続して新規投資を行わなければいけません。また、積極的な成長を求めずに現状維持にとどめる場合でも投資は必要です（建物の修繕などがそれにあたります）。これら投資に必要なキャッシュが出ていきますから、

6-6 フリーキャッシュフローの求め方

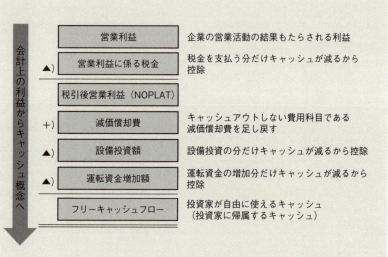

設備投資額を差し引きます。ここでいう設備投資とは、メーカーの工場や小売店の店舗設備といったハード(有形固定資産)に限りません。ソフトウェアやのれんなどの無形固定資産も含みます。なお、この設備投資は有価証券報告書では「資本的支出」という言葉で表現されています。また、英語ではCapital Expenditureと呼ばれ、投資銀行の現場ではCapexという略語が用いられます。なお、設備維持のためのCapexのことをMaintenance Capexと呼び、実際の予測作業では、成長投資用のCapexとMaintenance Capexを分けてそれぞれ予測を立てることが多いです。

　設備投資以外にも、企業が成長(売上高を拡大)しようとすれば、そのために必要となる運転資金が増えていきます(売上は増えるのに、売掛金や在庫が増えないのでは辻褄が合いませんよね？)。在庫が増えると現金はどうなりますか？　減りますね。そのように、前期に比べて運転資金が増えた分だけキャッシュは出ていきます。したがって、FCFを算出するためには運転資金増加額を控除しておく必要があるのです。

予想財務3表の作り方

事業計画の立て方

　FCFの計算式の意味さえ理解できてしまったら、計算すること自体はそれほど難しいものではありません。DCF法の3つの手順のうちの最初、FCFを見積もるステップで最も大変なのは、営業利益や設備投資の前提となる事業計画を作るところなのです。

　事業計画を作るためには、あらゆる戦略や方針を統合して最終的には数字に落とし込む作業が必要になってきます。事業計画の立て方は、それだけで1冊の分厚い本が書けるくらい論点が盛りだくさんの内容になりますので本

書では詳細には取り扱いません。ただ、事業計画に関する実務上の注意事項を「08補論：DCF法によるバリュエーション詳解」で「事業計画策定上の注意」として紹介していますので参考にしてください。

では、まず予想P/Lと予想B/Sを作成しましょう。

前提条件の設定

最初に予想P/Lと予想B/Sを作るにあたっての前提条件を設定します。

予想P/Lであれば売上高を構成する商品・サービスの単価、販売数量、それに、原価率や固定費率などを決めていきます。受取利息や支払利息といった営業外損益の科目も予測値を入れるようにしましょう。法人税等については、実効税率を用いて税引前当期純利益にかけて求めます。もし、税率改定などが予定されていれば、それらの要素も織り込んで計算すればよいでしょう。

予想B/Sについては、売掛金、たな卸資産、買掛金に代表される運転資本科目や固定資産の資産回転率(回転期間)など、資産と負債の残高を確定するための前提条件を設定します。

有形固定資産や無形固定資産の残高に関しては、主に2通りの求め方があります。1つは、予想売上高に前提条件として設定した資産回転率を乗じて求める方法、そして、2つ目は、毎期の投資計画を詳細に予測することによって予測期間における毎期の残高を計算する方法です。前者が簡便法ですので、本書のケーススタディでもこの方法を用います。

文章だけではイメージが湧かないと思いますので、この後の図表で具体的に理解を進めましょう(**図表6-7、6-8**)。

6-7 予想P/Lと予想B/Sの作り方

予想P/L

売上・コストの前提条件の設定	売上高を構成する単価・数量、原価率、固定費率、減価償却費率といった予想P/L作成のための前提条件を決める
予想売上高の算出	上記で設定した条件にもとづいて、予測期間における単価と数量の推移を仮定し、予想売上高を計算する
支払利息と税金以外のコストを算出	支払利息は予想B/Sで有利子負債の残高を確定してから、そして、税金は支払利息を控除して最終利益を求めてからでないと計算できないため後回し
予想B/S作成後に支払利息と税金を計算	予想B/Sを作成し、支払利息と税金を計算したら予想P/Lが完成

予想B/S

資産・負債の前提条件の設定	流動資産、有形固定資産、無形固定資産、流動負債（有利子負債を除く）の資産回転率（回転期間）を設定する
資産・負債残高の計算	上記で設定した回転率（回転期間）に基づいて予測期間における資産・負債の残高を求める。固定資産については、設備投資計画から積み上げて求めてもよい
有利子負債の残高を算出	有利子負債については、調達・返済計画を作成し、毎期末の残高を計算する
現金預金の残高を確定	予想P/Lを確定後、貸借差額で余剰現金預金の残高を求める。貸借差額（余剰現金預金残高）がマイナスになったときは、有利子負債（短期借入金）で調整する

6-8 予想P/Lと予想B/Sから予想C/Fをつくる

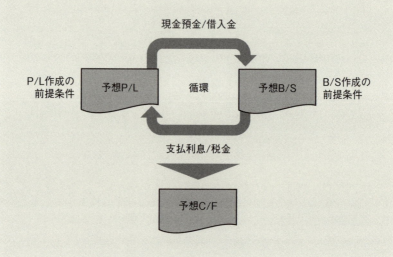

ケーススタディでDCF法によるバリュエーションを実践する

　実際に、DCF法を用いてメガネトップの理論株価を求めていきましょう。
　現実のM&A案件では、デューデリジェンス（買収先企業を財務面、事業面で精査すること）を実施して丹念に調べた買収対象企業の詳細な財務内容や事業計画をベースに、DCF法によるバリュエーションを行います。
　今回は、メガネトップの有価証券報告書で公表されている情報と、同社がMBOによる非上場化を発表したときのプレスリリースで説明されている将来ビジョンと構造改革の骨子に基づき、予想財務3表をつくっていきます。
　なお、予測期間については、同社が2018年3月期までの5ヶ年計画の概要を2013年のMBO実施時点で公表していますので、ここでは2013年4月1日を評価基準日として、2014年3月期から2018年3月期までの5年間としました。

予想財務3表を作るための前提条件

　メガネトップの将来ビジョン、特に店舗展開の計画を見るとわかりますが、将来5年間にわたる店舗展開のペースは過去を上回るスピードとなっており、かなり"野心的"な内容に見えます（図表6-9）。
　そのことを反映するかのように、メガネトップのプレスリリース書面には「当社が上場を維持したまま、かかる試行的施策及び構造改革を積極的かつ急速に展開した場合には、短期的であるにせよ、利益水準の低下やキャッシュフローの悪化などを伴うリスクがあり、当社の少数株主の皆様に対してマイナスの影響を与えてしまう可能性も否定できない」と記載されています。
　予想財務3表作成のためにわれわれが設定した前提条件は図表6-10のとおりです。2013年3月期の売上原価、減価償却費、販管費の対売上高比は、それぞれ32.3%、2.0%、51.9%であり結果として営業利益率は13.8%と高かった

6-9 MBO発表時のメガネトップの将来ビジョンと構造改革計画（プレスリリース文書をもとに作成）

- 中長期的視点に立った抜本的な構造改革を実施
- 「市場シェア30％の獲得」及び「1,000から1,100店舗体制の実現」
- 平成25年3月末時点で存在する666店の直営店舗数を（中略）1,000から1,100店舗体制とする目標を設定し、これを平成30年3月期までに達成、眼鏡業界において圧倒的な地位とブランドを早期に確立

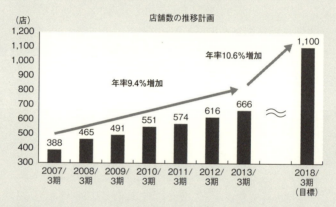

店舗数の推移計画

- 会社経営の効率性向上のため、既存店舗における不採算店の閉鎖についても積極的に検討、企業としての新陳代謝を活性化
- 上場を維持したまま、これらプランを積極的かつ急速に展開した場合には、短期的であるにせよ、利益水準の低下やキャッシュフローの悪化などを伴うリスクがあり、当社の少数株主に対してマイナスの影響を与えてしまう可能性も否定できない
- 現在の財務状況等から、当面はエクイティファイナンスの活用による大規模な資金調達の必要性は見込まれず、他方で、株式の上場を維持するために必要なコストは増加しており、株式の上場を維持することの意義について再検討した

6-10 予想財務3表を作るための前提条件

	勘定科目	前提条件
P/L	売上高	1店舗当たり売上高×平均店舗数で算出する
	売上原価 販管費	2011年3月期の実績に基づき対売上高比（売上原価：31.4%、減価償却費：2.3%、販管費56.2%）を設定し、今後一定で推移するものと仮定
	営業外損益	支払利息以外、2013年3月期の実績値が今後も一定で推移すると仮定
	税金	実効税率35%と仮定
B/S	運転資本科目 有形固定資産 無形固定資産 長期前払費用 敷金保証金	2011年3月期における対売上高比を予想売上高に乗じることによって残高を算出する（下記参照）。
	現金預金	必要手許現預金は、予想売上高の5%と仮定する
	短期借入金	2013年3月期の運転資本残高に見合う程度の30億円を短期借入金残高として維持すると仮定する
	余剰現金預金 （貸借差額の調整）	貸借差額は余剰現金預金で調整している

【対売上高比率】
実績

	2011/3
必要手許現預金	5.0%
売掛金	2.0%
たな卸資産	9.3%
その他流動資産	3.3%
有形固定資産	19.5%
無形固定資産	0.4%
長期前払費用	0.9%
敷金保証金	14.1%
買掛金	2.4%
その他流動負債	10.6%

のですが、ここでは収益性の水準が低かった2011年3月期の実績値(営業利益率10.2%)に基づいて保守的な予想P/Lを作成しています。

　運転資本科目、有形固定資産、無形固定資産、長期前払費用、および敷金保証金についても生産性の低かった2011年3月期の実績値に基づく対売上高比(資産回転率)を用いることにし、予想P/Lと同様、保守的な予想B/Sを作成しています(これまで見てきたように同社は非常に業績のよい企業ですが、今後ジンズとの競合環境が激化していくことを鑑みて、やや保守的に将来予測を見積もっています)。

予想P/L

　まず、売上高の予測から開始します。1店舗当たりの年間売上高に年間の平均店舗数(期首時点の店舗数と期末時点の店舗数の平均)を乗じて求めます。なお、メガネトップがプレスリリース上で明らかにしている2018年3月期に1,000から1,100店に増やすという計画はやや野心的に過ぎると考え、ここではそれよりかなり保守的に推移し、2018年3月期に800店舗までしか届かないものとして予想売上高を計算しています。

　また、2012年3月期と2013年3月期における1店舗当たり売上高の実績は、それぞれ107百万円、106百万円ですが、予想売上高を求めるにあたっては将来5年間にわたり、あえて95百万円とやや保守的に設定しました(図表6-11)。

　この結果、2014年3月期の予想売上高は2013年3月期実績に比べて減収となり、将来5年間にわたる売上高の年平均成長率も2.0%という低水準となります。過去5年間の売上高年成長率が10%だったことを踏まえると、緩やかな拡大基調は維持するものの非常に手堅い水準の売上計画としています。

　営業外損益については、支払利息以外は2013年3月期の実績値がそのまま

6-11 メガネトップの予想売上高と予想店舗数

過去5年の実績

(売上高の単位：百万円)

	実績 2009/3	実績 2010/3	実績 2011/3	実績 2012/3	実績 2013/3
売上高	46,608	49,601	53,052	63,455	67,664
期末店舗数	491	551	574	616	666
期中平均店舗数	478	521	563	595	641
1店舗当たり売上高	98	95	94	107	106

予想売上高

(売上高の単位：百万円)

	予想 2014/3	予想 2015/3	予想 2016/3	予想 2017/3	予想 2018/3
1店舗当たり売上高	95	95	95	95	95
期末店舗数	691	717	743	771	800
期中平均店舗数	678	704	730	757	786
予想売上高	64,451	66,858	69,355	71,945	74,632
売上高成長率	−4.7%	3.7%	3.7%	3.7%	3.7%

一定で推移するものとみなし、支払利息については借入金残高の期首と期末の平均残高に過去の実績値から推測される同社の借入金の平均利子率である1.45％を乗じて求めています(平均残高ではなく、期首残高を用いる人もいますが、残高×利率＝支払利息の図式は同じです)。法人税等の税金は、評価基準日時点における実効税率である35％と仮定して算出しています(図表6-12)。

予想B/S

ここでは、売掛金、たな卸資産、買掛金などの運転資本科目、有形固定資産、無形固定資産、長期前払費用、敷金保証金については、すべて本業の事業に関係する科目であると考え(長期前払費用の主な内容は、新規出店に伴う建設協力金と推測されるため、すべて事業用資産とみなしています)、予想売上高に資産回転率(対売上高比)を乗じて残高を算出しています(図表6-13)。なお、買掛金については厳密には仕入れに対して発生するので、対売上高比ではなく、対売上原価比で計算することもよくありますが、ここでは単純化のため対売上高比にしています。

その他の資産・負債については、有利子負債を除いて2013年3月期の実績値がそのまま一定で推移するものと仮定しています。リース債務に関しては、有形固定資産に関するリース契約がほとんどであると推測されるため、実績値に基づいて有形固定資産残高に一定比率を乗じて残高を求めています。

有利子負債については、2013年3月期の実績ベースの運転資本残高3,222百万円に概ね見合う30億円を短期借入金の残高として今後5年間維持するものとしています。なお、実績にならって、毎年1株30円の配当を続けると仮定し、毎期総額1,356百万円の配当を支払うものとして利益剰余金を計算しています。

最後に、予想B/Sの貸借差額(余剰現預金以外の資産合計と負債純資産合計の差額)は余剰現預金で調整します。

6-12 メガネトップの予想P/L

(単位：百万円)

	予想 2014/3	予想 2015/3	予想 2016/3	予想 2017/3	予想 2018/3
売上高	64,451	66,858	69,355	71,945	74,632
売上原価（減価償却費除く）	20,235	20,991	21,775	22,588	23,432
販管費（減価償却費除く）	36,194	37,546	38,948	40,402	41,911
減価償却費	1,478	1,533	1,590	1,650	1,711
営業利益	6,545	6,789	7,042	7,305	7,578
営業外収益	586	586	586	586	586
受取利息配当金	53	53	53	53	53
その他	533	533	533	533	533
営業外費用	377	389	389	389	389
支払利息	31	43	43	43	43
その他	346	346	346	346	346
経常利益	6,754	6,986	7,239	7,502	7,775
特別損益	0	0	0	0	0
税引前当期純利益	6,754	6,986	7,239	7,502	7,775
法人税住民税事業税	2,364	2,445	2,534	2,626	2,721
当期純利益	4,390	4,541	4,706	4,877	5,054

	予想 2014/3	予想 2015/3	予想 2016/3	予想 2017/3	予想 2018/3
売上高成長率	−4.7%	3.7%	3.7%	3.7%	3.7%
対売上高比					
売上原価（減価償却費除く）	31.4%	31.4%	31.4%	31.4%	31.4%
販管費（減価償却費除く）	56.2%	56.2%	56.2%	56.2%	56.2%
減価償却費	2.3%	2.3%	2.3%	2.3%	2.3%
営業利益	10.2%	10.2%	10.2%	10.2%	10.2%
支払利息の計算					
支払利息	31	43	43	43	43
有利子負債平均残高	2,155	3,000	3,000	3,000	3,000
平均利子率	1.45%	1.45%	1.45%	1.45%	1.45%

6-13 メガネトップの予想B/S

(単位：百万円)

	実績 2013/3	予想 2014/3	予想 2015/3	予想 2016/3	予想 2017/3	予想 2018/3
流動資産	15,049	17,189	19,931	22,819	25,860	29,060
余剰現預金	3,213	4,507	6,776	9,173	11,704	14,375
必要手許現金	3,383	3,223	3,343	3,468	3,597	3,732
売掛金	1,484	1,307	1,356	1,407	1,459	1,514
たな卸資産	4,821	6,025	6,250	6,483	6,725	6,977
その他流動資産	2,148	2,127	2,206	2,289	2,374	2,463
固定資産	20,660	23,221	24,061	24,932	25,835	26,772
有形固定資産	11,207	12,549	13,018	13,504	14,008	14,531
無形固定資産	298	267	277	288	298	310
余剰投資資産	65	65	65	65	65	65
長期前払費用	559	591	613	636	660	684
敷金保証金	7,855	9,074	9,412	9,764	10,129	10,507
その他の固定資産	675	675	675	675	675	675
資産合計	35,709	40,410	43,992	47,751	51,695	55,832

	実績 2013/3	予想 2014/3	予想 2015/3	予想 2016/3	予想 2017/3	予想 2018/3
流動負債	9,919	11,532	11,866	12,212	12,551	12,943
買掛金	1,621	1,558	1,616	1,677	1,739	1,804
短期借入金	1,240	3,000	3,000	3,000	3,000	3,000
一年以内返済予定の長期借入金	20	0	0	0	0	0
一年以内償還予定の社債	0	0	0	0	0	0
リース債務	45	133	154	175	196	218
その他流動負債	6,993	6,840	7,096	7,361	7,636	7,921
固定負債	1,750	1,804	1,866	1,929	1,993	2,059
社債	0	0	0	0	0	0
長期借入金	70	0	0	0	0	0
リース債務	275	399	461	524	588	654
その他固定負債	1,405	1,405	1,405	1,405	1,405	1,405
純資産	24,040	27,074	30,260	33,610	37,131	40,829
資本金	2,337	2,337	2,337	2,337	2,337	2,337
資本剰余金	2,668	2,668	2,668	2,668	2,668	2,668
利益剰余金	19,170	22,205	25,390	28,740	32,261	35,959
自己株式	(141)	(141)	(141)	(141)	(141)	(141)
その他有価証券評価差額金	6	6	6	6	6	6
繰延ヘッジ損益	0	0	0	0	0	0
負債純資産合計	35,709	40,410	43,992	47,751	51,695	55,832
一株当たり配当額（円）		30	30	30	30	30
発行済株式総数（千株）		45,184,077	45,184,077	45,184,077	45,184,077	45,184,077
配当実施額（百万円）		1,356	1,356	1,356	1,356	1,356

注)「その他固定負債」は、役員退職慰労引当金と受入敷金保証金等の合計。本業のビジネスで発生する負債ではないため、事業用負債を構成しない。有利子負債同様、最後に株主価値を求める際、企業価値から控除する

DCF法で他の企業の理論株価を算出する際も、ほぼ同じ形で予測をします。評価時点で明らかになっている将来の計画がない限り、事業用資産・負債は売上高に対しての一定割合、その他非事業用資産・負債は直近の金額を横引きで置くことが一般的です。

予想B/S上の必要手許現預金と余剰現預金について

　ここでは、予想売上高の5％に相当する金額については必ず必要手許現預金(運転資本科目に含む)として保有するものと仮定しています。

　企業が保有するキャッシュには色がついていないため、目の前に積まれた現金や通帳に数字がならんだ預金を眺めてみても見分けがつかないのですが、コーポレートファイナンス理論的にはキャッシュは2種類に分かれます。

　1つが運転資本として持っておくべき現預金、もう1つが余剰現預金です。前者はもしものために常に手許にキープしておかなければならないキャッシュのこと、後者は必要手許現預金の残高を超えて余分に保有している分です。

　繰り返しになりますが、コーポレートファイナンスの世界は"Cash is King"です。キャッシュが尽きると企業は倒産します。したがって、企業はリーマンショックなどのような非常事態に直面したときでも、売上が急激に落ち込んで資金繰りに支障を来すといった不測の事態を避けなければいけません。そのため、企業の規模や業種業態に応じて、必要手許現預金のあるべき金額というものがあります。

　有価証券報告書を見ると、月商の半分くらいの現金預金しか持っていない会社も見受けられますが、上場企業であれば月商(1ヶ月分の売上)に相当する分くらいを必要手許現預金とするのが一般的でしょう。上場企業は、いざとなれば銀行から融資を受けられるため、「何かあっても1ヶ月分もあれば十分」ということなのかもしれません。今回は、月商に比較的近い売上高の5％を必要手許現預金としました。

ちなみに、筆者は、非上場企業に対しては最低でも月商の3ヶ月分のキャッシュを常に持っておきましょうとアドバイスしています。一般的には、上場企業に比べると非上場企業の方は信用力が劣るため、何か不測の事態があったとき上場企業に比べると銀行の支援を受けにくいでしょうが、3ヶ月あれば手を打つまで時間稼ぎができると考えているからです。

予想フリーキャッシュフロー

予想P/Lと予想B/Sさえできれば、図表6-6で見たFCFの算出プロセスに則してエクセルに計算式を入れることによって予想C/Fを自動的に完成させることができます(図表6-14)。

予想投下資産

予想財務3表が完成したら、予想ROICを求めるため、予想B/Sを組み替えて予想投下資産の算出表を作成します(図表6-15)。

予想ROIC

予想ROICをチェックすることによって、予想財務3表のベースになっている事業計画にリアリティがあるのか、企業のキャラクターと整合性の取れたものとなっているか、妥当性を確認することができます(図表6-16)。

前述したとおり、予想P/Lと予想B/Sの前提条件をかなり保守的に設定しているため、予想ROICは直近の水準と比べると低いレベルで推移しています。買収案件で対象企業のバリュエーションを行う場合、予想財務3表を作成したら必ず予想ROICを算出して、事業計画のリアリティをチェックしましょう。

6-14　メガネトップの予想FCF

（単位：百万円）

	予想 2014/3	予想 2015/3	予想 2016/3	予想 2017/3	予想 2018/3
営業利益	6,545	6,789	7,042	7,305	7,578
営業利益にかかる税金	2,291	2,376	2,465	2,557	2,652
税引後営業利益（NOPLAT）	4,254	4,413	4,578	4,749	4,926
＋　減価償却費	1,478	1,533	1,590	1,650	1,711
▲　設備投資額	4,039	2,372	2,461	2,553	2,648
▲　運転資本増加額	1,061	160	166	172	179
FCF	632	3,413	3,541	3,673	3,810

税率：35％

設備投資額の算定式：
　　事業用固定資産（有形固定資産・無形固定資産・長期前払費用・敷金保証金）の当期末残高＋当期の減価償却費－事業用固定資産の前期末残高

例．2018年3月期の設備投資額（予想B/Sから計算）：
　　有形固定資産14,531＋無形固定資産310＋長期前払費用684＋敷金保証金10,507＋減価償却費1,711（以上、2018年3月期の金額）－有形固定資産14,008－無形固定資産298－長期前払費用660－敷金保証金10,129（以上、2017年3月期の金額）＝2,648

運転資本増加額の算定式：
　　当期末の正味運転資本残高（必要手許現預金＋売掛金＋たな卸資産＋その他流動資産－買掛金－その他流動負債）－前期末の正味運転資本残高

例．2018年3月期の運転資本増加額（予想B/Sから計算）：
　　（必要手許現預金3,732＋売掛金1,514＋たな卸資産6,977＋その他流動資産2,463－買掛金1,804－その他流動負債7,921）（以上、2018年3月期の金額）－（必要手許現預金3,597＋売掛金1,459＋たな卸資産6,725＋その他流動資産2,374－買掛金1,739－その他流動負債7,636）（以上、2017年3月期の金額）＝179

6-15 メガネトップの予想投下資産(算出表)

(単位:百万円)

	予想 2014/3	予想 2015/3	予想 2016/3	予想 2017/3	予想 2018/3
事業投下資産					
運転資本	4,283	4,443	4,609	4,781	4,960
事業用有形固定資産	12,549	13,018	13,504	14,008	14,531
事業用その他の資産	9,932	10,303	10,688	11,087	11,501
事業投下資産合計	26,764	27,763	28,800	29,876	30,991
非事業用資産					
余剰現預金	4,507	6,776	9,173	11,704	14,375
余剰投資資産	65	65	65	65	65
非事業用固定資産	675	675	675	675	675
非事業用資産合計	5,247	7,516	9,913	12,444	15,115
投下資産合計	32,011	35,280	38,713	42,320	46,107
有利子負債					
短期借入金	3,000	3,000	3,000	3,000	3,000
一年以内返済予定の長期借入金	0	0	0	0	0
一年以内償還予定の社債	0	0	0	0	0
リース債務	532	615	699	784	873
社債	0	0	0	0	0
長期借入金	0	0	0	0	0
有利子負債合計	3,532	3,615	3,699	3,784	3,873
その他固定負債	1,405	1,405	1,405	1,405	1,405
株主資本	27,074	30,260	33,610	37,131	40,829
調達資本合計	32,011	35,280	38,713	42,320	46,107

運転資本:
　予想B/S上の必要手許現預金+売掛金+たな卸資産+その他流動資産-買掛金-その他流動負債

事業用その他の資産:
　予想B/S上の無形固定資産+長期前払費用+敷金保証金

6-16 メガネトップの予想ROIC

	予想 2014/3	予想 2015/3	予想 2016/3	予想 2017/3	予想 2018/3
ROIC（事業投下資産税引後営業利益率）	18.4%	16.5%	16.5%	16.5%	16.5%
税引前ROIC	28.3%	25.4%	25.4%	25.4%	25.4%
営業利益/売上高	10.2%	10.2%	10.2%	10.2%	10.2%
売上原価率（減価償却費除く）/売上高	31.4%	31.4%	31.4%	31.4%	31.4%
減価償却費/売上高	2.3%	2.3%	2.3%	2.3%	2.3%
販管費/売上高	56.2%	56.2%	56.2%	56.2%	56.2%
売上高/事業投下資産	2.8	2.5	2.5	2.5	2.5
運転資本/売上高	5.0%	6.4%	6.4%	6.4%	6.4%
事業用有形固定資産/売上高	17.4%	18.8%	18.8%	18.8%	18.8%
事業用その他の資産/売上高	13.5%	14.9%	14.9%	14.9%	14.9%
営業利益に対する税率	35.0%	35.0%	35.0%	35.0%	35.0%

ROICの算定式：
　　当期の税引後営業利益（NOPLAT）÷事業投下資産の前期末残高

例．2018年3月期のROIC：
　　2018年3月期の税引後営業利益4,926÷2017年3月期末の事業投下資産合計29,876＝16.5%

ROIC算定式の分母の数字の取り扱いについて
　有価証券報告書上のROAやROEについては、ルール上、分母は前期末残高と当期末残高の単純平均を用いて計算することとされていますが、上記ROICについては前期末残高を用いて算出しています。
　平均を使う方法は「1年間のリターンは期中を通じて平均的に獲得していくもの」という考え方、前期末残高を使う方法は「期首に持っている資産を投下することによってリターンを稼ぐ」という考え方に立脚しています。どちらが理論的に正しいかと断定するのは困難ですが、成熟期にある重厚長大産業の大企業に適用する際はどちらで計算しても結果に大差ないといえますが、成長著しいベンチャー企業に適用する場合は両者の結果が大きく異なることがあります。
　財務分析の指標としてROAよりROICがスタンダードに使われる欧米のビジネススクールで使用されているファイナンスの教科書では、分母に前期末残高を用いるケースが多いことから上記のROICの算定でもこれにならう形としています。平均を使って計算しても間違いではありません。

WACCの算定　03

　DCF法の3つのステップを忘れて迷子にならないでくださいね。ここまでが3つのステップのうち、1つ目の将来フリーキャッシュフローの見積もりでした。次は、2つ目のステップであるWACCの算定へ進みます。
　WACCの式はこちらでした。

$$WACC = r_s \times \frac{E}{(D+E)} + r_d \times (1-t) \times \frac{D}{(D+E)}$$

E：株主資本(エクイティ)、D：有利子負債(デット)、r_s：株主資本コスト、r_d：有利子負債資本コスト、t：実効税率

　実際の計算過程を考えると、こう表記した方がわかりやすいかもしれません。

$$WACC = 株主資本コスト \times \frac{時価総額}{時価総額 + 有利子負債} +$$
$$有利子負債資本コスト(借入金利) \times (1 - 税率) \times \frac{有利子負債}{時価総額 + 有利子負債}$$

　実際のWACCの算定は、

①株主資本(エクイティ)コストの推計
②有利子負債資本(デット)コストの推計
③資本構成の検討

という3つのフェーズに分けて進めていきます。

株主資本コストの推計

　前章で見たCAPMの計算式からわかるとおり、株主資本コストを求めるために必要な3つの要素は、リスクフリーレート、マーケットリスクプレミアム、そして、ベータということになります。

リスクフリーレート
　このうち、リスクフリーレートは国債利回りのデータを取ってくればいいので簡単です。メガネトップの株主資本コストの推計にあたっては、評価時点における10年国債の流通利回りである0.535％を用いることにしています。10年国債の流通利回りは、日経新聞朝刊のマーケット総合面の債券市場欄に「新発10年国債(店頭売買参考統計値)」として毎日掲載されていますので、容易に知ることができます。

　なお、このリスクフリーレートは、将来にわたるFCFの割引率の構成要素となるため、長期であるほど理論的に整合性が取れるわけです。米国の案件の場合は、リスクフリーレートに米国の30年国債の利回りを用いることもあります。前述のとおり、日本でも20年国債、30年国債は存在しますが、10年国債にくらべて極端に少なく取引量も大きくないため、日本の場合は10年国債の利回りを用いることが一般的になっています。

マーケットリスクプレミアム
　マーケットリスクプレミアムについては、株式投資家に「今だったら、国債に比べてどれくらいの超過リターンを期待して株を買っているの？」と聞いて回り返ってきた答えが、ある意味で正しい数値です。しかし、実際にはなかなか聞き回るわけにもいかないですよね。そこで、前章でも触れたとおり、日本の株式市場に関する過去30-40年くらいのデータから、5-6％程度と

します。今回、メガネトップの株主資本コストを推計する上でも5%としました。なお、実務ではマーケットリスクプレミアムはIbbotsonが提供しているデータを用いることが一般的ですが、これは有料でしか手に入りません。本書を執筆している2018年10月時点では、Ibbotsonによる日本のマーケットリスクプレミアムは6.1%ですので、投資銀行や証券会社では実務上は6%を日本のマーケットリスクプレミアムとして使用しているようです。

　なお、スペインのビジネススクールの教授が、世界各国のマーケットリスクプレミアムを調査するために、毎年、世界中の株式アナリスト、企業の財務担当者、大学教授などへのアンケート調査を行なっており、毎年その結果を公表しています。

　2018年4月に公表されたその最新のレポートによると、日本のマーケットリスクプレミアムは5.7%となっています。

ベータ

　次にベータを求めます。簡便的にはメガネトップのベータをそのまま使用することになりますが、M&Aの実務ではもう少し凝ったことをやります。ここではいったん簡便法だけでスルッといき、詳しくは「08補論：DCFによるバリュエーション詳説」で扱います。実務上は、実はベータの扱いこそ悩ましいのですが、ほとんどの類書ではその扱い方が解説されていません。実務で必要な方はぜひ補論で楽しんでください。

　ここではいったん、Bloombergか日経Quickからベータ値の情報を拾ったとして、ベータは0.981だとしましょう（気になる方は、補論229ページの**図表6-36**を参照してください）。

有利子負債資本コストの推計

　有利子負債資本コストについては、もしも、同社あるいは同じ格付の同業他社が直近で社債を発行している場合は、その発行金利を用いるのが最も妥当ですが、なかなかそういう局面には出くわしません。実際には、対象企業の評価時点における借入金に適用されている金利を用いるのが簡単です。ただし、日本の銀行が融資先に適用する金利は、適正なクレジットリスクが反映されていないという指摘がなされることがあります。また、銀行と融資先との間の相対交渉で決まる銀行ローンの条件には、そもそも市場性がないため、そのまま資本コストの推計に用いるのにはふさわしくないともされています。

　このような事情から、実務上は、国債利回りに社債市場から得られる格付に応じたクレジットスプレッドを加えたレートや格付ごとに観測される社債の平均利回りなどが使われるのが一般的です。

　メガネトップの有利子負債資本コストを推計するにあたっては、簡単な後者の方法にしたがい、日本証券業協会がウェブサイト上で公開している「格付マトリクス表」(格付投資情報センター)に記載されているBBB格付企業の残存年数10年(ここでは8年、図表6-17参照)の債券の平均利回り2.319%をメガネトップの税効果考慮前(表面上)の有利子負債資本コストとしました。

資本構成の検討

　資本構成は、デットとエクイティの構成割合のことです。直近の株式時価総額と有利子負債の金額の残高の割合で計算しましょうと類書では解説されることがあります。簡便的にはそれでも構いません。

6-17 有利子負債資本コストの求め方

格付マトリクス表を用いて有利子負債資本コストを推計する方法

格付マトリクス表

○本表は発表日の前日の午後3時現在における報告気配及び格付に基づき作成したものです。

*表の見方
複利利回り (％)
銘柄数　(標準偏差)

○複利利回り……報告された気配に基づき算出された複利利回りの算術平均値
○標準偏差……報告された気配に基づき算出された複利利回りの標準偏差
○銘柄数……格付・残存年数毎に区分した際の該当銘柄数

		格付					
		AAA	AA	A	BBB	BB	B
残存年数	1年		0.313 152 (0.129)	0.395 246 (0.172)	1.179 57 (1.023)	16.179 2 (1.957)	
	2年		0.358 84 (0.143)	0.471 156 (0.170)	1.368 33 (1.040)	4.549 1 (0.449)	
	3年		0.425 76 (0.138)	0.529 125 (0.178)	1.273 30 (0.995)	7.261 2 (2.669)	
	4年		0.476 103 (0.138)	0.659 157 (0.238)	1.63 32 (1.086)		
	5年		0.496 71 (0.160)	0.735 57 (0.243)	2.666 11 (0.842)	7.972 1 (0.106)	
	6年		0.569 64 (0.143)	0.809 78 (0.258)	2.527 15 (1.735)	7.245 1 (0.157)	
	7年		0.748 48 (0.152)	1.04 48 (0.291)	2.833 14 (1.944)		
	8年		0.729 37 (0.070)	0.971 32 (0.240)	2.319 3 (1.144)		
	9年		0.793 45 (0.143)	1.038 24 (0.278)	0.925 1 (0.040)		
	10年		0.858 11 (0.145)	1.153 2 (0.331)			
	11年		0.992 12 (0.182)	1.464 10 (0.230)			
	12年		1.152 4 (0.216)	1.715 9 (0.478)			
	13年		1.066 11 (0.048)	1.464 10 (0.230)			
	14年		1.199 16 (0.100)	1.628 4 (0.543)			
	15年		1.348 11 (0.179)	1.698 2 (0.096)	4.037 3 (0.086)		
	16年		1.412 9 (0.140)	1.69 3 (0.120)	4.042 1 (0.084)		
	17年		1.483 11 (0.058)	1.773 5 (0.232)	4.055 1 (0.054)		
	18年		1.535 7 (0.039)	1.631 1 (0.012)			
	19年		1.608 12 (0.056)	1.76 1 (0.018)			
	20年		1.738 7 (0.050)		4.165 1 (0.050)		

> 残存年数10年の債券がないため、9年を使いたいところだが、銘柄が1本しかなく、また、格付が上のAの利回りが1.038％となっており、BBBの0.925％より高くなっており、説明がつかない。そのため、やむを得ず、残存年数8年の利回り2.319％を使うこととする。

(格付情報提供：格付投資情報センター)

注）：メガネトップがMBOを公表した2013年4月15日の格付マトリクス表を用いている
出所：日本証券業協会がウェブサイト上で公開している「格付マトリクス表」(格付投資情報センター)より

しかし、DCF法の実務では対象企業の評価時点における資本構成を使うわけではありません。対象企業が今後目標とする資本構成を推計（予測）し、それをもとにWACCを算出します。
　資本構成は年々変化しますので、本来であれば、FCFを現在価値に割り引く予測期間の年度ごとの資本構成を予測し、それらをもとに計算したWACCを使うのが理論的に正しいでしょう。しかしながら、実務ではそこまで面倒な手続は行いません。コーポレートファイナンスの世界では、企業は長期的には目標とする資本構成を実現するものだという前提に立って、予測期間におけるすべてのFCFに同じWACCを適用して現在価値を計算します。
　すると、「目標とする資本構成って、いったいどうやって求めるの？」という話になるわけですが、実務上は類似企業をベンチマークして決めるのが一般的です。背景には、多くの同業他社が採用している財務戦略に基づく資本構成は広く支持されているものであり、それなりに正しいという暗黙の了解があります。

　「コーポレートファイナンス」という言葉の響きから、高度な金融工学のような世界をイメージし、「数値はもっと理論的に導かれるものではないのか？」と違和感を覚える方も少なくないでしょう。もちろん、最適資本構成をどのように理論的に導くのか、といった議論は学問的にはおもしろいのですが、実務ではプロジェクトに関係する当事者間の納得感やわかりやすさといった面もそれ以上に大切になってきます。
　いくら理論的には正しいと専門家が主張したところで、フィナンシャル・アドバイザーもクライアントを相手としたビジネスですから、やはり、クライアントの意思決定を支援するための適切なアドバイスはどうあるべきか、という視点は欠かせないのです。また、M&A案件を検討している社内でプロジェクト責任者が経営陣に説明する際にも納得感やわかりやすさは大切な要素になります。

話を元に戻しましょう。メガネトップの目標とする資本構成を推計するため、眼鏡業界で上場している企業(メガネトップを含め5社が上場)の資本構成を見ていきます(図表6-18)。
　資本構成を求める際のデットとエクイティの金額については、B/Sに計上されている帳簿価額ではなく時価評価額を用います。デットの多くを占める銀行からの借入金は、銀行ローンが広く一般に売買される市場はなく、合意形成された市場評価額があるわけではありません。したがって、デットに関しては帳簿価額を用いるのが一般的です。エクイティは時価総額を使います。

　なお、「なぜ、エクイティにB/Sの純資産ではなく、時価総額を用いるのか？」という質問をよく受けます。これについては、資本コストの意味合いを再度考えてみましょう。
　資本コストは、デット提供者とエクイティ提供者が期待するリターンの加重平均値となります。株主には、時価総額ベースでの期待リターンを提供しないことには満足してもらえません。
　たとえば、2018年9月末時点のメルカリの純資産は599億円です。一方、時価総額は5,451億円です。株主の期待投資リターンが年率15%だとすれば、株主は、時価総額が1年間で15%上昇することを望むはずです(配当ゼロと仮定)。「純資産を15%増やしました！」と言っても失望を買うだけでしょう。したがって、時価総額を用いるのです。

　さて、眼鏡業界の資本構成を集計すると、業界の平均D/Eレシオ(有利子負債金額対時価総額の比率)が1.053と導かれるわけですが、当時業界内で深刻な経営不振に陥っていたメガネスーパーは、明らかなデット過多になっている過剰債務企業でした。このような「異常値」が含まれることによって歪められた平均値をもって健全企業であるメガネトップの目標資本構成とするの

6-18 資本構成の検討

類似企業の資本構成
(単位：百万円)

会社名	有利子負債 (D)		非支配株主持分		時価総額 (E)		合計		D/Eレシオ
	残高	構成比	残高	構成比	残高	構成比	残高	構成比	
三城ホールディングス	5,559	17.2%	262	0.8%	26,567	82.0%	32,388	100.0%	0.207
メガネスーパー	8,771	83.1%	0	0.0%	1,779	16.9%	10,550	100.0%	4.929
愛眼	470	7.0%	0	0.0%	6,231	93.0%	6,701	100.0%	0.075
ジンズ	3,651	3.0%	0	0.0%	119,883	97.0%	123,534	100.0%	0.030
メガネトップ	1,605	2.5%	0	0.0%	63,077	97.5%	64,682	100.0%	0.025
平均値		22.6%		0.2%		77.3%		100.0%	1.053

注1) 時価総額は、2013年4月15日終値に基づく
注2) D/Eレシオを求める際、非支配株主持分は資本（エクイティ）に含める
注3) 有利子負債、非支配株主持分については、三城ホールディングス、愛眼、メガネトップは2013年3月期、メガネスーパーは2013年1月末、ジンズは2013年2月末の残高を用いた

⬇

目標とする資本構成
(単位：百万円)

会社名	有利子負債 (D)		非支配株主持分		時価総額 (E)		合計		D/Eレシオ
	残高	構成比	残高	構成比	残高	構成比	残高	構成比	
三城	5,559	17.2%	262	0.8%	26,567	82.0%	32,388	100.0%	0.207
愛眼	470	7.0%	0	0.0%	6,231	93.0%	6,701	100.0%	0.075
ジンズ	3,651	3.0%	0	0.0%	119,883	97.0%	123,534	100.0%	0.030
メガネトップ	1,605	2.5%	0	0.0%	63,077	97.5%	64,682	100.0%	0.025
平均値		7.4%		0.2%		92.4%		100.0%	0.085

注4) メガネトップの目標資本構成を推計するにあたっては、過剰債務企業であるメガネスーパーを除いて再計算したD/Eレシオを用いることにした

は無理があります(ただしメガネスーパーは2018年時点では業績は大きく改善しています。あくまでも2013年時点での話です)。

そのため、ここではメガネスーパーを除いた4社で再計算して得られる平均D/Eレシオ0.085を目標資本構成として用いることにします。

なお、ここでは平均値を用いていますが、中央値を用いることもよくあります。平均値だとサンプルの中に1社極端な数値が入っている場合、それの影響を受けてしまい、業界の正しい姿をとらえることができない場合があるからです。

また、今回は業界の平均値にメガネトップの数値も含めていますが、サンプルが十分にある場合は評価対象とする企業を除いた業界平均値(または中央値)を求めるのが一般的です。

WACCの算出

目標とする株主資本コスト、有利子負債資本コスト、および資本構成を推計できましたので、あとはWACCの計算式にこれらをあてはめるだけとなります。

その結果、メガネトップのWACCは5.150%と求められます(図表6-19)。

6-19 WACCの算定

有利子負債資本コスト r_d の算出

r_d	2.319%

株主資本コスト r_s の算出

$r_s = r_f + (E(r_m) - r_f) \times \beta$

r_f	0.535%
$E(r_m) - r_f$	5.000%
β	0.981
r_s	5.442%

WACC の算出

$$WACC = r_s \times \frac{E}{(D+E)} + r_d \times (1-t) \times \frac{D}{(D+E)}$$

有利子負債資本コスト（R_d）	2.319%
株主資本コスト（R_s）	5.442%
実効税率	35.000%
有利子負債構成比：D/(D+E)	7.404%
株主資本構成比：E/(D+E)	92.596%
WACC	**5.150%**

ターミナルバリュー（永続価値）の算定 04

ターミナルバリューの考え方

　DCF法の3つのステップのうち、これまで将来FCFの計算と資本コストの算定の2つが片付きました。最後のステップであるターミナルバリュー（「永続価値」「存続価値」とも呼んでいます）の算定について、説明していきましょう。

　事業価値を算出するために将来FCFを予測する際、妥当かつ現実的な予測ができる期間はおそらく5-10年程度でしょう。それより先のことは、予測が困難だと思います。そこで、実務においては向こう5-10年間のFCFは個別に予測し、それ以降のFCFについては一定成長するという仮定をおいてFCFを予測する簡便法を用います。つまり、10年間のFCFを予測するという場合、11年目以降のFCFについては、10年目のFCFが一定の割合で成長していくという仮定を設けて計算します。これは「永久成長率モデル」という考え方で、11年目以降のFCFの現在価値の総和をターミナルバリュー（TV）と呼びます（図表6-20）。

　永久成長率モデルに基づくターミナルバリューの求め方は、ターミナルバリューをTV、最終予測期間（ここでは10年間とします）のFCFをFCF_{10}、FCFの永久成長率をgとすると、無限等比数列の和の公式を利用して、

$$TV = FCF_{10} \times \frac{1+g}{WACC - g}$$

という計算式で求められます（図表6-21）。

6-20 ターミナルバリューの概念

未来永劫の予想FCFを求めることは不可能なため、ターミナルバリュー(TV) を計算する

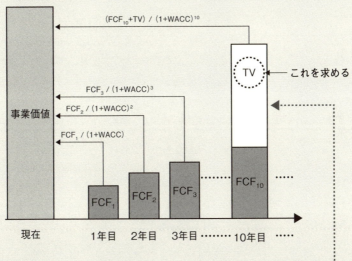

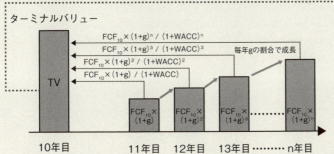

10年目のFCFが11年目以降一定の割合で成長していくと仮定する

6-21 ターミナルバリューは無限等比数列の和

$$\text{ターミナルバリュー} = \frac{FCF_{10} \times (1+g)}{(1+WACC)} + \frac{FCF_{10} \times (1+g)^2}{(1+WACC)^2} + \frac{FCF_{10} \times (1+g)^3}{(1+WACC)^3} + \cdots + \frac{FCF_{10} \times (1+g)^n}{(1+WACC)^n}$$

FCF_{11}の10年目時点の現在価値　　FCF_{12}の10年目時点の現在価値　　FCF_{13}の10年目時点の現在価値

ターミナルバリューは $\left\{ \begin{array}{l} \text{初項}\quad \dfrac{FCF_{10} \times (1+g)}{(1+WACC)} \\ \text{公比}\quad \dfrac{1+g}{1+WACC} \end{array} \right.$ とする等比数列の和として求められる

$$TV = FCF_{10} \times \frac{1+g}{WACC - g}$$

ここまで理解できたら、もう一度(図表6-20)をご覧ください。TVは、11年目以降のFCFの現在価値の総和ですが、いつ時点の現在価値かといえば10年目終了時点です。したがって、事業価値を計算する上では、これを今の時点の現在価値にしてやる必要があります。図表6-20の中で10年目のFCFを割り引く際に、$(FCF_{10}+TV)/(1+WACC)^{10}$として、$FCF_{10}$と一緒にTVも割り引かれているのは、そういう理由です。意外とこの点は見逃されがちで、研修講師をしていても、いざ計算してもらうと間違える、計算し忘れることが多いポイントです。

ターミナルバリューの留意点

　ターミナルバリューの計算式を再度ご確認ください。驚くべきことに構成要素はたった3つしかありません。1つは、FCF_{10}(5年間のFCFを求めて6年目以降をTVとする場合はFCF_5になりますね)、もう1つは永久成長率のg、そしてWACC(割引率)です。FCFの永久成長率を何パーセントにするかという点はバリュエーションの実務でも議論になる論点ですが、通常は、中長期の物価上昇率と同程度に設定されます(つまり、ざっくり言えば日本企業なら0-1%の間で予測を置くことになると思います)。

　一時的には成長著しい企業であっても永遠に高成長を謳歌し続けることは非現実的です。少数のプレーヤーが利益を独り占めしている市場には多数のプレーヤーが新規参入し自然に超過利潤はなくなっていく、という経済学の原理に基づけば、むしろ、長期的にはわずかな伸びでしか成長することができないと考えるべきでしょう。日本のGDP成長率をイメージしていただければと思います。

　WACCは先に計算しましたが、後ほど補論で補足説明するベータを除いては、あまり裁量の余地がありません。つまり、誰が予測、計算しても大きく

は変わらないということです。しかし、FCF_{10}は予測する人が100人いれば100通りの予測が出てくるでしょうし、しかもその100通りの予測の最大値と最小値は大きく異なるはずです。ということは、TVの計算においては、予測最終年度のFCFの予測値が非常に重要になることがわかると思います。

　そして、その予測最終年度のFCFが一定成長率で伸びていくという仮定を置くわけですので、それは、その計算過程の状態がそのままその後も継続するという予測を立てるのと同じことを意味します。どういうことでしょうか。

　FCFの計算過程を思い出しましょう（**図表6-22**）。営業利益に減価償却費を足し戻し、設備投資額を差し引きました。その後運転資本の調整をしてFCFを算出します。注意したいのは減価償却費と設備投資額の差額です。業績予想によっては、予測最終年度のFCF（FCF_{10}やFCF_5）を求める過程において、減価償却費と設備投資額が大きく乖離しているケースがあります。

　本来、企業が安定成長フェーズになれば（それがDCFが前提としている世界観です）、合理的な企業は、長期的に減価償却の範囲内で設備投資を実施していくため（Maintenance Capexがほとんどを占めるようになる）、減価償却費と設備投資額がほぼ均衡すると考えるべきです。

　したがって、ターミナルバリューを求めるときには将来的には減価償却費と設備投資額が均衡していくであろうことを念頭に、TVの計算上は税引後営業利益から運転資本増加額のみを控除した数値を予測最終年度のFCFとして用いる（予測最終年度時点で減価償却費と設備投資額を均衡させてしまう）という方法が実務上考慮されることがあります。

　メガネトップのケースで考えてみましょう。予測最終年度である5年目（2018年3月期）のFCFをターミナルバリューの計算に使います。あらためて5年目のFCFの計算過程を確認してください。

　FCFは3,810百万円ですが、減価償却費の1,711百万円に対して設備投資額

6-22 ターミナルバリューの留意点

本来、企業は長期的に減価償却費の範囲内で再投資すると考えるのが通説

予想最終年度の予想FCFの中身に注意！

ターミナルバリューの計算上は、【税引後営業利益－運転資本増加額】を予測最終年度のFCFとして用いる

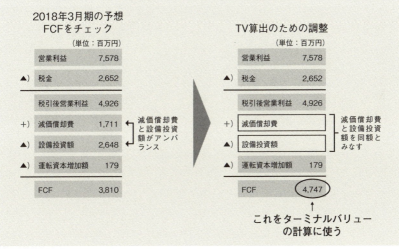

は2,648百万円となっています。設備投資額が減価償却費を937百万円も上回っています。

したがって、ターミナルバリューを求めるにあたっては、税引後営業利益である4,926百万円から運転資本増加額の179百万円を控除した4,747百万円を使った方がいいでしょう。

以上を踏まえ、ターミナルバリューを求めてみましょう。WACCが5.150%、永久成長率は当時の物価上昇率と同程度の0.5%を用いています。ターミナルバリューは

$$TV = 4,747 \times \frac{1 + 0.005}{0.05150 - 0.005} ≒ 102,597(百万円)$$

となります。このように算出されたターミナルバリューは、予測期間の最終年度のFCFに上乗せして、同じ割引率で現在価値に引き直されて事業価値を構成することになります。

類書では、この「ターミナルバリュー算出の際は減価償却費と設備投資額を同額とする」という調整をしていないものも多いです。簡便的にはそれでも構いません。本書はより実務視点でアプローチしているのだとご理解ください。

コラム　100年後にもらえるポルシェの価値は？

　筆者が企業研修を行っていると、受講者からこんな質問を受けることがあります。

　「コーポレートファイナンスの前提は、ゴーイングコンサーンだから、ターミナルバリューは無限大になると思うんですが、なぜそうはならないんですか？」

　もしかしたら、同じ疑問を持たれた読者の方もいらっしゃるかもしれませんので、この質問について触れておきましょう。
　ある総合商社のファイナンス研修でのひとコマ。新入社員の女性社員から冒頭の質問を受けたのです。そのときのやり取りをご紹介しておきます。

　「○○さんが、今一番欲しいものは何ですか？　できれば、簡単には手に入らない値の張るものを教えてください」
　「2,000万円のポルシェのカレラ911が欲しいです」
　「そしたら、○○さん、私がそのカレラ911を今日プレゼントしますよと言ったら、嬉しいですか？」
　「すごく嬉しいです」
　「じゃあ、そのカレラ911を100年後にプレゼントしますと言ったら、○○さんは嬉しいですか？」
　「全然嬉しくないです」
　「それって、○○さんにとって、今日もらうカレラ911の価値は2千万円だけど、100年後にもらうカレラ911の価値はほとんどゼロってことですよね？」
　「はい。そうです」
　「それがターミナルバリューが無限大にならない理由ですよ」

　なお、研修では、実際にエクセルで10年後、20年後…100年後……そしてエクセルのセルが続く限りの未来フリーキャッシュフローを算出し、それらを現在価値にするということを

やってもらっています。たとえば、100年後の100を割引率5%で現在価値にすると、0.76になります。200年後の100の現在価値は0.0057です。

このように、遥か遠くの未来のキャッシュフローは現在価値にするとほぼゼロに近くなることを体感できれば、ゴーイングコンサーンという前提でDCFをやってもいいと腹落ちするようです（**図表6-23**）。

6-23　2,000万円のポルシェの現在価格（割引率5%）

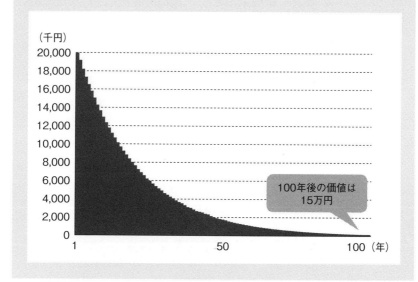

事業価値・企業価値・株主価値 05

　将来FCF、WACC、ターミナルバリューの計算というDCF法の3つのステップが終わったら、事業価値は自動的に計算できてしまいます。メガネトップのケースでは、92,516百万円という事業価値が導かれます(図表6-24)。

　DCF法によるバリュエーションは、ここで終わってはいけませんよ。求めるのは、あくまで株主価値であり一株当たりの理論株価です。

　とはいえ、事業価値が求められたら、あとは評価時点における非事業価値を加えて企業価値を求め、そこから有利子負債・その他固定負債を控除すれば株主価値が導出されます(157ページ、図表6-2下を思い出してください)。そして、株主価値を発行済株式総数で割ってあげれば一株当たりの理論株価になります。このようにしてメガネトップの企業価値は96,470百万円、株主価値は93,415百万円、株価は2,067円とはじくことができました(図表6-25)。

6-24　事業価値の算定

WACC = 5.150%
永久成長率 = 0.500%

(単位：百万円)

	予想 2014/3	予想 2015/3	予想 2016/3	予想 2017/3	予想 2018/3
フリーキャッシュフロー	632	3,413	3,541	3,673	3,810
ターミナルバリュー					102,597
合計	632	3,413	3,541	3,673	106,407
現価係数*	0.951	0.9044	0.860	0.818	0.7778
割引現在価値	601	3,087	3,046	3,005	82,778
事業価値	92,516	← 合計			

＊現価係数とは割引率の逆数

6-25 事業価値から企業価値・株主価値へ

(単位:百万円)

事業価値	92,516
余剰現預金	3,213
余剰投資資産	65
非事業用固定資産	675
企業価値	96,470
短期借入金（▲）	1,240
一年以内返済予定の長期借入金（▲）	20
一年以内償還予定の社債（▲）	0
リース債務（▲）	320
社債（▲）	0
長期借入金（▲）	70
その他固定負債（▲）	1,405
株主価値	93,415
発行済株式総数（自己株式を除く）	45,184,077 株
一株当たり株主価値	2,067 円

感応度分析　　06

　DCF法は、理論的には最も優れたバリュエーション手法とされていますが、前提条件をどう設定するかによって結論が大きく変わってしまうという構造上の難点もあります。そこで、一般的なM&A案件では、前提条件となる各種のパラメータが変化したとき、その結果がどのような影響を受けるのか、感応度を分析します。

　たとえば、WACCとターミナルバリューの永久成長率を感応度分析の対象パラメータとした場合に、メガネトップの事業価値、企業価値、株主価値、株価がどのように変化するかの感応度を確認してみましょう。

　ここでは、WACCは5.150%を中心として±0.1%、永久成長率は0.5%を中心として±0.5%増減させたときの感応度を分析しています（**図表6-26、6-27**）。

　また、本書では紙幅の都合上割愛していますが、実務では予想財務3表についてベースケースとなるシナリオのほか、楽観的シナリオや悲観的シナリオといった複数のシナリオに基づく事業計画を作成してDCF法によるバリュエーションモデルを展開し、シナリオ別の感応度も分析します。

6-26 事業価値、企業価値の感応度分析

基本となるWACCの値	5.150%
基本となる永久成長率	0.500%
WACCの感応度（±）	0.100%
永久成長率の感応度（±）	0.500%

(単位：百万円)

		FCFの現在価値 2014/3-2018/3		ターミナルバリューの現在価値（永久成長率）				
				0.000%	0.250%	0.500%	0.750%	1.000%
W A C C	5.050%	12,743		73,476	77,496	81,957	86,938	92,533
	5.100%	12,723	+	72,583	76,515	80,874	85,734	91,187
	5.150%	12,702		71,707	75,554	79,814	84,559	89,875
	5.200%	12,682		70,849	74,613	78,778	83,410	88,594
	5.250%	12,662		70,008	73,692	77,764	82,288	87,344

(単位：百万円)

		事業価値（永久成長率）				
		0.000%	0.250%	0.500%	0.750%	1.000%
W A C C	5.050%	86,219	90,239	94,700	99,681	105,276
	5.100%	85,305	89,237	93,596	98,457	103,910
	5.150%	84,409	88,256	92,516	97,261	102,577
	5.200%	83,531	87,295	91,460	96,092	101,276
	5.250%	82,670	86,354	90,425	94,949	100,006

↓＋非事業価値

(単位：百万円)

		企業価値（永続成長率）				
		0.000%	0.250%	0.500%	0.750%	1.000%
W A C C	5.050%	90,172	94,192	98,654	103,634	109,229
	5.100%	89,258	93,190	97,550	102,410	107,863
	5.150%	88,363	92,209	96,470	101,214	106,530
	5.200%	87,484	91,248	95,413	100,045	105,229
	5.250%	86,623	90,307	94,379	98,903	103,959

6-27 企業価値・株主価値・理論株価の感応度分析

(単位：百万円)

		企業価値（永続成長率）				
		0.000%	0.250%	0.500%	0.750%	1.000%
W A C C	5.050%	90,172	94,192	98,654	103,634	109,229
	5.100%	89,258	93,190	97,550	102,410	107,863
	5.150%	88,363	92,209	96,470	101,214	106,530
	5.200%	87,484	91,248	95,413	100,045	105,229
	5.250%	86,623	90,307	94,379	98,903	103,959

↓ －有利子負債

(単位：百万円)

		株主価値（永続成長率）				
		0.000%	0.250%	0.500%	0.750%	1.000%
W A C C	5.050%	87,117	91,137	95,598	100,579	106,174
	5.100%	86,203	90,135	94,495	99,355	104,808
	5.150%	85,308	89,154	93,415	98,159	103,475
	5.200%	84,429	88,193	92,358	96,990	102,174
	5.250%	83,568	87,252	91,323	95,848	100,904

↓ ÷発行済株式数

(単位：円)

		理論株価（永続成長率）				
		0.000%	0.250%	0.500%	0.750%	1.000%
W A C C	5.050%	1,928	2,017	2,116	2,226	2,350
	5.100%	1,908	1,995	2,091	2,199	2,320
	5.150%	1,888	1,973	2,067	2,172	2,290
	5.200%	1,869	1,952	2,044	2,147	2,261
	5.250%	1,849	1,931	2,021	2,121	2,233

バリュエーションと株価 07

　長い旅を経て求めたメガネトップの2,067円という理論株価を見て、どのように感じられるでしょうか？

　メガネトップがMBOを公表した前営業日にあたる2013年4月12日の同社の株価終値は1,314円、TOB価格は1,400円でした。MBO公表日までの同社の直近1年間の株価の推移を見てください（図表6-28）。

　株価はメガネトップ上場以来の高値圏にありましたが、3章で実施したキャラクター分析では、同社が株式市場であまり高く評価されていないことが判明しましたよね。

　本章では2,067円というメガネトップの理論株価を算出したわけですが、そのベースとした事業計画はどんな前提条件だったか、もう一度思い出してみてください。出店計画やそれに基づく売上計画について、あえて保守的な数値にしていましたね。保守的なDCFで算出された理論株価が2,067円で、市場株価はそれに比べると大幅に低かったわけです。この状況をどのように理解すべきでしょうか？

　キャラクター分析から明らかになった同社の実力からすれば、市場での株価は過小評価されているようにも見えます。あるいは、「いやいや、今後のメガネトップはジンズに攻め込まれてズタズタにやられていくんだ」と同社の先行きを株式市場が厳しく見ているということなのかもしれません。

　このケースではDCFで算出した理論株価と実際の市場での株価に大きな乖離が出ましたが、どちらが正しいのでしょうか？

　企業研修でこのケーススタディに取り組んでもらうと「市場の株価は間違っている」と答える受講生が少なくありません。しかしながら、そうやって早計に決め付けるのはやや危険です。ファイナンスの世界では市場で付けられた株価は正しいという大前提があります。なぜなら、道に1万円が落ちていたらすぐに誰かに拾われてしまうように、割安な株があれば誰かがすぐに買うはずで、その時点における市場の株価こそが数多くの投資家が妥当だと

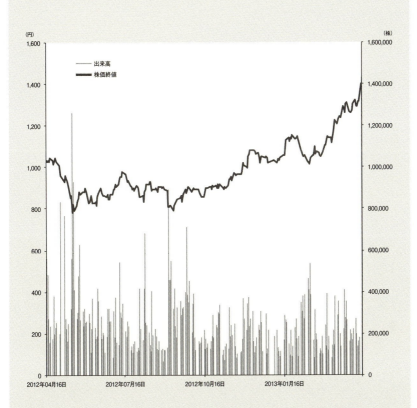

6-28 メガネトップの株価推移（MBO発表日までの1年間）

思う価格だといえるからです。したがって、DCF法で算出した理論株価が市場の株価から大きく乖離しているときは、バリュエーションを実施した人間の方が他の多くの投資家と大きく異なるシナリオを持っていた、という可能性もあるわけです。

では、今回のメガネトップの理論株価はどう理解すればいいのでしょうか？

投資家に対するIR活動が十分でない(IRについては10章で詳しく説明します)可能性もありますが、メガネトップの時価総額の規模も影響しています。東証1部上場銘柄でも時価総額が上位500程度(時価総額で概ね2,000億円以上)の銘柄は機関投資家の売買対象となりますが、それより時価総額の低い銘柄(いわゆる中小型株)はほとんど彼らの売買対象となりません。株価は日々の売買をもとに付いていますが、日々の売買量の7-8割は機関投資家によって占められています。しかし、中小型株市場ではこの機関投資家が実質的に不在となります。

このように機関投資家がカバレッジしないため、株式取引量の流動性が乏しくなり企業のファンダメンタルズが適切に株価に反映されず割安に放置される、いわゆる"流動性ディスカウント"を食らうケースが中小型株ではよくあります。メガネトップの理論株価と市場株価の乖離に関しても流動性ディスカウントが要因であると考えられます。

このケースでは、理論株価は会社を100％買収したいと考える人にとっての価格、市場株価は日々市場での取引をしたい人にとっての価格とも言えるのかもしれません。DCF法で理論株価を算出するのはコンサルタントでも誰でもできます。市場株価との乖離があったときに(ほとんどの場合、乖離があります)、その理由は何か、そこまできちんと議論してはじめてコーポレートファイナンス戦略と言えるでしょう。

補論：DCF法による
バリュエーション詳解 08

　ここまでDCF法で事業価値を求めるまでの3つのステップ、および、DCF法で求めた事業価値から企業価値、株主価値、理論株価を算出するプロセスを解説してきました。繰り返しになりますが、理論DCF法によるバリュエーションで大切なことは全体像を理解し、今自分がどのステップにいるのかを見失わないことです。

　本章の最後では、DCF法によるバリュエーションを実務上使う中で、しばしば議論になる論点について解説して締めくくります。ここから本章の最後までは投資銀行や証券会社の現場をイメージした若干細かい論点に深入りしていくため、「これこそ求めていたものだ！」と思われる方もいるでしょう。一方、「自分の実務でそこまでのことは求められていない」という方は読み飛ばして次章に進んでいただいて構いません。

事業計画策定上の注意

　バリュエーション結果を最も左右するのは事業計画から導かれる予想財務3表であることは論をまたないでしょう。特に、事業計画から作成する予想P/Lと予想B/Sについて、実務上絶対に外せないポイントを3点指摘しておきます。

①買収先へのコミットメント

　一般的に、買収を検討している企業は、敵対的買収でもない限り、買収価格を算定するために対象企業の協力を得ながら事業計画を作成します。そして、投資銀行などのフィナンシャル・アドバイザーの力を借りながら買収価格を評価したら、最終的に売り手へ正式提案する前に社内の経営会議や取締役会に諮ります。

　筆者が過去多くの買収案件を見てきた経験から言えるのは、このようにして作られた事業計画に買い手の"魂"が感じられないことが実に多いというこ

とです。

　買収後に買収先の経営トップを現社長にまかせるのか、または、買い手から送り込むのか、ということには関係なく、買い手は買収後の対象企業の経営にコミットしなければいけません。至極当然のことですが、買収対象企業の事業計画に買い手も責任を負わなければいけないわけです。

　ところが、買収案件を社内会議に諮るときの稟議書や説明資料を見ると、なんとなく作ったような右肩上がりの事業計画が記載されており（右肩上がりの事業計画がいけないということではありません）、そこには買い手としての意志や気概もなく、計画実現のための具体性も感じられないことが少なくありません。

　なぜ、そのようなことになってしまうのでしょうか。実際は、ひとたびM&Aのプロセスを開始すると、買い手はなんとしてでも買いたくなってしまうものです。多くの場合、事業計画の策定が買収後の経営にコミットするためではなく、売り手との交渉を成立させて買収案件を競り落とせるよう高い買収価格をはじくためになってしまいます。

　極端な例では、バリュエーションのための事業計画とPMI（Post Merger Integration：買収後の統合経営）での事業計画が別個独立に作られるというケースさえあります。DCF法でのバリュエーションでは売上高が100億円の事業計画を作っておきながら、買収後には売上高50億円という事業計画を作りなおす、というような事例です（実際にそういうケースも存在します）。

　買収後、実際の売上高が50億円しか上がらない場合、100億円の売上計画の前提で計算された買収価格に基づく「のれん」は、その半分しか価値がないということです。したがって、買収後、のっけから減損による損失を計上する事態になりかねません。

　詳しくは8章で説明しますが、念のため「のれん」について軽く触れておき

ましょう。買収金額が買収対象企業の純資産を超えた分の金額を「のれん」といいますが、買収した側の企業はB/S上の無形固定資産にのれんを計上します。日本の会計基準では20年以内の期間で毎期償却することが求められる一方、米国会計基準や国際会計基準(IFRS)ではのれんの償却は不要とされています。もっとも、のれんは減損会計の対象とされており、買収対象企業の業績が事業計画どおりに達成されないなど、のれんの価値が著しく減少した場合は減損損失を計上しなければなりません。

　DCF法によるバリュエーションのための事業計画を策定する際には、買収することが最終目標になってはいけません。あくまで大切なのは、自社が本気で買収先の経営にコミットメントできるのか、バリュエーションの前提となった事業計画を実現する責任を負えるのか、という姿勢を持つことです。
　それとあわせて、事業計画を作った後、計画そのもののリアリティをチェックするのを忘れないようにしてください。実際、学術研究では、米国のM&A案件の3分の2は、後で振り返ると買収金額が高すぎた(Over Payであった)という報告があります。その要因として、買い手側の過信(Over Confidence)が指摘されています。

　計画に関するリアリティのチェックは、3章で述べた企業のキャラクター分析を使って行えばよいでしょう。実際の買収案件を見ていると、現状の営業利益率が5％の会社が10％に改善するという事業計画を作っている場合に「10％に改善するための具体的な施策は何ですか？」と聞いても、その根拠が曖昧というケースが少なくありません。企業の将来は過去の延長線上にありますから、現状のキャラクターから大きく外れるような事業計画ができあがったときは要注意です。

②複数シナリオを用意する

　DCF法によるバリュエーションを行う場合、通常、唯一無二の事業計画を作ってピンポイントの評価額を計算しておしまい、ということはありません。事業計画が数多くの前提条件(仮説)をベースに作られており、その前提条件が少しブレるだけで最終的なバリュエーション結果が大きく変わってくるからです。

　前提条件には、市場規模やその中での対象企業のマーケットシェア、市場の成長率、商品・サービスの販売価格、1人当たり人件費、ROIなどの広告宣伝効果等々、事業計画を作るための様々な仮説があります。

　一般的には、最も可能性の高いと考えられる前提条件の組み合わせをもとに設定する現実的なシナリオに基づく事業計画のほか、楽観的なシナリオと悲観的なシナリオに基づく事業計画を用意します(要は、将来予測財務諸表を少なくとも3パターン用意するということです)。

　こうすることによって、シナリオごとのバリュエーション結果が算出されます。そこで重要な意味を持ってくるのは、算定された買収価格を正当化するためには、そのベースとなった事業計画を達成しなければならないことが明確になることです。つまり、最終的な買収価格を決定することは、買い手の経営陣がコミットすべき買収先の事業計画、ひいては、利益やFCFの金額を確定させることと同義なのです。

　前記①の買収先へのコミットメントにも通じる議論ですが、事業計画を策定する際に設けた、これらの前提条件については、買い手の社内関係者の間でしっかりと合意形成することが重要です。

　特に日本企業の関わる大型の買収案件で高値掴みによる失敗が多いのは、人事異動でプロジェクトに関与する人が数年で現場を離れてしまっていることが理由として挙げられます。つまり、買収時にプロジェクトに関与する担当者は「買収すること」がミッションとして与えられますから、かなり背伸び

をした事業計画を描いて高い価格で買収します。ところが、買収から数年後のPMIのフェーズになると、買収時にプロジェクトに関与していた担当者は現場を離れ、買収後に他部署から異動してきた人が買収先に送り込まれて現場で苦労している、なんてことが少なくないのです。

③予想B/Sと予想C/Fも作成してキャッシュが回るか確認する

　コーポレートファイナンスやバリュエーションに関する一般的な教科書には、営業利益－税金＋減価償却費－設備投資額－運転資本増加額というFCFを求める計算式は書かれていますが、それぞれの項目について、どのように導出するかについてはあまり詳しく書かれていません。

　予想P/Lと設備投資計画だけ作って、運転資本の増加額は「まあ、こんなもんかな」と適当な仮定を設けて計算し、ざっくりとFCFを求めていることも少なくありません。

　決して間違いとは言い切れないのですが、本来は、どんなケースでも必ず予想P/Lと併せて予想B/Sを作るようにすべきです。というのも、予想B/Sを作らないと、買い手が想定する事業計画でキャッシュが回るかチェックできないからです。

　予想P/Lと設備投資計画は、往々にして"前のめり"な姿勢で作られますから、それを前提に予想B/Sをシミュレーションしてみると、キャッシュ残高が予測期間の途中でマイナスになってしまう（資金ショートに陥る）ということがあります。キャッシュが足りなければ資金調達をすればいいわけですが、その場合に資金調達が適切なタイミングで行えるのか、きちんと検討しておかなければなりません。

　予想P/Lとともに予想B/Sも必ず作成して、キャッシュがきちんと回るかどうかチェックするようにしてください。

予想P/Lと予想B/Sの循環

　すでに気づかれた読者の方もいらっしゃると思いますが、エクセルを使って予想財務3表を作る際、予想P/Lと予想B/Sの金額を固めようとするとグルグルと循環します。

　なぜならば、予想P/Lの支払利息を確定するためにはB/Sの借入金残高を固めないといけませんが、借入金残高を貸借差額で求めようとすると借入金残高は最後まで固まりません(168ページ参照)。だけど、貸借差額を借入金で調整するためには、P/Lの当期利益、そして、B/Sの利益剰余金を固めないといけませんが、支払利息を固めないことには法人税等の税金も固まらないし当期利益も計算できません。でも、その支払利息を求めるためには借入金残高を固めないといけない……。こんな具合に循環してしまうのです。

　したがって、予想P/Lと予想B/Sの数字を固めるためには、
① エクセルの技を使って循環を収束させる。
② 予想B/Sの借入金残高を先に固めて、予想P/Lの支払利息および当期利益を求め、予想B/Sの貸借差額は余剰現預金で調整する。
　の2通りの方法があります。
　どちらでもよいのですが、筆者はクライアントが理解しやすい②の方法を普段使っています。

WACCを設定するための目標資本構成の循環問題

　WACCを求める際に使う資本構成についても「目標とする資本構成であるD/Eレシオって循環しますよね？」と疑問を持った読者もいるでしょう。そのとおりです。D/Eレシオは時価評価額をベースに計算するので、エクイティも時価評価額＝株主価値です。バリュエーションでは、その株主価値を求

めるためにD/Eレシオを計算しようとしているわけです。でも、その株主価値が確定しないとD/Eレシオも固まりませんよね。そう、まさに循環しているのです。

　この論点に関しては、2通りの方法が考えられます。1つは、同じくエクセルの機能を使い循環計算を収束させてD/Eレシオと株主価値を同時に確定させる方法。もう1つは、189ページの**図表6-18**「資本構成の検討」で紹介したとおり、株式市場から求められる類似企業の時価総額を使ってD/Eレシオを最初に求めてから対象企業の株主価値を導くという方法です。

　どちらが正解というわけではないのですが、これについても、実務の世界では、前述したように「わかりやすさ」で後者の方法を採用するのが一般的です。前者の方がオシャレな感じはするのですが、1つだけ困ったことが起こります。

　DCF法によるバリュエーションでは、実務上、1つのシナリオに基づく唯一無二の評価額を計算しておしまいとはせず、複数のシナリオに基づく複数の評価額を求めます。そうすると、前者の循環計算アプローチだと採用するシナリオによってWACCも変動してしまうんですね。もちろん、理論的には、それでまったく問題ないのですが、採用するシナリオによってWACCが異なるということに関して、M&A案件に携わる当事者（買い手となる事業会社：投資銀行や証券会社にとってはクライアント企業）が理解できないという困ったことが起こります。そのため、本書でも実務上多く採用されている一般的な後者の方法を用いています。

株主資本コストを求める際に悩ましいベータの取り扱い

　上場企業のベータはBloombergやBarraなどの金融情報サービス会社や日本取引所グループが有償で提供している「TOPIX β VALUE」、日経会社情報などから入手することが可能です。

ただし、DCFにおけるベータの取り扱いに関しては、実に悩ましいです。

ベータは株式市場全体の株価の変動（具体的にはTOPIX）に対して、どのくらい変動するかを示すものであり、一般的には鉄道会社、電力会社など業績が常に安定している業種では1より小さくなり、証券会社、半導体やITなど業績の変動が大きな業種では1より大きくなるわけです。しかし、Bloombergなどから引っ張ってくるベータを見ると、困ったことに、そうした感覚値から大きくズレていることが往々にしてあります。

BloombergやBarraが提供してくれるベータは、過去36ヶ月や60ヶ月の株価の月次リターンや24ヶ月の週次リターンなどをもとに算出されています。「どの期間で計算したベータを用いるのが適切か？」という疑問が湧きますし、よくその質問も受けるのですが、これについては身も蓋もない回答になるものの、いくつかの期間を試して「もっともらしい数値を使う」というのが1つの答えになります。

ちなみに、日経新聞やロイターがインターネットで無償で公表しているベータの値は、ともに直近36ヶ月間の株価の動きから計算しています。これを、直近1年間や5年間など異なる期間でベータを計算すると決定係数R^2（図表6-29で斜め右上に伸びている近似直線のプロットした点への当てはまり具合を表しており、完全に当てはまれば1となります）が上がることがあります。より当てはまりがよくなるということですね。そういう場合は、そちらの数値をベータとして用いることもあります。ただ、市場の慣行としては36ヶ月間のベータを使うことが多いので、むやみと恣意的にベータの期間を変更することはお勧めできません。実際にそういう場面になった際はよく議論した上で行うことになります。

なお、TOPIXと対象企業や類似企業の株価さえエクセルに打ち込めば、自分で回帰分析でベータを求めることもできます。図表6-29は、実際にエクセルの回帰分析の機能を使って求めたメガネトップのベータです。TOPIXと

6-29 月次投資収益率の散布図からベータを算出

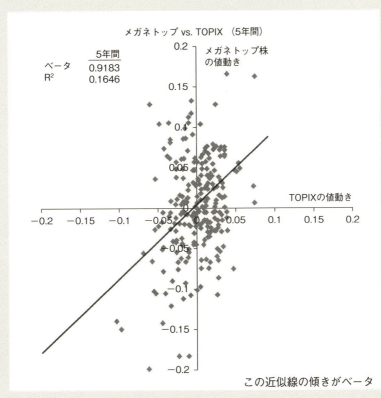

株価の月次リターンの5年分の組み合わせをプロットしています。

　すると、どうでしょう。眼鏡業界という安定した事業ですから、ベータは0.9183ともっともらしい数字といえるでしょう。ただ、散布図はパッと見ただけでかなりあちこちに散らばっている感じがしますよね。右斜め上に伸びている直線(この直線の傾きがベータ)は、プロットした点の分散を表現しているとはお世辞にも言い難い状況です。

　このケースでは、決定係数R^2が0.1646ですから、この直線は全体の16%しか説明できないという結果を意味していることになります。

　メガネトップ以外の他社についても回帰分析を使ってベータを計算してみましたが、状況はどれも似たり寄ったりです(図表6-30)。

　決定係数を確認してみると、愛眼は当てはまり具合が37%、メガネスーパーに至っては4%弱という惨状です。さて、困りましたね。どうしたらいいでしょうか。ベータが同じ、つまり回帰直線の傾きが同じ2つの銘柄が存在したとしても、その決定係数が異なる場合、ベータの信頼性・信憑性は決定係数が大きい方が高くなり得ます。株主資本コストを計算するプロセスにおいて、これは避けて通れない課題なのですが、決定係数が低い場合、このベータをどこまで信頼して使うべきかという問題に直面することになります。実は、証券会社の社員研修のときも、ベータの決定係数が低い場合どうすればいいですか？　という質問は毎年必ず出てきます。

　実は、株価の実績データから計算されるベータの決定係数が低くても、あまり心配しないでも大丈夫です。なぜなら、本当は、われわれはベータの実績値ではなく、予測値がほしいのです。ベータを何のために用いるかといえば、株主資本コストの計算のためであり、それはDCF法で事業価値を計算する際の割引率として用いられます。ここでほしい株主資本コストは未来コスト、つまり、今後の株主資本コストです。株式投資家にしてみたら、過去に当該銘柄が一体どの程度の投資リターンを提供したか、そして、どの程度の

6-30 どの会社のベータも似たり寄ったり…

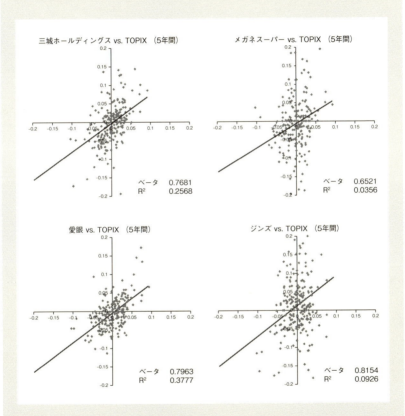

ベータであったかという情報も、参考データとしては役に立つかもしれませんが、今最も知りたい情報は当該銘柄が今後叩き出す株式リターンと予測ベータです。しかし、残念ながら未来の市場平均株価（たとえばTOPIX）の動きと未来の当該株価の動きを予測することは不可能ですので、予測ベータは算出のしようがありません。そこで、実績ベータから予測ベータをなんらかの形で簡便的に導出するしかありません。その計算式は以下のとおりです。

$$予測\beta = 実績\beta \times \frac{2}{3} + 1 \times \frac{1}{3}$$

　この式は、個別銘柄の実績ベータと市場の平均ベータ（1.0）を加重平均したものを予測ベータとするということを意味しています。そして、そのウェイト付けは、個別銘柄の実績ベータに2/3、市場平均ベータに1/3の割合となっています。日本経済新聞社やロイターがインターネットで無償で公表しているベータはすでに上式で調整された予測ベータとなっています（Bloombergなど有償データベースでは、実績ベータと予測ベータの両方が得られます）。このように実際にわれわれが使用する予測ベータは、ウェイトの1/3が自動的に修正されたものですので、実績ベータの決定係数が多少低くてもなんとかなるのです。

　ただ、それでもやはり低い決定係数は気になったり、予測ベータの値そのものがあまりにも感覚的にかけ離れていたりということもあるかと思います。その場合、業界平均のベータから個社のベータを推測し直すという手法もあります。ベータのアンレバー化とリレバー化です。この後のページで詳しく見ます。

　その前に、参考までに日本取引所グループのウェブサイトで購入・ダウンロードしたTOPIX β VALUEのデータを用いて、東京証券取引所に上場している眼鏡業界3社の2008年4月から2013年3月までの60ヶ月間におけるベータをチェックしてみましょう（図表6-31）。

ここでも各社の決定係数は著しく低くなっています。なお、当時、ジンズはヘラクレス市場(大阪証券取引所)、メガネトップはJASDAQ(東京証券取引所)に上場していたため、この2社のベータはTOPIX β VALUEのデータには含まれていません。
　このような場合、業種別のインデックスでベータを取ってあげると当てはまり具合がよくなることが知られています。
　図表6-32は日本取引所グループが提供しているTOPIX β VALUEから得られるベータの情報です。たとえば、東証が時価総額と流動性によって区分している「大型」「中型」「小型」という大きなかたまりにすると、決定係数はほぼ1に近似しており、ベータがほぼ完璧に説明できていることがわかります。ちなみに、眼鏡業界はすべての会社が「小型」に属しますので、ベータは0.83、当てはまり具合は86%ということになります。
　業種のかたまりでは、業種によって当てはまり具合がマチマチですが、「化

6-31　東証に上場している眼鏡業界3社のベータと決定係数

銘柄	β値	決定係数
三城ホールディングス	0.47	0.12
メガネトップ	0.88	0.11
愛眼	0.27	0.07

注)2008年4月から2013年3月までの60ケ月間におけるβ値
出所:日本取引所グループ「TOPIX β VALUE」より

6-32 インデックスでベータを取ると当てはまりがよくなる

規模・業種別	β値	決定係数
大型	1.08	0.98
中型	0.89	0.95
小型	0.83	0.86
水産・農林業	0.62	0.51
鉱業	1.05	0.44
建設業	0.83	0.66
食料品	0.62	0.58
繊維製品	0.84	0.74
パルプ・紙	0.79	0.36
化学	0.94	0.93
医薬品	0.62	0.56
石油・石炭製品	1.00	0.55
ゴム製品	0.81	0.45
ガラス・土石製品	1.21	0.79
鉄鋼	1.42	0.79
非鉄金属	1.22	0.80
金属製品	0.95	0.76
機械	1.22	0.84
電気機器	1.23	0.87
輸送用機器	1.12	0.68
精密機器	1.09	0.70
その他製品	0.96	0.65
電気・ガス業	0.38	0.11
陸運業	0.47	0.44
海運業	1.58	0.71
空運業	0.37	0.12
倉庫・運輸関連業	0.83	0.66
情報・通信業	0.65	0.61
卸売業	1.04	0.76
小売業	0.74	0.66
銀行業	1.20	0.75
証券、商品先物取引業	1.80	0.72
保険業	1.26	0.74
その他金融業	1.45	0.63
不動産業	1.46	0.74
サービス業	0.71	0.73
TOPIX	1.00	1.00

注) 2008年4月から2013年3月までの60ケ月間におけるβ値
出所:日本取引所グループ「TOPIX β VALUE」

学」は0.93、「機械」は0.84となっており、当てはまり具合がかなり高くなっています。眼鏡業界が属する「小売業」はベータが0.74で、決定係数は0.66ですから7割弱は当てはまっているといった感じです。眼鏡業界の個別企業のベータはあまりにも当てはまり具合が悪いですが、業種で括った大きな母集団でベータを取ってあげると、それなりの信頼性を持ってベータを求めることができます。

　以上の検討を踏まえると、メガネトップのベータに関しては、小型株インデックスのベータである0.83、または、小売業の0.74を用いるという考え方があってもいいかもしれません。しかしながら、このような考え方が実務上採用されることはそれほどありません。なぜなら、「小型株」「小売業」といった区分があまりに大雑把過ぎるからです。

　DCF法によるバリュエーションの実務では、このベータの取り扱いがどうにも困ったテーマの1つです。専門家のフィナンシャル・アドバイザーも決定係数が低い場合、気持ち悪さは残るものの、入手し得る数値の中からもっともらしい数値を用いるしかないのが実情です。

レバードベータとアンレバードベータ

　われわれが普段目にする上場企業のベータは、自らエクセルで回帰分析の手法で計算したものも含めて、すべて「レバードベータ」(Levered Beta)と呼ばれるものです。簡単に言えば、対象企業の事業リスクと財務リスクの両方を加味したベータといった意味です。図表5-12で見たとおり、コーポレートファイナンスの観点からは、企業が抱えるリスクは事業リスクと財務リスクの2つに分けてとらえることができます。レバードベータに対して、財務リスクを完全に取り除く、つまり、デットフリー(無借金)の状態にした場合のベータを「アンレバードベータ」(Unlevered Beta)といいます。

　この2つの違いを理解できるようになれば、コーポレートファイナンスの

マスターに近づきます。

　事業リスクとは、その企業の本業のビジネスが抱える固有のリスクのことで、鉄道や電力・ガスなどの公共的な性格の強い事業や、衣食住に関する事業は業績が安定しているため事業リスクが低い一方、半導体や液晶パネルのメーカーや証券会社といった市況商品を扱う事業は業績が激しくブレるため事業リスクが高くなります。よって、このような事業リスクの高低がベータの高低に反映します。

　これに対して、財務リスクというのは、事業リスクとは別にデットとエクイティの資本構成に起因したリスクのことをいいます。5章で見たとおり、事業リスクがまったく同じ2社であっても、デットの割合を高める（レバレッジをきかせる＝財務リスクを高める）ことによってエクイティのリターン（ROE）を上げることができます。

　コーポレートファイナンス戦略上、エクイティのリターンを向上させるという明確な意図を持って財務リスクを高めると、事業（利益）が落ち込んだときにリターンが小さくなったりマイナスになったりという副作用はあるわけです。しかしながら、これがリスクとリターンのバランスの本質といえます（図表6-33）。

　借入金の割合を増やせば増やすほど、株式リターンの振れ幅は上にも下にも大きくなります。ハイリスク・ハイリターンになるのです。無借金な状態（レバレッジのない状態）、つまり、まったくレバードされていない状態、これがUnleveredです（打ち消しの「un」がついていることからもわかるとおり、レバレッジがない状態です）。ちなみに、評価対象会社が非上場企業の場合（非上場企業をバリュエーションするケースの方が圧倒的に多いです）、ベータはどのように求めたらいいのでしょう？

　一般的には、評価対象企業が属する業界の上場企業のベータから推計します（図表6-34）。

6-33 レバードベータとアンレバードベータ

無借金経営のA社と借金があるB社のベータは同じか？

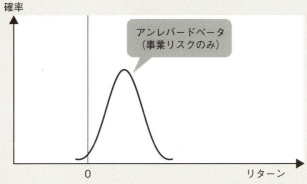

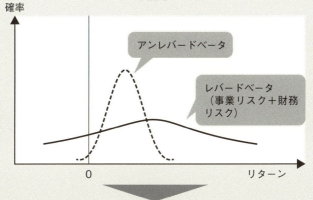

借入があると事業リスクのほか、財務リスクを抱えるため、ベータが上昇する。デットフリーのベータを「アンレバードベータ」、デットを持つ場合のベータを「レバードベータ」という

6-34 評価対象企業(未上場)のレバードベータを求めるプロセス

① 評価対象企業と同じ業界で上場している各社のレバードベータ（β_L）を入手する。

A社 β_L　B社 β_L　C社 β_L　D社 β_L　E社 β_L

$$\text{Unlevered}\,\beta = \frac{\text{Levered}\,\beta}{\left\{1+(1-t)\times\dfrac{D}{E}\right\}}$$

② 各社のレバードベータと資本構成（D/Eレシオ）から各社のアンレバードベータ（β_U）を求める。

A社 β_U　B社 β_U　C社 β_U　D社 β_U　E社 β_U

③ 各社のアンレバードベータ（β_U）の平均値を求め、これを業界のアンレバードベータ（β_U）とする。

A社からE社までの5社の平均値として算出した業界β_U

$$\text{Relevered}\,\beta = \text{Unlevered}\,\beta \times \left\{1+(1-t)\times\dfrac{D}{E}\right\}$$

④ ③で求めた業界のアンレバードベータ（β_U）と評価対象企業の資本構成（D/Eレシオ）から評価対象企業のレバードベータ（β_L）を求める。

評価対象企業 β_L

仮に評価対象企業と同じ業界に属する上場企業がA社からE社まで5社あった場合、まず各社のレバードベータを入手します。そして、次に各社のレバードベータと資本構成（D/Eレシオ）を使って、各社のアンレバードベータを計算します。このレバードベータから財務リスクを取り除く（デットフリーの状態にする）プロセスを「アンレバー（Unlever）する」といいます。そうすると、各社の事業リスクのみを反映したアンレバードベータが求められます。5社のアンレバードベータを平均すると、事業リスクのみを反映した業界アンレバードベータになるわけです。最後に、業界のアンレバードベータと評価対象企業の資本構成（D/Eレシオ）を用いて、評価対象企業のレバードベータ、すなわち、事業リスクと財務リスクの双方を反映したベータを求めます。

　一度練習してみましょう（図表6-35）。今、あなたは未上場企業D社のベータを求める必要に迫られていると仮定します。そこで、上場している業界他社のA社、B社、C社のベータから業界平均のアンレバードベータを求めます。

6-35　未上場企業の想定レバートベータを求める

	Levered β	D/Eレシオ	税率	Unlevered β
A社	0.5	0.30	35%	0.42
B社	0.6	0.40	35%	0.48
C社	0.7	0.50	35%	0.53
業界平均				0.47
D社	?	0.30	35%	0.47

D社の数字も同じと仮定する

アンレバードベータを求める計算式は**図表6-34**内にありましたこちらです。

$$\text{Unlevered}\,\beta = \frac{\text{Levered}\,\beta}{\{1+(1-t)\times \frac{D}{E}\}}$$

　業界平均のアンレバードベータは0.47と計算されました。これが、この業界で事業をやっている会社が無借金状態であるときの平均的なベータということになります。これをD社のアンレバードベータと仮定してD社のレバードベータを計算するのです。アンレバードベータからレバードベータを計算する式は、前出の式をひっくり返すだけ。それをもとに計算すると、D社の想定レバードベータは0.57と計算されます。

　なお、ここでは、D社の業務内容は、この業界の平均的、一般的な内容だと無条件に想定していることになります。しかし、トヨタ、ホンダ、日産自動車のベータからバス・トラックや電気自動車をメインとする企業のベータを計算する場合、どこまで使えるでしょうか？　やや疑問符がつきますね。したがって、この業界平均のアンレバードベータから個社の想定レバードベータを求めるというのは簡便法であり、万能ではありません。

　いかがでしょう？　ベータの世界をご堪能いただけましたか？　なお、ここでは直観的に理解しやすいようにベータは株価収益率の散布図での近似線の傾きだと説明しましたが、多くのファイナンスのテキストでは、ベータはマーケットと個別株価の共分散÷マーケットの分散で計算されると書いてあります。共分散、分散という専門的な言葉はあえて避けて通りましたが、関心のある方はこれをきっかけにファイナンスを少しアカデミックな観点から学習してみるのもおもしろいかもしれません。

　ここまで理解できたなら、先ほどのメガネトップのDCFでのベータの算出を、よりプロっぽくしましょう。DCFで求めようとしているのは長期にわた

る株主資本コストです。長期ということは同社の事業モデルはある程度業界の平均に収斂されていくでしょうから、株価と市場平均株価(TOPIX)との感応度を示すベータも、5章で触れた事業リスク(**図表5-12**)については、ある程度は業界の平均的なところに落ち着くと考えるべきでしょう。

そこで、実務でよく見られるベータの求め方について、メガネトップを例に見ていきましょう。眼鏡業界各社のベータは東証やBloomberg、ロイターなどの金融情報サービス会社などから入手するのが一般的です(そうして入手できるベータは「レバードベータ」です)。決定係数R^2が低く、当てはまり具合が悪いという問題はあるものの、ここでは回帰分析の結果を利用することにします。すなわち、**図表6-30**で見た三城ホールディングス0.768、メガネスーパー0.652……といった具合です。

回帰分析の結果得られたレバードベータは、実績ベータですから、これらの数値を予測ベースに変換します(**図表6-36**)。

次に、それぞれの企業のD/Eレシオに基づいてレバードベータをアンレバ

6-36 レバードベータの実績値ベースから予測値ベースへの変換

会社名	実績値 レバードベータ	予測値 レバードベータ
三城ホールディングス	0.768	0.845
メガネスーパー	0.652	0.768
愛眼	0.796	0.864
ジンズ	0.815	0.877
メガネトップ	0.918	0.946

予測値レバードベータ=実績値レバードベータ×2/3 + 1×1/3

ーし、アンレバードベータの業界平均値を求めます。このケースでは、眼鏡業界におけるアンレバードベータの平均値が0.708と算出されます。そして、本来ならば、このアンレバードベータの業界平均値0.708とD/Eレシオの業界平均値0.085（メガネスーパーは抜いています）に基づいて対象企業であるメガネトップのレバードベータを0.747と求めることになります。

　しかしながら、眼鏡業界のレバードベータを観測すると、業績が不安定な三城ホールディングス、メガネスーパー、愛眼のレバードベータが低い水準を示している一方、業績が安定しているメガネトップの方が高くなっており、理論的な整合性が取れない状態となっています（本来は、業績が不安定な方が株価のブレが大きく、ベータも大きくなりがちです）。そのため、ここでは業界平均値は使用せず、やむを得ず、メガネトップのアンレバードベータ0.930を目標資本構成D/Eレシオ0.085に合わせて再計算したレバードベータ0.981を使用することにしました（図表6-37）。これは、メガネトップのベータ値を目標とする資本構成でリレバーしたことと同じになります。

DCF法の算定結果はほとんどがターミナルバリューだから意味がない?!

　本章でDCF法の一連の流れは理解できたでしょうか？　DCF法については、計算式そのものを暗記する必要はまったくありません。より大切なのは、フレームワークを"理解する"ことです。フレームワークさえわかっていれば、実務にあたったときに計算式を見返せばいいのですから。

　ところで、DCF法によるバリュエーション結果を見ると、事業価値のほとんどをターミナルバリューが占めています（図表6-38）。メガネトップの例でも事業価値に占めるターミナルバリューの割合が9割近くとなっています。もしも10年目までのFCFを予測してそれ以降をターミナルバリューで計算するなら、TVの占める割合は下がりますが、それでも6-7割はTVが占めます。

6-37 ベータの算出（リレバー）

類似企業のベータ

会社名	予測レバードベータ	D/Eレシオ	実効税率	アンレバードベータ
三城ホールディングス	0.845	0.207	0.350	0.745
メガネスーパー	0.768	4.929	0.350	0.183
愛眼	0.864	0.075	0.350	0.824
ジンズ	0.877	0.030	0.350	0.860
メガネトップ	0.946	0.025	0.350	0.930
平均値	**0.860**	**1.054**		**0.708**

【業界平均値を使用した場合のレバードベータ】
メガネトップのアンレバードベータ	0.930
D/Eレシオの業界平均値	0.085
メガネトップのレバードベータ	0.981

注1) メガネ業界のレバードベータを観測すると、業績が不安定な三城ホールディングス、メガネスーパー、愛眼のレバードベータが低い水準を示している。一方、業績が安定しているメガネトップの方が高くなっており、理論的な整合性が取れない状態であるため、ここでは業界平均値は使用しないこととした

注2) やむを得ず、市場データから観測されたメガネトップのアンレバードベータ（0.930）を目標資本構成（D/Eレシオ0.085）に合わせて再計算したレバードベータ（0.981）を使用することにした

6-38 事業価値のほとんどがターミナルバリューだが……

ターミナルバリューの現在価値が事業価値に占める割合

		永久成長率				
		0.000%	0.250%	0.500%	0.750%	1.000%
WACC	5.050%	85.2%	85.9%	86.5%	87.2%	87.9%
	5.100%	85.1%	85.7%	86.4%	87.1%	87.8%
	5.150%	85.0%	85.6%	86.3%	86.9%	87.6%
	5.200%	84.8%	85.5%	86.1%	86.8%	87.5%
	5.250%	84.7%	85.3%	86.0%	86.7%	87.3%

つまり、事業価値のほとんどは6年目以降に生み出すキャッシュフローによって決まるということです。
　このような実態を目の当たりにすると、「え！　あんなに精緻に5年分の予想財務3表を作ったのは、いったい何だったんですか？」という思いに駆られる方もいるかもしれません。そんな違和感を持たれる気持ちはわかるのですが、結論から言えば何ら問題はありません。
　ターミナルバリューは、予測期間におけるFCFを見積もった結果を受けて、その後は一定のペースで成長していくという仮定の下に計算されます。したがって、逆説的ですが、事業価値がターミナルバリューで決まるからこそ、予測期間におけるFCFの見積もり、特にターミナルバリューの計算に用いられる予測最終年度のFCFを精緻に行わなければならないのです。
　前述しましたが、買収案件では、本章で紹介したプロセスを経て最終的な買収価格が決められます。そして、その買収価格と買収対象企業の純資産の金額との差額が「のれん」として買収側企業のB/Sに計上されることになります。のれんは、それだけの価値があるからB/Sに計上され続けるのです。逆に、M&A実施後に買収価格の前提となった事業計画を大きく下回る業績しか達成できないと判断された瞬間に減損損失の計上を迫られます。このように、DCF法によるバリュエーションは、その前提とした事業計画に対するコミットメントを表明することにほかならないのです。

6社クイズ B/SとP/Lには業種ごとの"型"がある 09

　ここまで、ファイナンスに必要な会計やキャラクター分析、DCF法によるバリュエーションを学んできました。いくら「ファイナンスを理解するために会計の知識が助けになる」と言われても、どうしてもちょっと退屈に感じられるのが会計の世界。でも、ここまで読み進めた読者の方は会計的なセンスも身についてきたのではないでしょうか。

　ということで、ここでは、いったん気分転換といきましょう。以下にクイズを用意しましたので、息抜きにチャレンジしてみてください。

　次ページのA社からF社は、東証1部に上場している以下の6社になります。

①伊藤忠商事
②JR東日本
③JT
④NTTドコモ
⑤日立製作所
⑥ヤマダ電機

　図表6-39はこれら6社のB/SとP/Lを示しています。6社のB/SとP/Lがどれかわかりますか？　ちょっと考えてみてください（解答は242ページに記載しています）。B/SとP/Lを見ただけで6社すべてわかった方は、すでに実務で場数を踏んだ方や会計的センスのある方でしょう。

　パッと見ただけでわからなかった方も、大丈夫。丹念に見ていけばB/SとP/Lに業種ごとの癖が現れていることに気づけるはずです。

　6社のB/SとP/Lの数字をビジュアル化したヒント①〜⑥（図表6-40〜45）には、6社それぞれの特徴が浮き彫りになっています。これらのヒントを手がかりにして、正解を導けるでしょうか？

6-39 どの会社のP/LとB/Sでしょう?

(単位：百万円)

A社		B社		C社	
P/L		**P/L**		**P/L**	
売上高	9,368,614	売上高	1,573,873	売上高	4,769,409
売上原価	(6,866,522)	売上原価	(1,135,758)	売上原価	(2,181,814)
売上総利益	2,502,092	売上総利益	438,114	売上総利益	2,587,595
販売費及び一般管理費	(1,787,462)	販売費及び一般管理費	(399,351)	販売費及び一般管理費	(1,614,331)
営業利益	714,630	営業利益	38,763	営業利益	973,264
その他の収益	12,068	営業外収益	15,646	営業外損益	123,361
その他の費用	(140,686)	営業外費用	(7,073)	税引前当期純利益	1,096,625
金融収益	7,005	経常利益	47,335	法人税等	(337,775)
金融費用	(11,243)	特別利益		持分法投資損益	(12,229)
持分法による投資損益	62,483	特別損失	(7,321)	非支配株主損益	(2,079)
受取利息	14,928	税引前当期純利益	40,014	当期純利益	744,542
支払利息	(20,539)	法人税等	(11,084)		
継続事業税引前利益	638,646	非支配株主損益	849	**B/S**	
法人税等	(131,708)	当期純利益	29,779	流動資産	3,037,146
継続事業当期純利益	506,938			現金預金	392,749
非継続事業当期損失	(16,020)	**B/S**		売掛金・受取手形	1,985,649
当期純利益	490,918	流動資産	538,676	たな卸資産	187,402
非支配株主損益	(127,930)	現金預金	52,040	その他の流動資産	471,346
親会社に帰属する当期純利益	362,988	売掛金・受取手形	45,968	固定資産	4,711,144
		たな卸資産	383,460	有形固定資産	2,596,030
B/S		その他の流動資産	57,208	無形固定資産・のれん	823,411
流動資産	5,151,800	固定資産	636,891	投資その他の資産	1,291,703
現金預金	697,964	有形固定資産	428,068	資産合計	7,748,290
売掛金・受取手形	2,501,414	無形固定資産	40,287		
たな卸資産	1,375,232	投資その他の資産	168,535	流動負債	1,494,158
その他の流動資産	577,190	資産合計	1,175,568	買掛金	888,722
固定資産	4,954,803			短期借入金・1年以内償還予定社債	111,632
有形固定資産	2,124,827	流動負債	307,221	その他流動負債	493,804
のれん・無形固定資産	1,054,370	買掛金・支払手形	98,550	固定負債	541,988
投資その他の資産	1,775,606	短期借入金・1年以内償還予定社債	132,337	長期借入金・社債	50,000
資産合計	10,106,603	その他流動負債	76,334	退職給付に関する負債	202,663
		固定負債	279,606	その他固定負債	289,325
流動負債	3,795,394	長期借入金・社債	198,942	負債合計	2,036,146
短期借入金	493,365	退職給付に関する負債	26,287	資本	
買掛金・支払手形	1,536,983	その他固定負債	54,377	資本金	949,680
その他流動負債	1,765,046	負債合計	586,827	資本剰余金	326,356
固定負債	1,799,538	資本		利益剰余金	4,789,229
長期借入金	811,664	資本金	71,058	その他	(384,856)
退職給付に関する負債	575,156	資本剰余金	84,608	非支配株主持分	31,735
その他固定負債	412,718	利益剰余金	500,164	資本合計	5,712,144
負債合計	5,594,932	その他	(69,158)	負債資本合計	7,748,290
資本		非支配株主持分	2,068		
資本金	458,790	資本合計	588,740		
資本剰余金	575,809	負債資本合計	1,175,568		
利益剰余金	2,105,395				
その他	138,030				
非支払株主持分	1,233,647				
資本合計	4,511,671				
負債資本合計	10,106,603				

(単位：百万円)

D社

P/L

売上高	2,950,156
売上原価	(1,891,897)
売上総利益	1,058,259
販売費及び一般管理費	(576,963)
営業利益	481,295
営業外収益	27,868
営業外費用	(69,194)
経常利益	439,969
特別損益	(18,375)
工事負担金等受入額	23,815
工事負担金等圧縮額	(23,135)
その他の損益	(19,055)
税引前当期純利益	421,594
法人税等	(130,104)
非支配株主損益	(2,532)
当期純利益	288,957

B/S

流動資産	1,003,376
現金預金	255,102
売掛金・受取手形	523,739
たな卸資産	62,512
その他の流動資産	162,023
固定資産	7,144,102
有形固定資産	6,500,745
無形固定資産	112,499
投資その他の資産	530,857
繰延資産	197
資産合計	8,147,676
流動負債	1,434,356
買掛金・支払手形	59,536
短期借入金・1年以内償還予定社債	288,963
その他流動負債	1,085,857
固定負債	3,838,767
長期借入金・社債	2,901,560
退職給付に関する負債	601,163
その他固定負債	336,044
負債合計	5,263,124
資本	
資本金	200,000
資本剰余金	96,729
利益剰余金	2,496,074
その他	66,527
非支配株主持分	25,222
資本合計	2,884,552
負債資本合計	8,147,676

E社

P/L

売上高	5,510,059
売上原価	(4,299,619)
売上総利益	1,210,440
販売費及び一般管理費	(890,276)
営業利益	320,164
その他の損	(26,060)
その他の金融損益	27,526
持分法投資損益	216,228
税引前当期純利益	537,858
法人税等	(106,138)
非支配株主損益	(31,387)
当期純利益	400,333

B/S

流動資産	3,923,361
現金	459,055
売掛金・受取手形	2,183,349
たな卸資産	870,352
その他の流動資産	410,605
固定資産	4,740,576
有形固定資産	813,294
無形固定資産・のれん	362,571
投資その他の資産	3,564,711
資産合計	8,663,937
流動負債	2,988,902
買掛金	1,825,859
短期借入金・1年以内償還予定社債	553,658
その他流動負債	609,385
固定負債	2,690,684
長期借入金・社債	2,367,233
退職給付に関する負債	97,955
その他固定負債	225,496
負債合計	5,679,586
資本	
資本金	253,448
資本剰余金	160,271
利益剰余金	2,324,766
その他	(69,002)
非支配株主持分	314,868
資本合計	2,984,351
負債資本合計	8,663,937

F社

P/L

売上高	2,139,653
売上原価	(843,558)
売上総利益	1,296,094
販売費及び一般管理費	(786,911)
持分法投資損益	6,194
その他営業収益	45,724
営業利益	561,101
金融収益	4,780
金融費用	(27,349)
税引前当期純利益	538,532
法人税等	(141,783)
非支配株主損益	(4,340)
当期純利益	392,409

B/S

流動資産	1,707,767
現金預金	285,486
売掛金・受取手形	431,199
たな卸資産	612,954
その他の流動資産	378,127
固定資産	3,513,717
有形固定資産	745,607
無形固定資産・のれん	2,370,385
投資その他の資産	397,725
資産合計	5,221,484
流動負債	1,478,623
買掛金	395,733
短期借入金・1年以内償還予定社債	398,182
その他流動負債	684,708
固定負債	900,833
長期借入金・社債	357,968
退職給付に関する負債	330,762
その他固定負債	212,103
負債合計	2,379,456
資本	
資本金	100,000
資本剰余金	736,400
利益剰余金	2,536,262
その他	(610,974)
非支配株主持分	80,340
資本合計	2,842,027
負債資本合計	5,221,484

第6章　DCF法による事業価値の算出方法（超実践版）

6-40 ヒント① P/Lボックス図

P/Lをそのまま見ても数字の羅列にしか見えませんが、このように売上高、売上原価、粗利（売上総利益）、販管費、営業利益というカタマリで見ると、儲けの構造がビジュアルで浮かび上がってきます。

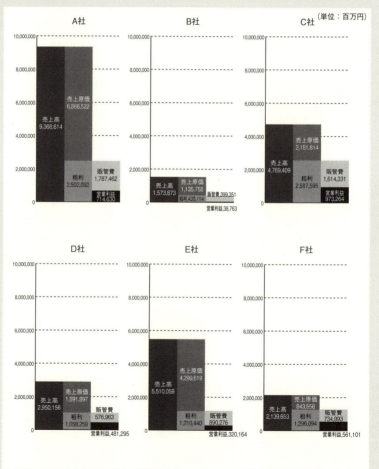

6-41 ヒント② P/Lの構成比

図表6-40と同じP/Lのボックス図ですが、売上高を100%とした場合の対売上高比率を示しています。これによって儲けの構造がよりビビッドに明らかになり、業種の特徴が一層浮かび上がってきます。業種の違いは利益率の高低の差となって表れます。
6社のうち、営業利益率が高くなるのはどこでしょう？

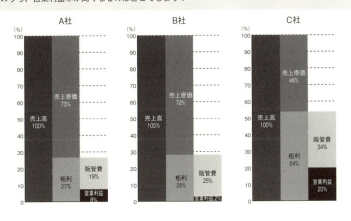

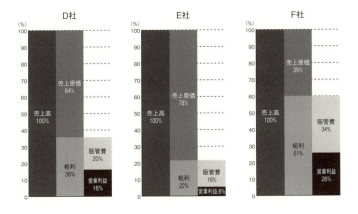

6-42 ヒント③ B/Sの内訳

B/Sの内訳について、総資産を「流動資産」「有形固定資産」「無形固定資産」「投資その他の資産」に、負債資本を「流動負債」「固定負債」「資本（純資産）」に分けてビジュアル化しています。

（単位：百万円）

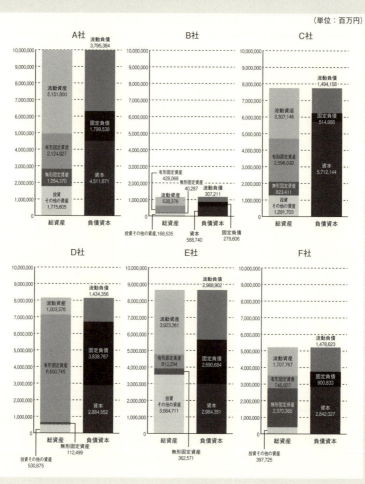

6-43 ヒント④ B/Sの構成比

図表6-41と同じB/Sの内訳ですが、総資産を100%とした場合の構成比を示しています。これによって、業種ごとのクセがよりビビッドに浮かび上がってきます。6社の事業内容をイメージしながら、B/Sにどのような特徴が表れるのか想像してみてください。

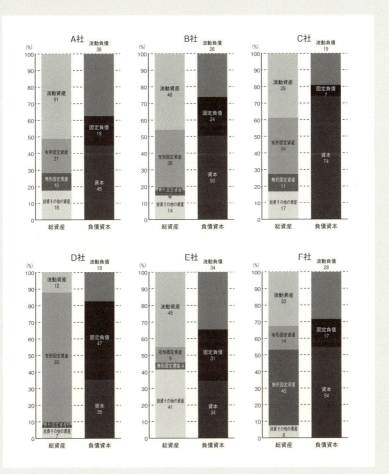

6-44 ヒント⑤ 総資産の内訳

総資産の内訳をさらに細かく分類しています。ヒント③と④だけでB/Sの特徴はわかると思いますが……

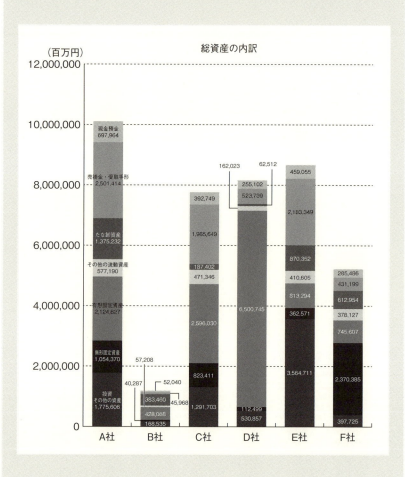

6-45 ヒント⑥ ROAの構成

おなじみのROA（営業利益率／総資産）が営業利益率（営業利益／売上高）と総資産回転率（売上高／総資産）に分解できることに着目し、6社のROAに関する営業利益率と総資産回転率の組み合わせをプロットしています。これを見ただけでB社は特定できますよね。

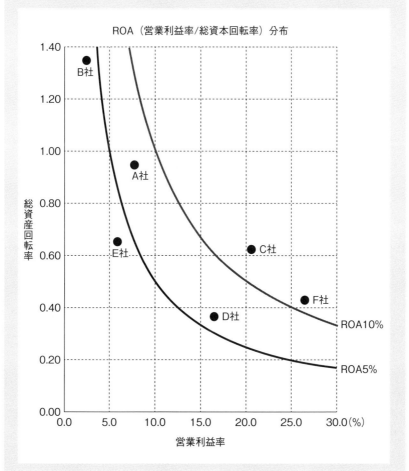

【正解】

A社：日立製作所
B社：ヤマダ電機
C社：NTTドコモ
D社：JR東日本
E社：伊藤忠商事
F社：JT

　6社のB/SとP/Lをどのように特定すればよいのかについては、図表6-46を確認してください。

6-46 ヒントから解釈すると…

ヒント①②

着目すべきなのは営業利益率。C社、D社、および、F社の営業利益率が突出して高いことが特徴。

日本の上場企業の営業利益率の平均は約6%のため、上場企業の中でも営業利益率が著しく高いのがこれら3社。営業利益率が高くなるのは、一般的に、高い参入規制や公共性の強い業界の中で寡占状態にあるケース。

その条件に該当するのは、JR東日本、JT、そして、NTTドコモ。

ヒント③④⑤

特徴的なのは、B社だけ総資産がとても小さいこと。6社の中で総資産が最も小さいのは小売業のヤマダ電機だろうと推測できる。小売業は製造業や鉄道会社などと違い、設備などの重厚な固定資産は必要とせず、店舗設備も自前の資産ではなく借り物である場合がほとんど。

特に、食品スーパーやコンビニなど商品の差別化要因が少なく利幅の薄い小売業では、商品などの在庫も仕入れたものからドンドン売って現金化しないと資金繰りが回らなくなる。したがって、小売業は他の業界と比べて総資産が小さくなる。

小売業は現金商売が基本。基本的に売掛金がほとんど発生しない。最近でこそクレジットカードや電子マネーで支払うことが日本でも増えてきたので、その分は売掛金が計上されるが相対的には小さくなる。また、仕入れた商品は数日のうちに販売されてなくなるため、在庫が長期間にわたって滞留しないことも小売業の特徴。

もう1つ特徴的なのは、D社の総資産に占める有形固定資産の割合が突出して高いこと、そして、E社の投資その他の資産が大きいこと。設備からなる有形固定資産がこれだけ重い業態といえば、鉄道会社や電力会社など。したがって、D社はJR東日本だということがわかる。

また、投資その他の資産が大きいのは、事業で関連する投資先の株式(投資有価証券)が大きいと推測されるため、事業投資をたくさん行っている業種＝総合商社である伊藤忠商事だろうと確信できる。D社がJR東日本だということは、C社とF社はJTとNTTドコモの2社のいずれかであると導くことができる。

F社のバランスシートでは無形固定資産が大きいのが特徴。これは企業を買収したときに計上された多額の「のれん」が含まれているため。したがって、F社は、企業買収の成功によって事業規模を拡大させてきたJTであるとわかる。1999年にRJRナビスコの海外たばこ事業を9,400億円で、2007年に英たばこ大手ギャラハーを2.2兆円で買収したJTのバランスシートには、のれんを含む2.4兆円の無形固定資産が計上されている。

最後に残ったA社が日立製作所となる。

ヒント⑥

どこで買っても大差ない商品を扱っているがゆえに高い利益率を取れないのが小売業の特徴。その分、資金を滞留させてしまうと商品仕入れ代金の支払いや出店に伴う設備投資のために銀行から調達した借入金の返済ができずに倒産してしまう。したがって、小売業は資金を効率よく使うことが求められる。6社の中で圧倒的に総資産回転率が高いのが小売業。B社がヤマダ電機であると導くことができる。

第7章
株式市場での同業他社の評価

6章で学んだDCF法によるバリュエーションは、理論的には優れている方法ですが、理論株価を求めるまでに時間を要します。実は、もっと簡単に理論株価を求める方法があります(ただし簡便法です)。それが本章で登場するCompsという方法です。

実は、筆者のようなファイナンスの専門家は、クライアントからM&Aの相談を持ち掛けられたとき、このCompsを使って瞬時に「この会社の価値はザックリこれくらい」という評価額を試算してクライアントに助言しています。実際、DCF法より使う場面も非常に多い強力な武器といえます。そんな便利なCompsはDCF法と違ってとってもシンプル。Compsのお作法さえマスターすれば、上司や取引先からの相談に対して、その場で気の利いたコメントを返せるようになるでしょう。

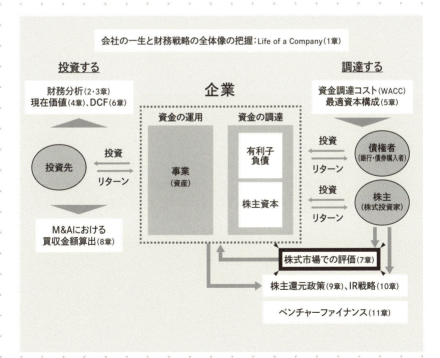

株式市場がどう評価しているのか理解するのがComps 01

　6章ではDCF法によるバリュエーションを学びました。これは企業が将来にわたってキャッシュを生み出す実力を評価するという考え方でした。企業が持っているポテンシャルの価値を理論的に算出する評価方法であり、企業の"稼ぐ力"に着目したアプローチと言ってよいでしょう。

　これに対して、「株式市場（投資家）が企業の価値をどう見ているか」を知るための評価方法が「類似会社比較法（類似業種比較法）」と呼ばれるものです。簡単に言ってしまえば、評価対象企業の価値について市場での"相場感"を把握しようという考え方です。こちらはマーケットの視点に着目したアプローチといえるでしょう。

　なぜ、相場感を把握する必要性があるのか。それは、DCF法による評価結果が相場感に合っているかどうかチェックするためです。DCF法によるバリュエーションは、最も理論的な企業価値評価の方法ですが、事業計画や各種のパラメータをどのように設定するかによって結果が大きく左右されます。ともすれば、バリュエーション担当者の独りよがりな結果を導いてしまう可能性すらある。そこで活躍するのが、本章で紹介する類似会社比較法（Comps）と呼ばれる方法です。

　不動産取引に詳しい方にとってはおなじみですが、取引対象とされる不動産の価格は、近隣で売買された取引事例から周辺土地の坪単価を算出し、それに面積をかけて「だいたいこのくらい」といった感じで決められていきます。坪単価は不動産の市場で形成されていきますので、まさに市場での相場感を割り出しているといえるでしょう。

　一般に、不動産取引の市場はクローズドなマーケットですから相場感がわかりにくいかもしれません。これに対して、オープンな株式市場で取引されている株の値段は簡単に知ることができるため、事業価値の相場感をつかむことは比較的簡単です。

この類似会社比較法は、評価対象企業の類似会社(Comparables)により相場感をはじくことから、投資銀行の現場では「Comps(コンプス)」と呼ばれています。また、株式市場で観測された市場倍率を使うことから「マルチプル法」(Multiple＝倍率)と呼ぶこともあります。本書では、以下Compsという用語を使っていくことにします。

Compsの手順

　実際にCompsを使って、どのように企業の価値をはじくのか解説していきましょう。具体的には、次の手順で進めます。

①評価対象会社と事業の性格・構造において類似する上場会社を選定する。
②類似会社の事業価値または株主価値、および、それらの会社の近い将来(通常、翌期や翌々期)のP/L関連項目(売上高、営業利益、EBITDA、当期純利益など)に関する予想データを収集する。
③類似会社の事業価値または株主価値がP/L関連項目の何倍で評価されているか(＝マルチプル)を算出し、そのマルチプルの平均値または中央値を求める。
④そのマルチプルの平均値または中央値を評価対象会社のP/L関連項目に乗じて事業価値または株主価値を算出する。

　Compsで使うマルチプルには、いくつかのバリエーションがあります。主だったものとしては、事業価値/売上高、事業価値/EBITDA、株主価値/当期純利益(＝PER)、株主価値/簿価純資産(＝PBR)などが挙げられます(**図表7-1**)。

7-1 Compsの種類

バリュエーションの目的と分母/分子の対応に注意すること

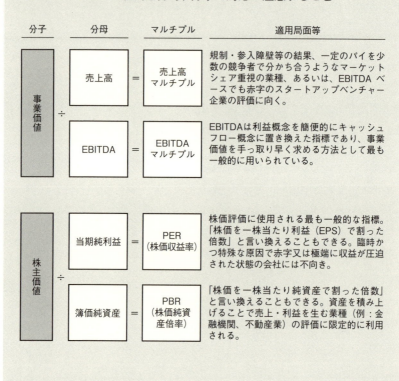

EBITDAマルチプル

　Compsの中でも、M&Aにおけるバリュエーションの実務で最も一般的に用いられている方法が事業価値/EBITDAで、「EBITDAマルチプル」と呼んでいます。なぜなら、EBITDAは営業利益に減価償却費を足し戻した数値であり、簡便的に求めたキャッシュフローといえるからです。つまり、キャッシュフローを生み出す実力を事業価値とみなすコーポレートファイナンスの基本的な考え方に最も整合的なのです。

　EBITDAマルチプルを求める手順は図表7-2に示すとおりで、計算プロセス自体はとても単純です。

　ただし、マルチプルを求める際に犯しがちなミスがありますので、1つだけ指摘しておきましょう。

　図表7-1を再び見ていただきたいのですが、分母と分子の対応の「意味」をきちんと理解しておくことが大切です。なにもマルチプルの数式を暗記する必要などまったくありません。

　事業価値は本業の事業が生み出す価値ですから、対応させる分母のP/L関連項目は、あくまで売上高やEBITDAになります。

　これに対して、株主価値は企業価値からデットを除いた価値、つまり、"株主だけが"受け取ることができる価値ですから、対応させる分母はEBITDAではなく、株主の分け前である当期純利益であり（簿価）純資産ということになります。

　分母と分子の対応を決して間違えないようにしてください。たとえば、事業価値/当期純利益や株主価値/EBITDAといった計算式は分母と分子が対応していないため、このような数式には何の意味もないことになります。

　なお、このCompsは、評価対象会社と事業の性格や構造が似た上場会社を

7-2 Compsの手順

$$\text{EBITDA倍率} = \frac{\text{事業価値}}{\text{EBITDA}} = \frac{\text{株主価値}+\text{ネットデット}}{\text{営業利益}+\text{減価償却費}}$$

ネットデット＝有利子負債－非事業価値

STEP1 選出した類似会社（上場企業）各社のEBITDA倍率を算出し、その平均値または中央値を求める。

STEP2 評価対象であるX社のEBITDAに類似会社の平均EBITDA倍率を掛けて、X社の事業価値を算出する

STEP3 ネットデットを差し引いて、株主価値を求める

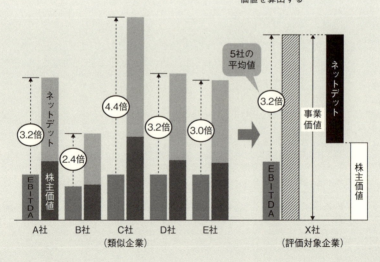

A社 3.2倍　B社 2.4倍　C社 4.4倍　D社 3.2倍　E社 3.0倍
（類似企業）

5社の平均値 3.2倍 → X社（評価対象企業）

どこにするかによってマルチプルの結果が変わってきます。したがって、類似会社の選択がポイントになります。

ちなみに、上場企業の一般的なEBITDAマルチプルの水準は、近年は10倍を超えることもありますが、歴史的に概ね8倍前後になっています(他にもビジネスパーソンとしてキラリと光るために覚えておくと便利な数字一覧を12章にまとめていますので参照ください)。この数字はM&Aの現場で簡易的に評価対象会社の価値をざっくり算出したいときに大変便利なので覚えておくと必ず武器になります。

ちなみに、2017年10月6日の終値と国内に上場する全企業の直前決算データに基づいて計算したEBITDAマルチプル(実績ベース)は、平均値で11.7倍、中央値で8.4倍となっています(図表7-3)。

PERとPBR

バリュエーションの実務でCompsを行う場合、EBITDAマルチプルを使うことが広く浸透していますが、一般のビジネスパーソンや個人投資家にとっては、むしろ「株価収益率(PER)」と「株価純資産倍率(PBR：Price Book-value Ratio)」の方がなじみがあるのではないでしょうか。

PERはPrice Earnings Ratioの頭文字を取ったものであり、株価が一株当たり純利益の何倍を付けているかを示した指標です。感覚的には「自分が買った株価は何年分の一株当たり利益で回収できるのか」といったイメージで理解するとよいでしょう。

すでに3章でも見たとおり、上場企業の平均的なPERは歴史的に概ね15倍といったところです。一般的に「PER」という場合、株価を一株当たりの「予想」当期純利益で割って計算した数値です。予想ベースのPERが一般的となっているのは、エクイティ投資が将来のポテンシャルを予想して行われるも

7-3　上場企業のEBITDAマルチプル（2017年10月）

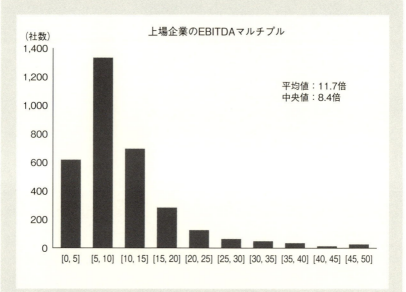

注1）日本の上場企業のEBITDAマルチプルを直前期の決算数値に基づいて算出
注2）なお、EBITDAマルチプルが50超と0未満は表示していない
注3）対象は国内の全上場銘柄

のであるという基本的な発想があるからです(株主は過去の利益を享受できるわけではありません)。ただ、日経新聞などでは実績数値も参考値として並べて表記しており、投資銀行のバンカーも実績数値ベースのPERを参考までに必ずチェックするようにしています。

このPERは、市場全体のセンチメントが落ち着いていると15倍付近になりますし、景気や投資家の期待が過熱してくると20倍くらいの水準に達するといった具合に変動しています。Yahoo!ファイナンスや日経新聞ウェブ版会社情報などを見ると、上場企業各社のPERが掲載されていますので覗いてみてください。

EBITDAマルチプル同様、PERについても2017年10月6日の終値と国内に上場する全企業の直前決算データに基づいて筆者が計算してみたところ、平均値で36.7倍、中央値で16.1倍となりました(図表7-4)。平均値だと値の大きい銘柄に左右されるので、中央値の方がより実感に近いでしょう。

なお、東証1部全銘柄のみを対象とした2018年12月18日付の日経新聞朝刊のマーケット総合面に掲載されているPERは前期実績ベースで13.33倍、当期予想ベースで13.45倍となっています。

株式投資をやっている人はすでによくご存じだと思いますが、このPERは収益性や成長性が高いほど大きくなる傾向があります。つまり、収益性や成長性というキャラが立っている企業ほど株式市場ではモテることを意味しています。

設立間もないベンチャー企業がひしめく新興市場に上場している企業の中には、30倍、50倍という銘柄もありますし、中には100倍を超えるPERを誇る銘柄もあります。もっとも、未来永劫著しく高い成長率を享受できる企業はないでしょうから、成長曲線が緩やかになってくるにつれてPERも平均的な水準に収斂されていきます。

7-4 上場企業のPER（2017年10月）

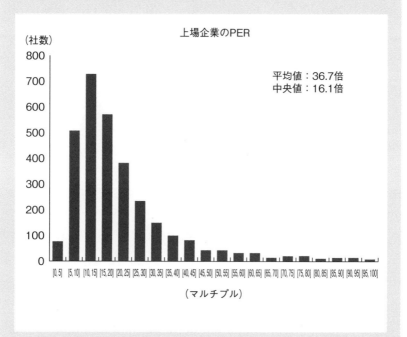

注1）日本の上場企業のPER直前期の決算数値にもとづいて算出
注2）PERが100超と0未満は表示していない
注3）対象は国内の全上場銘柄

もう1つのPBRは、Price Book-value Ratioの略であり、株価が一株当たり簿価純資産の何倍を付けているかを示した指標です。PERが当期純利益というP/Lのフロー概念に着目しているのに対して、PBRはB/Sの簿価純資産というストック概念に着目しており、両者は対照的な指標となっています（図表7-5）。

伝統的な製造業や小売業など重厚長大産業に属する企業は、多額の固定資産を保有しているため、どうしてもPBRは小さくなる傾向にあります。これに対して、重たい設備資産を持たないIT系のベンチャー企業やサービス業の多くはB/Sが軽く簿価純資産も小さいためPBRは大きくなる傾向にあります。

融資先に対して資金を貸し出すことによって利息収入を得る銀行業、商業ビルやマンションを建てて企業や個人に賃貸することによって家賃収入を得る不動産業など、資産を積み上げて売上を稼ぐビジネスモデルにおいては、

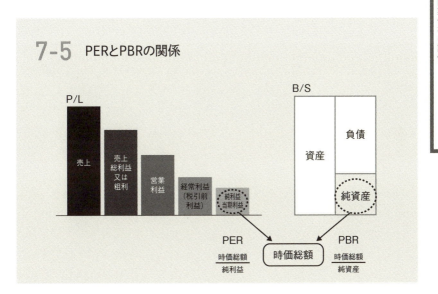

7-5 PERとPBRの関係

資産と利益の間に密接な関係があります。そのような前提の下ではPBRにそれなりの意味があるといえます。

　しかしながら、IT業界が典型ですが、それ以外の業種については、資産を積み上げることと利益を生むことの間には直接的な関係性は薄いと考えてよいでしょう。さらに、バブル崩壊の傷が癒え始める2000年以降は、不動産ビジネスにおいても自社物件を建設する段階から証券化によって資産を自社のB/Sから切り離して軽くしたり、銀行も融資以外の手数料ビジネスの比重を増やしてきたり、といった形で事業構造の転換を図っています。そのため、このような業界でもPBRの重要性が以前と比べて相対的に低下しているといえます。

　したがって、コーポレートファイナンスの世界では、PBRについて「上場企業の平均的な水準がどのくらいか」にはそれほど関心を持たれていません。唯一、PBRに関して株式市場が気にしているのは「1を下回っていないか」という点です。PBRが1を下回っているということは、時価総額が簿価純資産より小さいことを意味します。そうなると、投資家にとっては、会社を解散して資産をすべて売り払ってキャッシュに換え、そのキャッシュで負債を債権者に全部支払い、残ったキャッシュを株主に配当した方が得をします。端的に言えば、投資家がその企業の経営陣に対して「もう事業をやめて会社をたたみなさい」と伝えているような状況です。経営陣としては"屈辱"と言ってよいでしょう。

　実際、総資産のうち現金保有の比率が高い"キャッシュリッチ"でありながらPBRが低水準に沈んでいる企業は「アクティビスト」と呼ばれる物言う株主に狙われる格好のターゲットになります。PBRが低いということは、キャッシュを事業投資にうまく活用できず、株主が期待するようなリターンを上げられていない状態です。そんな企業に対してアクティビストが主張するのは、「リターンを上げる事業にもっと投資しろ。さもなければ株主に配当（または自社株買い）しろ」なのです。

PERもEBITDAマルチプルも 成長性と収益性に応じて高くなる　02

　3章の「04株式市場はキャラクターをどう評価するか」でも触れましたが、PERにしてもEBITDAマルチプルにしても、基本的には成長性と収益性が高い業界ほど大きくなる傾向にあります。また、同じ業界の中でも成長性と収益性が高い銘柄ほど大きくなる傾向があります。

　それを確かめるために、2017年10月のある日のアパレル業界10社の成長性・収益性と予想PERの関係を図表にプロットしてみました(図表7-6)。

　すると、どうでしょう？　なんとなく右肩上がりの一直線上にすべての銘柄がプロットされているように見えなくもありませんが、困ったことに必ずしもそうとは言えませんね。

　16.7%の予想営業利益率を誇るエービーシー・マートは収益性がきわめて高いにもかかわらず、予想PERが17.3倍と「普通」な感じです。同社は2018年2月期まで5期連続で最高益を見込んでいるにもかかわらず、株式市場の評価がパッとしないのはなぜか。市場参加者の思惑が詰め込まれた株価は正直ですので、何か説明可能な理由があるはずです。

　その理由を探っていくと、電通新入社員の過労自殺に端を発した違法残業問題に関連してエービーシー・マートも書類送検されたこと、2017年3-5月期の四半期純利益が前年同期比1%減だったことなどが嫌気されて2017年6月以降、株価が下落していたことがわかります。

　なお、このようなマルチプルの散布図において、大きく数値が異なる企業が存在する場合は、そういう外れ値を除いた散布図で確認すると、より理解しやすくなることもあります。

　一方、同じ時点の外食業界を見てみると、これがとても興味深いのです(図表7-7)。

　ひとくちに外食業界といってもハイデイ日高のような高収益体質の銘柄もありますし、ペッパーフードサービスのような高成長を誇る銘柄もあります。

7-6 アパレル業界10社の予想PERと成長性、収益性の関係

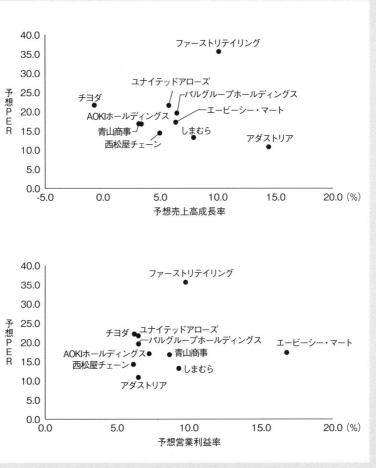

注1) 各社の直前決算期の決算短信に基づいて予想売上高成長率と予想営業利益率を算出
注2) 予想PERは2017年10月16日の日経新聞web版会社情報より

7-7 外食業界の予想PER（2017年10月）

順位	企業名	予想PER（倍）	順位	企業名	予想PER（倍）
1	フレンドリー	2,971.4	48	ジョリーパスタ	35.8
2	グローバルダイニング	1,360.0	49	きちり	34.8
3	かんなん丸	1,203.8	50	東和フードサービス	34.8
4	ワタミ	580.4	51	アークランドサービスホールディングス	33.6
5	梅の花	365.3	52	クリエイト・レストランツ・ホールディングス	32.9
6	アトム	307.5	53	日本マクドナルドホールディングス	32.8
7	テンアライド	265.8	54	チムニー	32.0
8	大庄	236.4	55	ゼンショHD	31.7
9	魚喜	187.4	56	ワイエスフード	31.5
10	東京一番	172.4	57	ハイデイ日高	30.3
11	ジェイグループホールディングス	139.9	58	ライフフーズ	30.1
12	うかい	137.6	59	フジオフードシステム	29.9
13	幸楽苑HD	128.0	60	日本KFCホールディングス	29.9
14	マルシェ	110.8	61	DDホールディングス	29.4
15	JBイレブン	108.9	62	バルニバービ	29.4
16	ヴィア・ホールディングス	97.1	63	ハチバン	28.3
17	ジー・テイスト	89.3	64	WDI	28.2
18	ペッパーフードサービス	79.0	65	ダイナック	27.4
19	ホットランド	78.2	66	トリドール	27.3
20	エスエルディー	76.8	67	ワイズテーブルコーポレーション	26.3
21	安楽亭	72.4	68	鳥貴族	26.1
22	SRSホールディングス	69.5	69	精養軒	25.4
23	フジタコーポレーション	68.8	70	ヨシックス	25.3
24	串カツ田中	68.6	71	ココスジャパン	24.2
25	グルメ杵屋	68.0	72	ハブ	23.9
26	東天紅	62.9	73	丸千代山岡家	23.7
27	サガミチェーン	60.7	74	カルラ	23.3
28	木曽路	59.2	75	銚子丸	23.2
29	吉野家HD	57.9	76	プレナス	22.6
30	海帆	57.5	77	くらコーポレーション	22.4
31	力の源ホールディングス	55.2	78	アスラポート・ダイニング	22.3
32	イートアンド	54.7	79	ブロンコビリー	21.4
33	コロワイド	53.4	80	王将フードサービス	21.4
34	関門海	50.8	81	サイゼリヤ	20.9
35	大戸屋フードサービス	48.9	82	SFPホールディングス	20.8
36	フライングガーデン	48.3	83	銀座ルノアール	20.2
37	ユナイテッド＆コレクティブ	47.4	84	物語コーポレーション	18.6
38	モスフード	46.9	85	ドトール・日レスホールディングス	18.3
39	カッパクリエイト	44.8	86	すかいらーく	17.2
40	不二家	43.4	87	コメダホールディングス	17.0
41	壱番屋	42.0	88	スシローグローバルホールディングス	16.9
42	元気寿司	39.8	89	あみやき亭	15.7
43	ジョイフル	39.7	90	サンマルクホールディングス	15.3
44	小僧寿し	39.0	91	ひらまつ	14.7
45	ロイヤルHD	37.5	92	エー・ピーカンパニー	14.0
46	リンガーハット	37.3	93	一六堂	12.5
47	松屋フーズ	36.0		平均値	121.0
				中央値	36.0

注）予想PERは2017年10月16日の日経新聞web版会社情報より

しかしながら、外食業界といえば、競争が激しく高収益を享受しにくいですし、少子高齢化でパイは増えにくいという構造的な課題を抱えています。それでも、予想PERは、平均値で121.0倍、中央値で36.0倍と常識的な理解を超えるほど高い数値を記録しています。

2017年10月23日、日経平均株価は15日連続で続伸し、過去最長の連続上昇記録を達成しました。翌24日には、さらに記録を更新、16日連続の続伸となり、1996年7月11日以来21年ぶりの高値圏に届きました。市場全体のセンチメントが盛り上がると、株式市場では、このような"例外的現象"も見られるわけです。

外食業界は、食事券など株主優待制度が手厚く実質的な投資利回りが高いため(株主優待制度によって株価が高止まりすることは後ほど説明します)、財務分析的なキャラ以外の魅力が大きい銘柄群でもあります。

センチメントが盛り上がったところでは、特に個人投資家の買い意欲を引き出しやすく、株価が上がりやすい(PERが高くなりやすい)といった面があります。

カレンダライズ（Calendarize） 03

　バリュエーションでCompsを使う場合、EBITDAマルチプルでもPERでも予想ベースの数値を求めるのが基本です。とはいえ、企業も生き物ですから簡単に突然変異するわけもなく、過去からの延長線上で企業の将来を予想するのは、ごく自然な考え方でしょう。そのため、実務上は実績ベースのCompsも必ずチェックしています。

　その際、Compsで使う実績値について、実務上、直近の本決算ではなく直近12ヶ月の当期純利益やEBITDAを計算することがあります。

　たとえば、バリュエーションを9月1日に実施するというケースを想定しましょう。Compsで選んだ銘柄が3月決算という場合、9月の時点では前期の3月決算から時間が経過しており、バリュエーションで使う情報としては少々古くなっています。9月1日の時点では6月末に終了する第1四半期（4月1日から6月30日まで）の決算が公表されているため、前期の7月1日から当期の6月30日までの12ヶ月間に関する実績値を用います。

　このように四半期決算の実績値を使って算出する直近12ヶ月のデータのことをLast Twelve Monthの頭文字を取って「LTM」、そして、このLTMを求める作業のことを「カレンダライズ（Calendarize）」と呼んでいます。

　LTMの具体的な計算プロセスは**図表7-8**のようになります。

　まず、前期の本決算の数値から前期の第1四半期の数値を控除し、前期の7月1日から3月31日までの9ヶ月間の数値を出します。そして、それに当期の4月1日から6月30日までの第1四半期の数値を加算します。

7-8 カレンダライズの考え方

本決算期のデータを用いるのが適当でないケースでは、四半期決算のデータを用いて調整（Calendarize）を行う

【例】比較対象企業の本決算（X1期）が3月であるのに対して、バリュエーション実施日がX2期の9月1日という場合

X1期の本決算に関する情報は古い。9月1日の時点ではすでにX2期の第1四半期（4/1～6/30）に関する情報が公表されているため、CompsではX1期7/1～X2期6/30までの12ヶ月間（LTM: Last Twelve Months）に関するデータを用いる

【例】X2期の第1四半期までのデータを用いるケース

眼鏡業界の
EBITDAマルチプル

04

　2013年4月時点において、ビジネスモデルの類似した眼鏡業界では、メガネトップ、ジンズ、三城ホールディングスの3社のほか、愛眼とメガネスーパーを合わせた5社が上場していました。

　店舗数や売上規模、オリジナル商品が売上高に占める割合では差がありますが、オリジナル商品を発注先の工場に製造を委託し、仕入れた商品を店舗やオンラインショップを通じて販売するという基本的なビジネスモデルは同じとみなしてよいでしょう（図表7-9）。

　したがって、これら5社のデータを取ってきてCompsを行うことになります。

　ここでは、メガネトップがMBOを公表した2013年4月15日をCompsの基準日とします。せっかくLTMについて触れましたので、実績ベースのEBITDAマルチプルはカレンダライズしたLTMを用いることにしましょう。

　3月決算の三城ホールディングス、愛眼、メガネトップの3社は2013年3月期の第3四半期（2012年4月1日から2012年12月31日まで）の決算を公表しているため、2012年1月1日から2012年12月31日までの12ヶ月間のLTMを計算します。4月決算のメガネスーパーは2012年2月1日から2013年1月31日まで、8月決算のジンズは2012年3月1日から2013年2月28日までのそれぞれのLTMを計算します（図表7-10）。

　なお、EBITDAの予想値（ただし、減価償却費の予想値は不明なためLTMを使用）については、会社四季報に記載されているデータを用いています。このようにして完成させた眼鏡業界のCompsが図表7-11です。

　EBITDAマルチプルに関して、LTMベース、進行期（当期）の予想値ベース、翌期の予想値ベースという3種類の算出結果を示しています。また、参考までにPERについても同様に計算しています。

　前述したとおり、上場企業の平均的なEBITDAマルチプルの水準は概ね8倍くらいです。そんなことを頭に入れながら図表7-11を眺めてみると、ジ

7-9 眼鏡業界の店舗数と売上高

眼鏡業界において、ビジネスモデルの類似した上場企業は以下の5社

	展開ブランド	店舗数	売上高
三城ホールディングス	パリミキ メガネの三城 金鳳堂	1,084店	55,419百万円
愛眼	メガネの愛眼	241店	16,150百万円
メガネトップ	眼鏡市場 ALOOK	666店	67,664百万円
メガネスーパー	メガネスーパー Hatch	341店	15,969百万円
ジンズ	JINS	236店	36,554百万円

店舗数、売上高については、三城ホールディングス、愛眼、メガネトップは2013年3月末、メガネスーパーは2013年4月末、ジンズは2013年8月末の数字を用いている

7-10　各社のカレンダライズ

メガネトップがMBOを公表した2013年4月15日をCompsの基準日とする

	決算期	2013/4/15までに公表されている四半期決算	カレンダライズにより用いるデータの対象期間
三城ホールディングス	3月	2013年3月期 第3四半期 (〜2012/12/31)	2012/1/1 〜 2012/12/31
愛眼			
メガネトップ			
メガネスーパー	4月	2013年4月期 第3四半期 (〜2013/1/31)	2012/2/1〜2013/1/31
ジンズ	8月	2013年8月期 第2四半期 (〜2013/2/28)	2012/3/1〜2013/2/28

7-11 眼鏡業界のComps

Comps（マルチプルの算出）
直近LTM実績＆当期・翌期予想

（単位：百万円）

会社名	三城	メガネスーパー	愛眼	ジンズ	メガネトップ	平均値	中間値
証券コード	7455	3318	9854	3046	7541	NA	NA
決算期	3月	4月	3月	8月	3月	NA	NA
EBITDA（実績）	1,656	(1,440)	(1,335)	6,496	9,705	NA	NA
EBITDA（当期予想）	2,529	(117)	(1,214)	5,832	10,727	NA	NA
EBITDA（翌期予想）	3,529	283	(364)	7,432	11,527	NA	NA
当期純利益（実績）	(744)	(2,721)	(2,865)	2,824	4,699	NA	NA
当期純利益（当期予想）	600	(940)	(2,450)	2,400	5,400	NA	NA
当期純利益（翌期予想）	950	0	(700)	3,200	5,600	NA	NA
余剰金融資産	12,730	0	4,639	6,464	1,830	NA	NA
非事業用資産	6,000	207	2,725	409	1,296	NA	NA
有利子負債	5,344	8,771	485	3,651	2,925	NA	NA
非事業用負債	842	1,194	529	632	1,691	NA	NA
未認識退職給付債務	0	0	0	0	0	NA	NA
非支配株主持分	239	0	0	0	0	NA	NA
優先株式		1,050				NA	NA
時価総額	26,567	1,779	6,231	119,883	63,077	NA	NA
事業価値	14,262	12,588	(119)	117,293	64,567	NA	NA
EBITDA倍率（実績）	8.6x	−8.7x	0.1x	18.1x	6.7x	4.9x	6.7x
EBITDA倍率（当期予想）	5.6x	−107.2x	0.1x	20.1x	6.0x	−15.1x	5.6x
EBITDA倍率（翌期予想）	4.0x	44.6x	0.3x	15.8x	5.6x	14.1x	5.6x
PER（実績）	−35.7x	−0.7x	−2.2x	42.4x	13.4x	3.5x	−0.7x
PER（当期予想）	44.3x	−1.9x	−2.5x	50.0x	11.7x	20.3x	11.7x
PER（翌期予想）	28.0x	—	−8.9x	37.5x	11.3x	—	—

注1）事業価値＝時価総額＋有利子負債＋非事業用負債＋未認識退職給付債務＋非支配株主持分＋優先株式−余剰金融資産−非事業用資産
注2）未認識退職給付債務は、未積立退職給付債務からB/Sに計上している退職給付引当金を控除して算出（簿外債務のため、株主価値を求める際は企業価値から控除する）
注3）余剰金融資産は現金と有価証券の残高から予想売上高の5％とみなした必要手許現預金を控除して算出
注4）実績EBITDAは直近の決算数値に基づき、（営業利益＋減価償却費）で算出
注5）予想EBITDAは会社四季報より、（予想営業利益＋予想減価償却費）で算出。ただし、予想減価償却費については直近実績値を使用
注6）実績の財務数値は有価証券報告書、四半期報告書より入力
注7）株価は2013年4月15日の終値を使用

ンズが高く評価されている一方、メガネトップは上場企業の平均的なレベルにも満たずに低く評価されていることがあらためて浮き彫りになります。

　ちなみに、6章でDCF法によるメガネトップの事業価値を求めましたよね。その事業価値の感応度の表(204ページの**図表6-26**)を、このEBITDAマルチプルで検証してみたのが**図表7-12**です。DCF法で求めた事業価値を同社のEBITDAで除してみて、DCFベースでのEBITDAマルチプルと大きく離れていないかリアリティをチェックするのです。

　これによると、DCF法によって求めた理論的な事業価値は、市場での業界平均(あるいは中央値)のEBITDAマルチプルよりも高いようにも見えます。通常、こういう場合、DCF法で求めた事業価値が過大に評価されすぎているのではないかと疑うことになるのですが、6章でも議論したように、この業界では当時は三城ホールディングス、愛眼、メガネスーパーのどれも業績が低迷している状況でしたので、業界平均(あるいは中央値)とメガネトップのDCF法による理論的な事業価値を比較することが妥当かという疑問が出ます。おそらくは、比較すべきはジンズ1社でいいはずです。

　図表7-12のEBITDAマルチプルを見ると、予想ベースで8.9倍という水準ですから、メガネトップのDCF法によるバリュエーション結果はリーズナブルな範囲にあると考えてよいでしょう。

　このように、事業価値の算出では単にDCFで理論的に算出するのみならず、常に株式市場と照らし合わせながらの最適解を模索していくのです。理論値→市場株価→理論値→市場株価……を何度も往復することになります。

7-12 メガネトップのDFCベースのEBITDAマルチプル

DCF法によるバリュエーション結果に基づくEBITDAマルチプル
直近LTM実績＆当期・翌期予想

マルチプル（直近LTM実績ベース）

		EBITDAマルチプル（永続成長率）				
		0.000%	0.250%	0.500%	0.750%	1.000%
WACC	5.050%	8.9	9.3	9.8	10.3	10.8
	5.100%	8.8	9.2	9.6	10.1	10.7
	5.150%	8.7	9.1	9.5	10.0	10.6
	5.200%	8.6	9.0	9.4	9.9	10.4
	5.250%	8.5	8.9	9.3	9.8	10.3

マルチプル（当期予想ベース）

		EBITDAマルチプル（永続成長率）				
		0.000%	0.250%	0.500%	0.750%	1.000%
WACC	5.050%	8.0	8.4	8.8	9.3	9.8
	5.100%	8.0	8.3	8.7	9.2	9.7
	5.150%	7.9	8.2	8.6	9.1	9.6
	5.200%	7.8	8.1	8.5	9.0	9.4
	5.250%	7.7	8.0	8.4	8.9	9.3

マルチプル（翌期予想ベース）

		EBITDAマルチプル（永続成長率）				
		0.000%	0.250%	0.500%	0.750%	1.000%
WACC	5.050%	7.5	7.8	8.2	8.6	9.1
	5.100%	7.4	7.7	8.1	8.5	9.0
	5.150%	7.3	7.7	8.0	8.4	8.9
	5.200%	7.2	7.6	7.9	8.3	8.8
	5.250%	7.2	7.5	7.8	8.2	8.7

第8章

M&Aにおける買収金額の決め方

「で、いったい買収金額はいくらにすればいいんですか?」

投資銀行で勤務していた頃、あるM&A案件を担当していたときのクライアントの言葉です。DCFやCompsなどで、「●円〜●円が妥当な理論株価である」という結論にはたどり着けます。しかし、売り手に提示する買収価格は1つです。レンジで提案することはありません。本章では、バリュエーションによって理論的に算出した買収対象企業の株価レンジをもとに最終的な買収金額を決定する際に考慮すべきポイントについて説明していきます。

さらに、ファイナンスの視点からM&Aの効果をどのように測るべきか、株式市場に評価されるM&Aとはどのようなものかについても検討します。これはファイナンス戦略上、自社にとって意義のある買収であると投資家に説明するためのIR活動に必要なお作法になります。

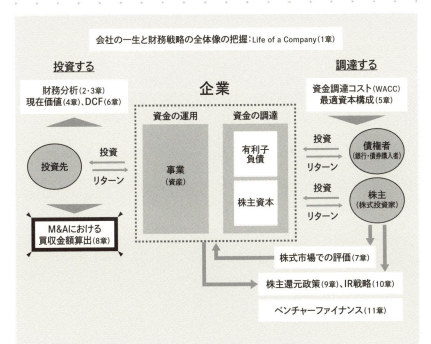

買収金額の相場　01

グローバルM&Aの買収金額は上昇傾向

　上場企業の株式市場で観測されるEBITDAマルチプルが8倍程度であることは前述したとおりです。これに対して、グローバル市場でのM&A事例から算出されるEBITDAマルチプルは近年上昇傾向にあり、2017年は史上最高を記録しています。

　たとえば、2017年4月にLVMH（フランス）がディオール（フランス）の26％の株式を121億ユーロで買い取った案件のEBITDA倍率は15.6倍、同時期に医療用品大手ベクトン・ディッキンソン（アメリカ）が同業のCRバード（アメリカ）を240億ドルで買収した案件では26.6倍、精肉最大手タイソン・フーズ（アメリカ）が調理済み食品製造のアドバンスピエール・フーズ（アメリカ）を32億ドルで買収した案件では14.0倍、同年5月に高級ハンドバッグメーカーのコーチ（アメリカ）が同業のケイトスペードを24億ドルで買収した案件では9.9倍となっています。

　トムソンロイター社の集計によると、2017年1-9月に実施されたグローバルM&AのEBITDAマルチプルは14.8倍となっています。中でもアメリカ16.2倍、カナダ15.2倍、日本を除くアジア17.6倍となっており、株式市場での相場に比べるとずいぶんと高くなっていることが明白です（図表8-1）。

　日本のM&A市場では10.5倍と、グローバル市場に比べて高値での案件が少ないように見えますが、実は、日本企業が関与する海外企業の大型買収では買収金額が高くなっています（図表8-2）。

　本質的には、"高値での買収金額＝買収の失敗"となるわけではありません。しかしながら、高い金額で買収するということは、ゲーム開始時に0－1で始まるサッカーの試合に負けている側として参加するようなもので、それだけ

8-1 M&Aにおける買収金額のEBITDAマルチプルの各国比較（2017年）

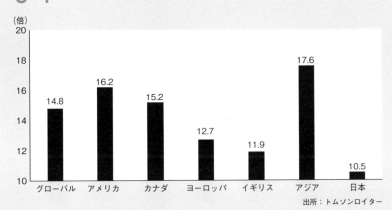

	グローバル	アメリカ	カナダ	ヨーロッパ	イギリス	アジア	日本
(倍)	14.8	16.2	15.2	12.7	11.9	17.6	10.5

出所：トムソンロイター

8-2 日本企業の海外M&A案件でのEBITDAマルチプル

海外企業の買収はコストが高くなりがち

買い手企業	買収対象	買収金額	EBITDA倍率
ソフトバンクグループ	英アーム・ホールディングス	約3兆3,000億円	55.93
コマツ	米ジョイ・グローバル	3,100億円	33.24
ルネサスエレクトロニクス	米インターシル	3,600億円	31.33
アサヒグループホールディングス	アンハイザー・ブッシュ・インベブの東欧5ケ国ビール事業	8,700億円	14.78
SOMPOホールディングス	米エンデュランス・スペシャルティホールディングス	7,000億円	11.97

注）2016年度の日本企業による主な大型買収案件。ディールロジック調べ

出所：2017年4月22日付 日本経済新聞より

高い業績を達成させなければ買収を正当化できないことになります。

買収にはクールな判断が必要

　過去に行われた日本企業による海外企業の大型買収を振り返ってみると、軒並みEBITDA倍率が高くなっています(figure8-3)。

　中には、JTによるギャラハーの買収のように日本企業による海外M&Aの成功事例として金字塔のように高く評価されている案件がある一方、残念ながら、東芝によるウェスチングハウスの買収や第一三共によるランバクシー・ラボラトリーズの買収のように、その後、巨額の減損損失を計上するに至ったケースも少なくありません。日本郵政がトールホールディングスを買収した直後の2017年3月期に多額の減損損失を計上した事例も記憶に新しいところです。

　買収金額の多寡が必ずしも買収案件そのものの成否を決定づけるものではありませんが、買収金額が高ければB/Sに計上する「のれん」も大きいわけですから、それだけ減損損失になってしまった場合のマイナスインパクトが大きくなることにはやはり注意が必要でしょう。

　日本企業は、リーマンショック以降、手許のキャッシュを増やしてきた経緯から、2017年9月末時点で国内事業会社が保有する現金預金は258兆円にものぼります。こんなに豊富な手許キャッシュを抱える一方、ROEが低いという日本企業に対する国内外の投資家によるプレッシャーが強いため、経営陣を近視眼的に株主還元と巨額買収へと駆り立ててしまうおそれが常にあります。

　フィナンシャルアドバイザーとして多くの案件に携わってきた筆者の経験から言えるのは、買収案件に関与する経営陣やプロジェクトメンバーが一度真剣に検討し始めた買収案件を途中でやめるという意思決定をするのは難し

8-3 日本企業の買収が大型化しているものの……

買収後の経営がうまくいかず、巨額の減損損失を計上せざるを得ないケースも多い

買収企業	買収対象企業	金額	時期	EBITDA倍率	その他の状況
東芝	ウエスチングハウス(米)	6,400億円	2006年	不明	7,166億円の減損損失/2017年WH社の破たん処理開始決定
日本板硝子	ピルキントン(英)	6,000億円	2006年	18.3	買収後10年のうち7期が赤字
JT	ガラハー(英)	2.2兆円	2007年	13.6	海外M&Aの成功例として評価
第一三共	ランバクシー・ラボラトリーズ(インド)	5,000億円	2008年	31.3	2009年3月期に3,513億円ののれんを減損損失
キリンホールディングス	スキンカリオール(ブラジル)	3,000億円	2011年	50.8	1,140億円の減損損失を計上のうえ、ハイネケンに売却・撤退
武田薬品工業	ナイコメッド(スイス)	1.1兆円	2011年	11.3	
サントリーホールディングス	ビーム(米)	1.6兆円	2014年	24.1	
日本郵政	トールホールディングス(豪)	6,200億円	2015年	10.9	2017年3月期に3,923億円ののれん&商標権を減損損失
ソフトバンクグループ	アーム・ホールディングス(英)	3.3兆円	2016年	53.6	

注）EBITDA倍率は、著者が各社公表資料より計算

買収金額が高い（のれんが大きい）分、減損の損失額も大きい

い、ということです。一歩離れてクールに考えれば「この買収金額は高すぎるよね」と判断できそうなものですが、案件を目の前に差し出されていったん前のめりになってしまうと、「同業他社に取られたら困る」「こんなチャンスは二度とない」「今期中に何かやらねば」といった強迫観念にも似たような思い込みに縛られ、後に引き返せなくなってしまうようです(投資しろとプレッシャーをかける投資家とメディアの影響もあります)。

　これについては、日本で最も多くの買収を成功させ、M&Aを成長のエンジンにしてきたともいえる日本電産のM&Aポリシーが参考になるかもしれません。
　同社の永守CEOは、2017年4月25日付日本経済新聞の記事の中で「52回の買収で一度も減損損失を計上していない」とした上で、買収を成功させる秘訣として「価格、経営への関与、相乗効果が買収戦略の3つのポイント」を挙げ、「高値づかみしないことが大切だ」とコメントしています。
　日本電産は、2017年1月、エマソン・エレクトリック社(アメリカ)のドライブ事業を買収しました。同社としては過去にない大型買収でしたが、この案件でもEBITDA倍率は6.9倍とリーズナブルな買収金額といえるものでした。1970年代以降に創業した国内メーカーで唯一の売上高1兆円企業である日本電産。同社のM&A戦略は多くの企業に大いに示唆を与えるものだといえるでしょう。

　通常では、EBITDA倍率で10倍を超えるかどうかが、高いかどうかの分かれ目だと言われています(近年は10倍で収まる案件は少数派かもしれませんが)。

シナジー効果と買収金額 02

　M&Aによるシナジー効果をどのように買収金額に反映させるか。これはM&Aの実務において大きなテーマの1つとなっています。

　DCF法によるバリュエーションを行う場合、通常は"as is"(現状どおり)ベースによる事業計画に基づいて計算します。その上で、買い手によるシナジー効果を加味した事業計画を作り、それをベースに理論株価を求めることになります。

　一般に、シナジー効果とは、互いの商品やサービスをクロスセルしたりアップセルしたりすることによって生まれる売上拡大の効果や、互いに重複するコストを削減することによって生じる利益増加の効果をいいます。その結果増えるキャッシュフローを見積もることができれば、シナジー効果によって増大する事業価値を計算するのは簡単です(**図表8-4**)。

　シナジー効果を勘案した理論株価をはじいたまではいいのですが、さて、最終的な買収金額をどのように決めればいいのでしょうか。特に買収対象企業が上場企業の場合、悩ましいケースに遭遇することが少なくありません。

　買収対象企業となっている上場企業をDCF法とCompsによってバリュエーションした結果、メガネトップのように株価水準より高い理論株価が導かれたとしましょう。

　as isベースの理論株価をそのまま買収金額と決定すれば、両者の差額がいわゆる"プレミアム"となるわけです(**図表8-5のAに相当する部分**)。ところで、このプレミアムの性格はコーポレートファイナンスの見地からどのように解釈すべきでしょうか。

　これは、買収対象企業の現在の株価水準が、当該企業が自主独立路線の経営を続けていく場合の潜在的な理論株価を下回っている状況を表しています。理論的な株価が実現せずに割安に評価されている(買収によってプレミアムが顕在化する)状態です。現在、買収対象企業に眠っている価値であり、本

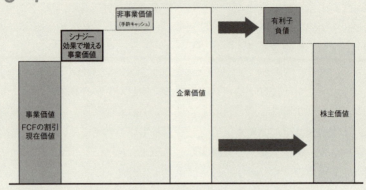

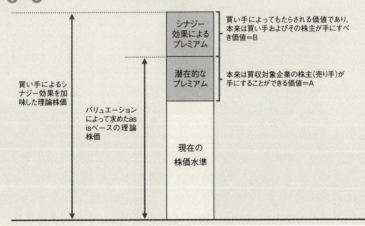

来は買収対象企業の株主である売り手が手にできるはずの価値と考えることができます。

　これに対して、シナジー効果を加味した理論株価を求めることによって生じるプレミアム（図表8-5のBに相当する部分）は、買収対象企業のas isベースに基づく理論株価を超える価値ですから、買い手によってもたらされるものであり、本来、買い手（または買い手の株主）が手にすべき価値です。このように考えた場合、買い手はAに相当する分のプレミアムを現在の株価水準に上乗せした理論株価を買収金額にするのがスジです。

　もっとも、買収対象企業にしてみれば、シナジー効果には買い手のみならず買収対象企業の貢献もあるはずであり、シナジー効果を加味した株価で買い取るよう主張することも考えられますし、そのような主張に一定の正当性もあるでしょう。

　買い手の姿勢としては、as isベースの理論株価を買収金額の上限とすることを原則としながらも、最終的な買収金額がどこに落ち着くかは、対象企業の魅力がどのくらいあるかや、他の買い手候補との競合状況（特に入札案件の場合）、買収対象企業や売り手と買い手との交渉力といった要因で決まってくることになります。

　他の買い手候補が多い競合的な買収案件において、どうしても買収しなければならないといった状況では、Bに相当するプレミアムの一部を売り手にギブアップして提示せざるを得ないといったケースもあるでしょうし、現実的にはそうしないとオークション形式のM&A案件では競り落とせません。

　実際、筆者が経験したM&A案件でも、担当した買い手候補の日本企業が最終ビッドの段階で他社に競り負けて案件を逃すケースが相次いだことがあります。その日本企業（A社としましょう）は、事業基盤が築けていない米国への足がかりとして、ある米国企業（B社とします）を買収しようとしていた

のですが、他にも米国企業のC社、欧州企業のD社もB社買収を希望していました。そこでオークションになったのです。つまり、最終ビッドで高い金額を提示した企業がB社を買収できるということです。

日本企業A社、米国企業C社、欧州企業D社、それぞれが提示した買収金額、さて、どの金額が最も高かったと思いますか？

C社でした。買収対象のB社は米国企業です。C社も米国企業なので、米国内でのコスト削減のシナジー効果を最も実現しやすい状況にありました。つまり、**図表8-5**でいうところのBに相当するシナジーが最も大きかったわけです。シナジーで回収できる分、オークションになった際は、他よりも高い買収金額を提示することが可能となったのです。

あくまでも1つのサンプル事例でしかありませんので、毎回こうなるとは限りませんが、このようにシナジーは買収金額に大きく影響しますので（特にオークションの際は）、将来FCFを予測する際は、しつこいほどにシナジーの金額について議論することになります。

買収効果を測る指標 03

買収効果を何で測るか？

　M&Aを実施するにあたり、買い手企業は自社の株主にその効果を納得してもらう必要があります。では、その効果はどうやって測ればよいのでしょうか？　企業が実行したコーポレートファイナンス戦略としてのM&Aの効果は、一株当たり当期純利益(EPS)で測ることができます。他社を買収することによって自社の一株当たり利益が増えれば"よい買収"というわけです(図表8-6)。
　したがって、M&Aを実行する企業は、EPSが向上するかどうか事前にシミュレーションしておく必要があります。
　もっとも、対象企業が一時的に赤字であったりの理由で、EPSが一時的に低下しても近い将来高い確率で向上することが見込まれるといったケースなどはこの限りではありません。ただし、その場合、一時的にEPSが低下するものの近い将来向上する見込みであることを説得力を持って株式市場に対して説明することが求められます。
　M&Aを発表すると株式アナリストはまずEPSの変化予測を提示するほどに、株主にとってこの分析は重要です。

買収スキームや資金調達方法で買収効果は変わってくる

　「え！　利益を出している会社を買収すればEPSは必ず上がるんじゃないですか？」と感じた読者もいるかもしれませんので、説明しておきましょう。

　EPSは、当期純利益÷発行済株式総数で計算されます。
　利益を上げている会社を買収してくれば、買収側の利益の総額は、その分上乗せされるため"基本的には"増えます。したがって、一般的にはEPSも向

8-6 買収効果としてのEPSの変化

株式市場が評価するM&Aとは……

株主の利益が増える、すなわち、個々の株主にとって経済的価値の分け前が増えることを株式市場は評価する。つまり、一株当たり利益(EPS)が増えるM&Aを「よいM&A」と評価する。株式市場は、EPSが増えると、PERを乗じた株価も上がると期待する。

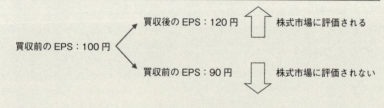

一株当たり利益(EPS)が向上するかどうか、
シミュレーションしておく必要がある

上します。

ただし、実際には、買収スキームや資金調達方法によっては利益を出している会社を買収したとしても結果的にEPSが減ってしまうケースもあるので注意が必要です。

EPSが減る要因としては、3つのケースがあります(図表8-7)。

のれん償却費や借入金利、発行株数の増加はEPSを押し下げる要因となるため、買収後のEPSがどのように増減するかについてシミュレーションを行っておく必要があります。

8-7 EPSの増減要因：買収ストラクチャーや資金調達によっても変わる

買収がEPSに与える影響

$$EPS = \frac{当期純利益}{発行済株式総数}$$

EPSが増える要因：
- 利益の出ている会社を買収すればEPSの分子である利益は押し上げられる

EPSが減る要因：
- 大規模な借入によって買収する場合、支払金利の負担によって分子の利益が減る
- 株式交換によって買収する場合、分母の株式数が増える
- 買収金額が純資産を超える場合、のれんの償却費によって分子の利益が減る（日本の会計基準を適用の会社）

のれん償却費や借入金利、株数の増加はEPSを押し下げる要因となるため、買収後のEPSに関するシミュレーションを行っておく

のれん償却への対応 04

　のれんの償却費はEPSに影響を与える要因の1つですが、日本と海外の主要国との間で「のれん」の会計処理に関する取り扱いの会計基準に大きな差があります。

　買収金額が対象企業の純資産を超えると、その部分が「のれん」として、買収した側の会社のB/Sに計上されることになります。のれんは、日本の会計基準によれば、20年以内の期間で均等償却されることになっています。一方、米国会計基準(US-GAAP)や国際会計基準(IFRS)に従えば、そのような規則的な償却は求められません(**図表8-8**)。

　このような違いから、日本の会計基準を採用している多くの日本企業では、大型の買収によって多額ののれんを計上すると、その後の決算では毎期の償却負担が重くなり、利益が圧縮されることになります。US-GAAPやIFRSを採用すれば償却負担がないため、日本の会計基準を採用している企業に比べて利益が大きく計上されることになります。

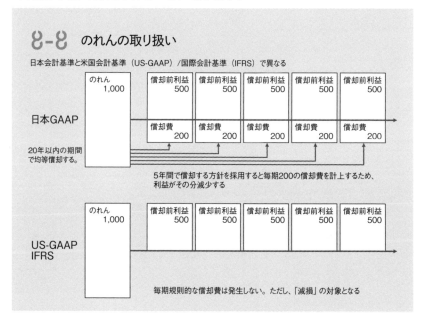

8-8 のれんの取り扱い

日本会計基準と米国会計基準(US-GAAP)/国際会計基準(IFRS)で異なる

のれんの償却費はキャッシュアウトしないコストですからキャッシュフローには何の影響も与えません。それでも企業にとっては困ったことに、エクイティの投資家はEPSを重視します。そのため、日本の会計基準を採用している企業においては、毎期ののれん償却費を算出し、EPSがどうなるのか感応度を分析しておくことが求められるのです。

　グローバルなM&A案件を実施するにあたって、買い手が日本企業の場合はのれん償却費が発生し、表面上のEPSが下がる一方、欧米企業が買い手だとEPSは影響を受けないため、欧米企業の方が高い買収金額を提示できてしまう可能性があるということで、日本企業の中には、日本の会計基準でもM&Aにおけるのれん償却費の計上はなくしてほしい、という意見もあります。
　また、表面上（P/Lの利益ベース）でのEPSではなく、キャッシュベースのEPSを株主に提示する企業もあります。これだと、のれんの償却負担がない欧米企業と同じ土台のEPSということになります。さらに、M&Aを中期計画に掲げているグローバル企業は、IFRSを採用する動きが顕著になっています。
　他方で、欧米ではM&Aで多額ののれんを計上した企業が、その後経営が予定通りにいかなかったということで多額の減損処理に直面するケースも多く出てきており、これはこれで株主にとっては大きなネガティブサプライズです。そのため、欧米ではむしろのれんは毎期償却した方がいいのではないかという意見も最近出てきたりしています。

　図表8-9は、買収資金を銀行からの借入金と新株発行（エクイティファイナンス）によって調達し、ある企業を100％買収するというケースを想定し、買収前のEPSが買収後にどのように変化するかの計算例を示しています。

8-9 買収によるEPSの変化

対象企業を借入金と新株発行で調達した資金で買収するケース

買収金額とのれん

取得価額(100%)	420
対象企業の純資産	160
のれん	① 260

資金調達

借入金	240
新株発行	180
合計	420
借入金利	7%
実効税率	30%
支払利息	② 16.8
税引後の支払利息	③ 11.8
買い手の株価	8.2
新株発行数	④ 22.0

予想利益・株数

買い手の予想EPS	1.22
買い手の発行済株式総数(買収前)	540
買い手の予想当期純利益	⑤ 658.8
対象企業の予想EPS	0.84
対象企業の発行済株式総数	320
対象企業の予想当期純利益	⑥ 268.8

買収効果の測定(EPSの感応度)

買い手の予想当期純利益	658.8
対象企業の予想当期純利益	268.8
調整前予想当期純利益	⑦ 927.6
税引後の支払利息	11.8
調整後予想当期純利益	⑧ 915.8
買い手の発行済株式総数(買収前)	540.0
新株発行数	22.0
買い手の発行済株式総数(買収後)	⑨ 562.0
買い手の予想EPS(買収後)	⑩ 1.63
買い手の予想EPS(買収前)	1.22
増加/減少	⑪ 33.6%

① 取得価額420−対象企業の純資産160=260
② 借入金240×金利7%=16.8
③ 16.8×(1−0.3)=11.8
④ 新株発行額180÷株価8.2=22.0
⑤ 買い手の予想EPS 1.22×発行済株式総数540=658.8
⑥ 対象企業の予想EPS 0.84×発行済株式総数320=268.8
⑦ 買い手の予想当期純利益658.8+対象企業の予想当期純利益268.8=927.6
⑧ 調整前当期純利益927.6−税引後の支払利息11.8=915.8
⑨ 買い手の発行済株式総数(買収前)540.0+新株発行22.0=562.0
⑩ 調整後予想当期純利益915.8÷買い手の発行済株式総数(買収後)562.0=1.63
⑪ 買い手の予想EPS(買収後)1.63÷買い手の予想EPS(買収前)1.22−1=33.6%

05 上場企業の買収における TOB価格の決定

　上場企業を買収する場合、株式公開買付（TOB）によって買収対象企業の株主から株を買い集める必要があります。つまり、「みなさんがお持ちの株をわれわれが1株1,000円で買い取りますので、お譲りくださ～い」とお願いするわけです。買い手は、大勢いる株主から必要な株数を集めないといけませんから、株主が気持ちよく持ち株を差し出してくれるような魅力的なTOB価格をオファーすることが求められます。株主はいくらなら売ってくれるのか、その「票読み」をするのです。

　前章までのところでDCFやCompsを使って理論的な株価を算出しましたが、それらはあくまでレンジでの提示でした。しかし実際には、次にTOB価格をいくらにすべきか決めなければいけないわけです。買収対象企業の株主がTOBに応じてくれるような価格は、どのように導き出せばよいのでしょうか。
　実は、株主にとっては、われわれが算出した理論株価は関係ありません。彼らは、株価が今後上昇すると思っているからこそ株式を保有しているので、手持ちの株の取得金額や今の市場株価とTOB価格の比較にしか興味がありません。したがって、「TOB価格は、市場株価に比べてどの程度のプレミアムを乗せることができるか」、そして、「そのTOB価格がDCFやCompsを使って算出した理論的な株価レンジに収まっているか」の2つの条件を満たす解を求めていくことになります。

　TOB価格と株価との差額をTOBプレミアムと呼びます。過去に行われたTOBの事例を見てみると、TOBプレミアムは、30％程度に設定されていたことがわかります。そのため、一般的には、直近株価水準（通常は直近1－3ヶ月程度の平均値で見ます）に対して概ね30％のプレミアムを乗せてTOBを実施すれば買収は成立しそうです。
　しかしながら、実際の事例を振り返ってみると、30％に満たないプレミアムでTOBがきちんと成立したケースもありますし、逆に100％のプレミアム

を乗せて(つまり、直近株価の2倍で)TOBをオファーしても買収対象企業の賛同が得られず断念したケースもあります。

　この「30%プレミアム」という基準は1つの指針にはなるものの、実際のTOB案件においては、買収対象企業の既存株主がいくらなら株を売ってくれるのかを見極めないといけません。

　こういうケースを考えましょう。最近3ヶ月間の平均株価が200円だった企業を買収しようとしています。30%のプレミアムを乗せた260円をTOB価格としたいところです。しかし、実は半年前は、株価は300円前後で推移していました。この場合、260円のTOB価格はつい最近株主になった投資家には魅力的ですが、半年前に株式を購入して株主となった投資家には不満でしょう。TOBに応じない可能性も高いかもしれません。

　したがって、本当は、買収対象企業の既存株主が、それぞれいくらで株式を買ったかのリストがほしいのです。買収では、少なくとも2/3の株式は買い集めたいので(2/3あれば株主総会で拒否権を有することができます)、そのリストをもとに、2/3の株主にとっては十分な利益(30%のプレミアム)が出るようなTOB価格を設定する、これが最低条件になりそうです。

　しかし、残念ながら、実際にはどの株主がいくらで株式を買ったかのリストは存在しません。したがって、代替手法で、TOB価格をいくらにすれば十分な売り注文が得られるかの票読みをします。

　そこで登場するのが証券投資の世界でよく登場する「VWAP」という考え方を使った手法です。熱心な個人投資家の方は詳しいと思いますが、VWAPはVolume Weighted Average Priceの略称で「売買高加重平均株価」といった意味になります。取引が成立した株価を、株価ごとの出来高(売買高)で加重平均したものがVWAPです。

　再度メガネトップに登場してもらいましょう。TOB発表直前1年間の株価推移は図表8-10のとおりでした。この期間の最低株価は781円、最高株価は

8-10 MBO当日までの直前1年間のメガネトップの株価推移

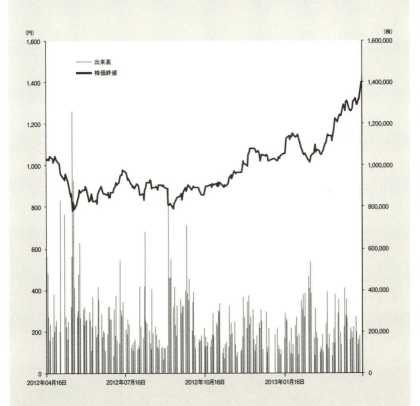

1,321円でした。直近3ヶ月間の平均株価は1,153円ですので、普通にTOB価格を求めようとすれば、1,153円に30％のプレミアムを乗せて1,499円とすればよさそうです。

しかし、買い手ならこの株価グラフを見てこう思うことでしょう。直近3ヶ月間の株価は上昇トレンドだったけれども、直近半年、1年間で見ると平均株価はもっと低いよな、ということは、TOB価格はもう少し低くてもいいのではないだろうか、と。買い手は少しでも安く買いたいのです（なお上場企業の経営者は株主利益（株主価値）の最大化を図ることを使命としていますが、MBOでは経営者は少しでも安く買いたいと考えるため、株主との間で潜在的なコンフリクトを抱えることになります）。

半年の平均株価は1,067円、1年間だと979円。それぞれに30％プレミアムを乗せてみると、TOB価格は1,387円、1,272円となります。このように、株価トレンドを確認することが重要となります。

さて、TOB価格をいくらにするか、実に悩ましいところです。なるべく低いTOB価格で買収を成立させたい一方、TOB価格を低く設定しすぎて買収そのものに失敗することは避けたいのです。

そこで、次に注目すべきは取引量（出来高）です。直近3ヶ月よりも、半年、1年と過去に遡っていった方が、取引量が多いことがわかります（図表8-10の棒グラフ）。取引量が違うのであれば、株価の単純平均のみで判断するのではなく、出来高で加重した平均株価（VWAP）で判断してみましょう。

VWAPを計算するには、各日の株価と取引高をもとに、株価ごとの出来高をこのように集計しなおします（図表8-11）。

累計取引金額を累計取引高で割ると、VWAPが求まります。過去1年間のVWAPは963円となります。これに30％プレミアムを乗せると、1,252円です。しかし、図表8-10を見ておわかりのとおり、直近1年の間には1,252円以上の株価での取引も存在しますので、これらの取引を行った投資家にとっては

8-11 直近1年間の株価終値と出来高・VWAP

株価終値①	出来高②	累計出来高	取引金額①×②
781	1,259,200	1,259,200	983,435,200
791	410,800	1,670,000	324,942,800
791	322,400	1,992,400	255,018,400
807	890,900	2,883,300	718,956,300
807	457,100	3,340,400	368,879,700
812	546,400	3,886,800	443,676,800
813	271,400	4,158,200	220,648,200
815	189,700	4,347,900	154,605,500
815	416,000	4,763,900	339,040,000
816	457,500	5,221,400	373,320,000
820	931,400	6,152,800	763,748,000
824	292,500	6,445,300	241,020,000
826	370,800	6,816,100	306,280,800
826	234,300	7,050,400	193,531,800
828	229,200	7,279,600	189,777,600
830	176,300	7,455,900	146,329,000
832	299,000	7,754,900	248,768,000
833	180,400	7,935,300	150,273,200
834	250,800	8,186,100	209,167,200

〓 〓
中略
〓 〓

株価終値①	出来高②	累計出来高	取引金額①×②
1,209	287,200	57,386,700	347,224,800
1,224	377,800	57,764,500	462,427,200
1,229	353,100	58,117,600	433,959,900
1,239	139,200	58,256,800	172,468,800
1,245	197,900	58,454,700	246,385,500
1,260	275,300	58,730,000	346,878,000
1,260	215,000	58,945,000	270,900,000
1,262	200,800	59,145,800	253,409,600
1,269	164,500	59,310,300	208,750,500
1,274	409,900	59,720,200	522,212,600
1,274	166,000	59,886,200	211,484,000
1,289	221,800	60,108,000	285,900,200
1,291	139,500	60,247,500	180,094,500
1,294	200,400	60,447,900	259,317,600
1,305	221,400	60,669,300	288,927,000
1,306	355,600	61,024,900	464,413,600
1,312	265,800	61,290,700	348,729,600
1,313	163,300	61,454,000	214,412,900
1,314	178,300	61,632,300	234,286,200
1,321	271,100	61,903,400	358,123,100
		計	59,634,869,700

VWAP
＝1年間の取引金額合計59,634,869,700円÷累計出来高61,903,400株
＝963円

損になってしまいます。ただ、取引価格帯と出来高をグラフ化したものからもわかるとおり、過去1年間の累計出来高で見た場合(図表8-12)、1,100円より下の株価での取引が全体の86%を占めます。ざっくりですが、1,100円を基準に買収プレミアムを考えれば8割超の株主は満足してくれそうだと言えます。

ただし、それはあくまでも直近1年間を基準としたケースにすぎません。では、この直近1年間に取引された株数は発行済株式総数と比較するとどの程度なのでしょうか？

メガネトップの発行済株数は45,184,077株でした。一方、1年間の累計出来高は図表8-11にあるとおり61,903,400株です。つまり、1年間で発行済株数の1.37倍の株数が取引されたことになります。これは株式の回転率と呼ばれ、1.37回転したということになります。回転率が1を超えるということは、すべての株主がグルっと1周して一度入れ替わった計算になります。実際には滅多なことでは持ち株を手放さない安定株主がいますから100%の株主が入れ替わったわけではありませんが、TOB価格が経済合理性で行動する既存株主にとって魅力的かどうかをシミュレーションするには1つの判断指針にはなり得ます。このことからも、メガネトップのケースでは直近1年間のVWAPを見ておけば大丈夫そうだと言えそうです。

これらの情報をもとにしてTOB価格を決定することになります。最終的なメガネトップのTOB価格は1,400円でしたが、これを一般的なTOBプレミアムである30%から逆算するために1.3で割ってみると、1,077円となります。上で見たVWAPや価格帯ごとの出来高の情報を勘案するに、妥当な水準に感じられることでしょう。

なお、TOB価格を決定するケースでは、VWAPそのものを求める必要が必ずしもあるわけではありません。ただ、過去の一定期間について、価格帯ごとの出来高に関するデータを収集することによって、既存株主が株を取得し

8-12 価格帯ごとの出来高（直近1年間）

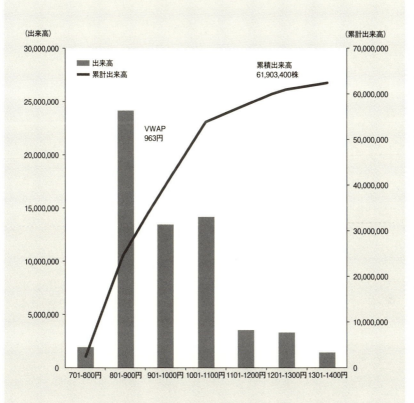

たときの価格について"当たり"をつけることができるのです。つまり、想定するTOB価格でオファーしたときにどのくらいの株数をかき集めることができるかの"票読み"をざっくり行うことが可能です。

LBOへの発展　06

　日本のM&Aにおいて、ファンドがなんらかの形で買い手として関与するケースが増えています。「プライベート・エクイティ・ファンド」という言葉を聞いたことはないでしょうか。「PEファンド」「PE」「バイアウト・ファンド」「投資ファンド」または単に「ファンド」など、いろんな呼び方をされますが（以下「PEファンド」で統一します）、買収対象企業のエクイティを買収し、その後、対象企業の企業価値を向上させ、数年後に高値で売却することによってキャピタルゲインを得ることを目的としたプロの投資家です。

　ファンドと事業会社ではM&A案件の評価手法がやや異なります。というのは、ファンドの場合は基本的には「レバレッジドバイアウト」（LBO：Leveraged Buy Outの略）という手法を用います。

　ファンドの手の内を知っていると、事業会社としてもM&Aの交渉がやりやすくなりますので、LBOについても軽く触れておきます（最近では買収案件がファンドと事業会社間で取り合いになるケースも増えています）。前出のMBOは「買い手が誰か」に着目した概念である一方、LBOは買収資金の「出し手は誰か」という調達方法に着目した概念であり、両者の概念は異なります。もっとも、上場企業でMBOを実施する場合、ほぼすべてのケースにおいてLBOの手法が用いられるため、実質的に両者はほぼ同じ意味で使われることが多いのです。

　LBOは、買収対象企業の資産、または、事業から得られるキャッシュフローを担保に銀行から資金を借り入れ、対象企業の株を取得する形態の買収です。

　LBOのための資金を融資する銀行は、ファンドがある程度のエクイティを買うからこそデットを提供します。

　ところで、日本で最初に活動し成果を上げたPEファンドは米国勢でした。日本経済がデフレから脱却できずに低迷していた「失われた20年」と言われた時代のことです。財務的な苦境に陥った会社を安く買い即いて高値で売り抜

けることによって多額の利益を得ている様は、当時「ハゲタカ(ファンド)」などと揶揄されたりもしたものです。

　PEファンドが企業買収を通じて高いリターンを上げていたことは事実ですが、その儲けのカラクリについては誤解も少なくありません。また、近年はファンドと事業会社が共同で買収することや、ファンドに事業売却する企業も増えているので、PEファンドがLBOを行って、どのように儲けているのか理解しておくことはプラスです。PEファンドは、ハゲタカなどではなく取引相手やパートナーとして存在感を示しているのです。

LBOのスキーム

　LBO案件によって様々な形がありますが、ここでは最も一般的なスキームをご紹介します(図表8-13)。

　たとえば、PEファンドが対象企業の発行済株式すべてを500億円で買収すると想定しましょう。一般的に、PEファンドが買収する場合、買収を目的とした特別な会社、ペーパーカンパニーを作ります。ここでは買収資金500億円のうち、100億円をPEファンドがエクイティとして出資し、残りの400億円を金融機関からデットで調達するものと想定しましょう。

　PEファンドが100億円のエクイティを出資することで設立されたペーパーカンパニーは、次に、買収対象企業の資産またはキャッシュフローを担保に金融機関から400億円を借り入れます。そして、売り手企業から買収対象企業の株式を譲り受けると同時に500億円のキャッシュを支払います。このようにしてPEファンドによるLBOは成立するわけです。

　さて、LBOが成立した後、PEファンドは買収対象企業が抱える事業を再生、あるいは成長させると同時に、ペーパーカンパニーは、400億円のデットを金融機関に対して返済していかなければなりません。ところが、キャッシュを生むのは、あくまで事業を抱える買収対象企業です。ん？　いったいペー

8-13 PEファンドのLBOスキーム

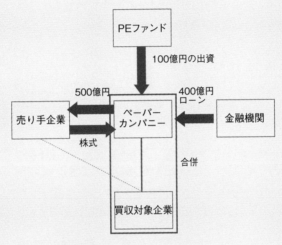

LBOのステップ

1. PEファンドは、買収のためのペーパーカンパニーを設立する（または他社から買収することもある）

2. ペーパーカンパニーは、買収対象企業の資産またはキャッシュフローを担保に金融機関から買収資金の大半を借り入れる

3. ペーパーカンパニーは、売り手企業から買収対象企業の株式を買い取る（または事業譲渡を受ける）

4. ペーパーカンパニーは、買収対象企業と合併する

パーカンパニーは、どうやってデットを返済していくんだ？　と疑問に感じることでしょう。

　この問題を解消するため、一般的なLBOでは、LBO成立後、ペーパーカンパニーと買収対象企業が合併して1つの会社になります。こうして一連のLBOのスキームが完成するのです。

PEファンドの儲けのカラクリ

　LBOのスキームに続いて、PEファンドがLBOでどのように儲けているのか、事例を通じて見ていくことにしましょう。

　図表8-14上は、買収対象企業の予想P/Lを示しています。直近実績の売上高が1,000億円で5年後の予想売上高が1,100億円ですから5年間のCAGR（年成長率：Compound Annual Growth Rateの略）は1.9%にすぎません。お世辞にも著しく成長しているとは言いがたい会社ですが、逆に言うと、非常に安定している状態です。

　もともと原価率が40%、販管費率が55%の会社でしたが、PEファンドが主導する合理化努力（経費削減がメインでしょう）によって2年目から販管費率を50%に下げることができたと仮定しています。

　このような単純化したケースのLBOモデルを確認してみます（図表8-14下）。

　将来5年間にわたる営業利益、それに営業利益に減価償却費を足し戻したEBITDAを計算しています。前述したとおり、上場企業のEBITDA倍率は8倍くらいが平均的な相場ですが、ここでは保守的に見て5倍としましょう。各期のEBITDAに5を乗じた事業価値を計算していますが、5年後の事業価値に注目してください。投資時点で500億円だった事業価値は、5年後に800億円となっています。売上高のCAGRは1.9%にすぎませんが、事業価値のCAGRは9.9%にも跳ね上がるんですね。

　さらに、このケースでは、金融機関から調達したデットを毎年50億円ずつ

8-14 PEファンドの儲けのカラクリ

「売上高はそれほど増えないが、合理化によってコスト削減を図る」というケースを想定

買収対象企業の予想P/L

(単位:百万円)

	直近実績	1年目予想	2年目予想	3年目予想	4年目予想	5年目予想	5年CAGR
売上高	100,000	102,500	105,000	107,000	108,500	110,000	1.9%
売上原価	40,000	41,000	42,000	42,800	43,400	44,000	
(原価率)	(40.0%)	(40.0%)	(40.0%)	(40.0%)	(40.0%)	(40.0%)	
売上総利益	60,000	61,500	63,000	64,200	65,100	66,000	
販売費及び一般管理費	55,000	56,375	52,500	53,500	54,250	55,000	
(対売上比)	(55.0%)	(55.0%)	(50.0%)	(50.0%)	(50.0%)	(50.0%)	
営業利益	5,000	5,125	10,500	10,700	10,850	11,000	
(営業利益率)	(5.0%)	(5.0%)	(10.0%)	(10.0%)	(10.0%)	(10.0%)	
営業外収益							
営業外費用	0	2,000	1,750	1,500	1,250	1,000	
税金等調整前当期純利益	5,000	3,125	8,750	9,200	9,600	10,000	
法人税等	2,000	1,250	3,500	3,680	3,840	4,000	
(実効税率)	(40.0%)	(40.0%)	(40.0%)	(40.0%)	(40.0%)	(40.0%)	
当期純利益	3,000	1,875	5,250	5,520	5,760	6,000	

PEファンドのLBO財務モデル

(単位:百万円)

	投資時点	1年目予想	2年目予想	3年目予想	4年目予想	5年目予想
営業利益	5,000	5,125	10,500	10,700	10,850	11,000
+ 減価償却費	5,000	5,000	5,000	5,000	5,000	5,000
EBITDA	10,000	10,125	15,500	15,700	15,850	16,000
EV/EBITDA倍率	5	5	5	5	5	5
事業価値	50,000	50,625	77,500	78,500	79,250	80,000
					CAGR	9.9%
借入金調達率	80%					
借入金(銀行持分)	40,000	35,000	30,000	25,000	20,000	15,000
自己資金(ファンド持分)	10,000	15,625	47,500	53,500	59,250	65,000
					IRR	45.4%
				投資リターン(cash on cash)		6.5倍
				キャピタルゲイン		55,000

EBITDA倍率でエグジット時の事業価値を予想し、IRRのシミュレーションを行う

返済すると仮定していますので、5年後のデット残高は150億円まで減っています。したがって、事業価値800億円からデット150億円を除いたエクイティの価値は650億円となります。当初PEファンドが出資した100億円のエクイティは、5年間で650億円まで増えたわけです。つまり、エクイティの価値は6.5倍、キャピタルゲインは550億円となり、年率の投資リターンであるIRRは45.4％と相成ります。PEファンドの平均的なIRRは30％くらいといわれていますが、年率リターンが45.4％というのは、いかに高い投資利回りであるか、すぐに実感できるかと思います。

いかがでしょう？ これがPEファンドの儲けのカラクリです。

一般に、PEファンドが大きく儲けているのは、無から有を生み出すようなマジックで事業そのものを著しく成長させている、つまり、毎期売上高を10％も20％も成長させているというイメージを持たれているようです。

しかしながら、売上高は年率1.9％、事業価値は年率9.9％でしか成長していないにもかかわらず、LBOの手法でデットを使うからこそ、PEファンドの持分であるエクイティのリターンは年率45.4％もの高い水準を実現しているのが実態なのです(図表8-15)。

つまり、PEファンドが買収資金のすべてをエクイティで賄うとすれば、IRRは9.9％にしかなりません。われわれ個人が行う長期的な資産運用の世界においては9.9％の利回りは十分魅力的ですが、PEファンドにとってはおもしろくありません。

もちろん、買収資金の8割をデットで賄うわけですから、LBOの財務モデルでは、投資後に資金繰りがきちんと回るかどうかシミュレーションを行う必要があります(図表8-16)。

8-15　PEファンドの投資リターン

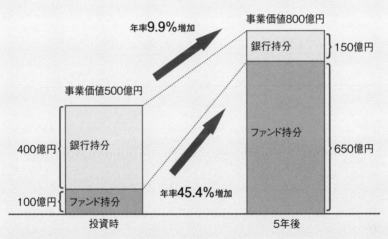

5年後のファンド持分は投資額の6.5倍、キャピタルゲインは550億円、投資リターンは年率45.4％となる

8-16 LBO財務モデルのキャッシュフロー

(単位:百万円)

	投資時点	1年目 予想	2年目 予想	3年目 予想	4年目 予想	5年目 予想
営業利益(EBIT)		5,125	10,500	10,700	10,850	11,000
支払金利		2,000	1,750	1,500	1,250	1,000
税引前利益		3,125	8,750	9,200	9,600	10,000
法人税等		1,250	3,500	3,680	3,840	4,000
当期利益		1,875	5,250	5,520	5,760	6,000
＋減価償却費		5,000	5,000	5,000	5,000	5,000
－設備投資額		5,000	5,000	5,000	5,000	5,000
－運転資本増価額		250	250	200	150	150
営業・投資キャッシュフロー		1,625	5,000	5,320	5,610	5,850
借入金返済額		5,000	5,000	5,000	5,000	5,000
キャッシュフロー増減		▲3,375	0	320	610	850
期首キャッシュ残高		5,000	1,625	1,625	1,945	2,555
期末キャッシュ残高	5,000	1,625	1,625	1,945	2,555	3,405
借入金残金	40,000	35,000	30,000	25,000	20,000	15,000
借入金利率		5%	5%	5%	5%	5%
支払金利		2,000	1,750	1,500	1,250	1,000
借入金返済年数	8年					

注）借入金は借入実行日の1年後から各期末に分割返済するものと仮定する

キャッシュ残高がプラスであり、LBOモデルが有効であることを確認できる

PEファンドが買収するのは「衣・食・住」ビジネス 07

　PEファンドが手がけるLBO案件の儲けのカラクリを理解すると、ある単純なことに気がつくと思います。それはLBO案件が極端にデットに頼るレバレッジをきかせたファイナンスであるため、買収対象企業が確実にデットを返済できる"安定した事業"でなければならないということです。金融機関がお金を貸すときに融資先の企業に一番求めることはキャッシュフローの安定、すなわち、事業が安定していることでした。

　事業・キャッシュフローが安定している業種といえば、「衣・食・住」のビジネスです。少子高齢化が急速なスピードで進んでいる日本ではすべての市場が縮小していると悲観的に見られがちですが、それでも、衣食住に関する市場は、ある日突然戦争でも起きて一夜にして人口が半減する事態でもない限り、市場全体としては安定しているものです。

　そのため、それを物語るように、PEファンドが手がけた案件の皮切りになった過去のLBOを振り返ると、ポッカ（2005年、アドバンテッジ・パートナーズ）、すかいらーく（2011年、ベインキャピタル）、牛角を擁するレインズインターナショナル（2007年、アドバンテッジ・パートナーズ）など、見事に衣・食・住にかかわる企業ばかりです。

　事業が不安定な企業の場合、金融機関はお金を貸すことができません。キャッシュフローが安定しない事業の代表格には、市況の変動が激しい半導体や液晶パネルなど先端テクノロジー業界が挙げられます。

　2017年、東芝のメモリ事業子会社が同業のSKハイニックスやPEファンドの米ベインキャピタルを含む日米韓連合に売却されることが決まりました。IoTや自動運転技術の開発が世界中で盛り上がり、半導体市場が活況を呈しているからでしょう。ベインキャピタルのようなPEファンドがメモリ事業に手を出すというのは、これまでの常識からは考えられなかったものです。とはいえ、衣・食・住以外の業種でLBOが利用されるのは、まだまだレアケースにとどまっています。

08 教科書通りのファイナンス戦略を実践するソフトバンクグループ

　稀代の事業家・孫正義氏率いるソフトバンクグループは、次々に繰り出す大型買収を発表するたび、メディアからは「危険な賭け」「無茶な投資」と批判や懸念が示されてきました。企業研修の場で受講者にソフトバンクグループのファイナンス戦略に対するイメージを問いかけてもメディア報道同様、大抵の人が「伸るか反るかの大勝負をしている」という印象を持っているようです。

　はたして、ソフトバンクグループは、そのように言われるほど無謀な経営をしているのでしょうか？

　その点を考えるにあたって、まず、同社の足跡をたどってみることにしましょう（図表8-17）。

　同社の野心的な買収の始まりは2004年7月の固定通信事業の日本テレコム買収でした。その後は2006年4月に国内3位の携帯通信ボーダフォン、2013年7月に米携帯通信スプリント、さらに、2016年9月に英半導体設計最大手のアームホールディングスと、世間をアッと言わせる超大型買収を矢継ぎ早に仕掛けます。

　一連の大型買収の結果として興味深いのは、買収による事業拡大に伴い売上高を急成長させることに成功した一方（図表8-18）、有利子負債も巨額となり、有利子負債が総資本に占める割合である有利子負債比率も上昇している点です（図表8-19）。

　2000年代に実施した日本テレコムとボーダフォンの買収によって有利子負債比率が上昇し財務体質は悪化していることがわかります。その後、いったん同比率は低下し財務体質は改善されましたが、2013年7月のスプリント買収によって再び有利子負債比率が上昇しています。

　2016年9月にアームホールディングスを買収したこともあり、2018年3月末時点における有利子負債残高は約17兆円にも達しています。

8-17　ソフトバンクグループの沿革

1981年9月	㈱日本ソフトバンク(東京都千代田区四番町)設立、パーソナルコンピューター用パッケージソフトの流通業を開始
1982年5月	月刊「Oh! PC」、月刊「Oh! MZ」創刊、出版事業に参入
1990年7月	「ソフトバンク㈱」に商号を変更
1994年3月	米国 SoftBank Holdings Inc.(以下「SBH」)設立
1994年7月	株式を日本証券業協会に登録
1996年1月	ヤフー㈱設立
1996年4月	SBH を通じて米国 Yahoo! Inc. の株式を追加取得、同社の筆頭株主へ
1996年5月	本店を東京都中央区日本橋箱崎町24番1号に移転
1997年11月	子会社であるヤフー㈱株式を株式店頭市場(現 東京証券取引所 JASDAQ)に登録
1998年1月	東京証券取引所市場第一部へ上場
1999年10月	純粋持ち株会社へ移行
2001年9月	ビー・ビー・テクノロジー㈱(後にソフトバンクBB㈱)「Yahoo! BB」の商用サービスを開始
2004年7月	日本テレコム㈱(後にソフトバンクテレコム㈱)を子会社化
2005年1月	㈱福岡ダイエーホークス(現 福岡ソフトバンクホークス㈱)を子会社化
2005年3月	本店を東京都港区東新橋一丁目9番1号に移転
2006年4月	ボーダフォン㈱(後にソフトバンクモバイル㈱)を子会社化
2010年6月	「ソフトバンク 新30年ビジョン」を発表
2013年1月	イー・アクセス㈱(後にワイモバイル㈱)を株式交換により子会社化
2013年4月	ガンホー・オンライン・エンターテイメント㈱を子会社化
2013年7月	㈱ウィルコムの更生手続き終結により、同社を子会社化 米国の携帯電話事業者である Sprint Corporation を子会社化
2013年10月	フィンランドのゲーム会社である Supercell Oy を子会社化
2014年1月	米国の携帯端末卸売会社である Brightstar Corp. を子会社化
2014年9月	関連会社の Alibaba Group Holding Limited が米国ニューヨーク証券取引所に上場
2015年4月	ソフトバンクモバイル㈱、ソフトバンクBB㈱、ソフトバンクテレコム㈱およびワイモバイル㈱が、ソフトバンクモバイル㈱を存続会社とする吸収合併方式により合併
2015年6月	ガンホー・オンライン・エンターテイメント㈱が子会社から外れ、新たに関連会社に
2016年9月	ARM Holdings plc を完全子会社化
2018年12月	子会社のソフトバンク㈱が IPO

8-18 ソフトバンクグループ売上高と営業利益の推移

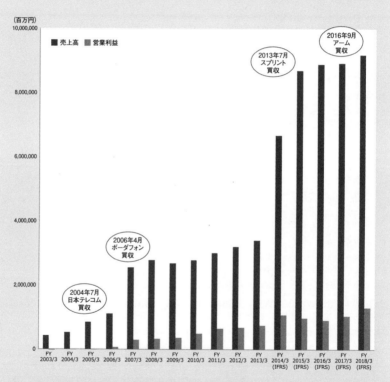

注)ソフトバンクグループは2014年3月期からIFRSを採用している

買収によって事業拡大を図れているが……

8-19 ソフトバンクグループ資本構成の推移

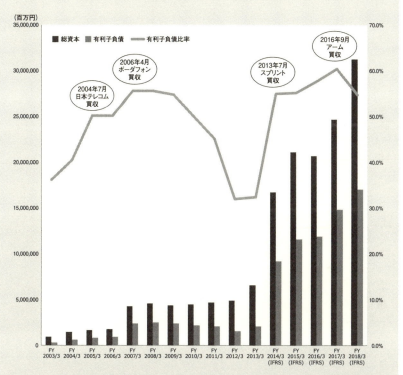

買収資金の調達をデットに頼っているのがソフトバンクグループのファイナンス戦略の特徴

孫さんがIRのときによく使う指標である、有利子負債の残高がEBITDAの何倍あるのかを示す有利子負債/EBITDAもいったん低下した後に反転して上昇しています（図表8-20）。
　また、2018年3月期には約5,000億円にのぼる財務費用（そのほとんどが支払利息）を計上しており、国内全上場企業が負担する支払利息の2割をソフトバンクグループ1社が占めているほどです。

　なぜ、これほどまでに有利子負債が膨らんだのか。同社の歴史を紐解けばすぐにわかります。まず、ボーダフォンを買収する際、約1.7兆円の買収金額に対して約1.2兆円を銀行から借り入れています。スプリントを買収する際には株式の買い取りと同社への直接投資を合わせた約1.6兆円のうち約1.3兆円を銀行借入で調達しています。さらに、アームホールディングスを約3.3兆円で買収したときも1兆円を銀行から借り入れています。ことごとく極端にレバレッジをきかせて買収を行っているのです。
　たしかに、こうした事実を見ていくと、ソフトバンクグループはさも"大博打"を打っているようにも見えます。しかし、これまで同社が買収対象としてきた事業の特性に着目すると見え方が変わってきます。

　ボーダフォンとスプリントは携帯通信です。インフラ事業ですから、LBOが生かせる「衣食住」のビジネスというわけです。実際、ソフトバンクグループの収益性の推移を見ると、ボーダフォン買収後、営業利益率が急激に向上し、2013年3月期には22.1％という極めて高い水準を記録しています（図表8-21）。いわば「気分が悪くなるくらい儲かっている」状態です。
　それはそうですよね。国内の携帯通信ビジネスは許認可事業ですから、長らくNTTドコモ、au、ソフトバンクの3社で喧嘩をするフリをしつつ、巨大市場を仲よく分け合いながら長期にわたり安定的に高収益を謳歌してきたというのが実態です（2018年10月に菅官房長官が「携帯料金は4割値下げすべき」

8-20 ソフトバンクグループ有利子負債/EBITDAの推移（2006年3月期以降）

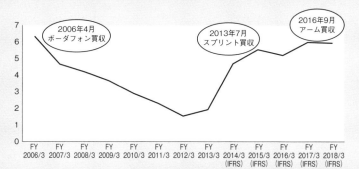

モバイル通信事業の利益でデット返済が進んだが、
赤字体質のスプリント買収以降は再び財務の健全性が低下

8-21 営業利益率の推移

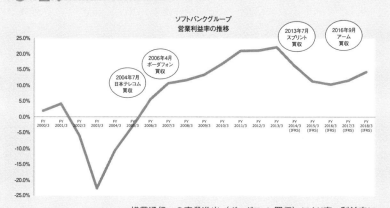

携帯通信への事業進出（ボーダフォン買収）により高い利益率に

と発言したことで2019年以降は状況が変わると思われますが)。そのため、借金に頼った手法でボーダフォンを買収しても、借金漬けで首が回らなくなるどころか、大いに稼げてドンドン借金を返済できた結果、有利子負債比率は低下したというわけです。

　つまり、安定した衣食住のビジネスは、キャッシュフローが安定しているため、銀行は融資を行いやすく、LBOときわめて親和性が高いのです。ソフトバンクグループは、一連の大型買収を行うにあたって、あれだけ巨額の資金が必要な局面にいながら、エクイティファイナンスは一切行ってきませんでした。通信ビジネスは安定した事業でありボラティリティが小さいため、コストの高いエクイティで調達するより低コストのデットで調達する方が合理的なのです。

　言ってみれば、ソフトバンクグループはコーポレートファイナンスの教科書に登場するほど理論に忠実なファイナンス戦略を実践しています。デットで調達した資金で安定した事業を買収するという成長戦略こそ孫さんの得意中の得意技です。ここまでコーポレートファイナンスを勉強してきた読者なら、同社のファイナンス戦略がいかに理にかなっているものなのか理解できるのではないでしょうか。

　ところで、経営危機に陥った東芝が虎の子の資産である半導体子会社の東芝メモリを2017年に売却しましたが、ソフトバンクグループも東芝メモリの買収に名乗りを上げるのではないかとの憶測が流れました。しかしながら、孫さんは、まったく興味を示しませんでした。検討もしなかったと思います。

　AI、IoT、自動運転などの旺盛な需要に支えられ、2018年前半までの数年間は半導体のビッグサイクル(好調)が続きましたが、本来、半導体事業は、あっという間にコモディティ化し、価格が激しく乱高下する市況ビジネスです。キャッシュフローが安定しないビジネスであり、レバレッジをきかせた買収を適用しにくい世界といえます。したがって、孫さんの得意技が発揮で

きない東芝メモリは検討に値しなかったはずであり、現に、憶測を呼ぶ報道を受けて買収を否定するコメントを出していました。

「あれ？　でも、孫さんは半導体のアームホールディングスを買収しましたよね」と、思われた読者もいるかもしれません。実は、アームホールディングスの事業は、知的財産権としてライセンスを提供するビジネスであり、インテルなどが同社からライセンス提供を受けてプロセッサを製造しています（同社はプロセッサの自社生産をしていません）。そのため、安定的なロイヤリティ収入が収益源となっており、営業利益率は40％という極めて高い収益性を誇っています。ボーダフォン買収のケース同様、こちらも孫さんお得意のLBO的手法を使った買収がフィットするのです。

そんな教科書的なファイナンス戦略を駆使したソフトバンクグループですが、スプリントの再建には苦戦しており、買収直後から誤算続きだったといえるでしょう。赤字からなかなか脱却できないスプリントの不振を受け、同社の買収後は営業利益率が低下しています。ボーダフォン買収後は携帯通信事業の好調な利益に支えられて有利子負債を順調に圧縮させましたが、スプリント買収後は、むしろ有利子負債が増えてしまっています。

また、2018年3月時点で17兆円に達した有利子負債、高止まりした有利子負債比率や有利子負債/EBITDAといった財務負担を緩和すべく、2018年12月、ソフトバンクグループは、子会社のソフトバンクを株式公開（IPO）させ、株式市場から2.6兆円を調達しました。ところが、親子上場に関しては、親会社と上場子会社の少数株主との間に利益相反を引き起こすという大きな問題があり、望ましいファイナンス戦略ではないとして批判されているところでもあります。

株式会社マイネットによる
LBO案件と資金調達スキーム 09

　本章の最後に、これまでに学んだエッセンスがすべて盛り込まれている事例を1つ紹介して、みなさんの理解の一助としていただきます。こちらは、筆者の一人保田が社外取締役を務める株式会社マイネットでの案件です。同社は、2006年7月の設立で、現在は東証1部に上場していますが、これから紹介するM&A案件は同社がマザーズに上場して間もない頃に行った案件です。当時の事業内容は、スマートフォンでのソーシャルゲームの運営をメインとしていました。

　私たちが子どもの頃のテレビゲームといえば、ファミリーコンピューター（ファミコン）を代表とするゲーム機本体にゲームのカセットをガチャッと挿し込んで遊ぶものでした。時間が経ってもゲームの中身が変化することはなく、そのゲームをひたすらやりつくし、飽きたら別の新しいゲームを買ったものです。

　それがいまや、インターネットに接続できるようになったことで、ゲームの購入方法はダウンロード型に移行し、また、ゲームの中身もインターネット経由で新キャラが投入されるなど、飽きがきにくい状況になってきています。以前は、新キャラは新ゲームタイトルが発売されないと出てこなかったわけですが、インターネットに接続されている今では、そろそろユーザーが飽きてきた頃かなと思えば、運営側が新キャラを登場させたり、また、クリスマスのように季節に応じたイベントをゲーム内で開催するなどが可能になっています。

　その意味で、今のゲーム産業は、ゲームを新たに「開発」するステージと、ユーザーが飽きないように「運営」するステージの2つから成り立っているといえます。マイネットは、その「運営」に特化した事業を行う企業です。

　自社では新規タイトルの開発をせず、ゲームソフトを開発する会社からゲームタイトルを買い取ってくる、あるいは、運営のみを引き受けることになります。ゲーム会社側からしても、運営を他社に移譲することができれば、

自社のリソースを新規タイトルの開発に集中することができるため、一定数のゲームを定期的にマイネットのような企業に売却していくことはメリットがあり、全体としてうまくサプライチェーンが構築されていることになります。

　さて、このような事業形態のマイネットにとっては、いかに魅力的なゲームタイトルを次々とお手頃な価格で買い取ってこれるかが成長を大きく左右します。つまり、資金調達能力が自社の成長に密接につながるのです。
　そのような同社が、2016年にクルーズという企業からゲーム事業を買収することになりました。買収してくるゲーム事業の規模は、マイネット全社とほぼ同じ規模です。自分とほぼ同じ大きさの事業を買収することは、買収後の経営をうまく舵取りできるのか、あるいは、買収後の両社間でのパワーバランスをどうするのかなど、心配が尽きません。同時に、一体全体そんな規模の資金をどう調達すればいいのか、という別の問題も発生します。まさに、つい先ほど見たLBO案件です。ここでは、一体、マイネットがどのように資金調達を行ったのか、ケーススタディで見ていきます。

　まず、売り手であるクルーズの状況を見ておきましょう。同社はゲーム事業の他にEC事業を抱えていました。今回、ゲーム事業の大半をマイネットに売却することにしました（一部ゲーム事業はクルーズでキープ）。売却対象となるゲーム事業をまず会社分割で子会社化し、売却しやすい状況を整えます（図表8-22　ステップ1、2）。
　交渉の詳細は割愛しますが、買収金額は37.7 – 45億円の間ということで合意されます。当時のマイネットの保有現金は22.2億円でしたので、買収資金が不足し、なんらかの資金調達をする必要がありました。当時同社にはすでに12.8億円の借入金が存在したので、普通の融資では追加での借入余地はあまりなさそうです。

ゲームは当たり外れが大きいため、金融機関の見方は一般的に厳しめです。マイネットのように運営に特化している場合は、その当たり外れのリスクは比較的小さいのですが、それでも金融機関の審査はやはり少し厳しい評価になるでしょう。

　このような状況でどのような資金調達手段が考えられるでしょうか。いくつかの選択肢がありますが、マイネットはLBOローンを調達しました(図表8-22　ステップ2')。

　金融機関にとっては、金利を高めにしても、もし経営が行き詰まって返済されなくなれば意味はありません。したがって、LBOローンの融資にあたっては買収先事業そのものを担保にとると同時に、通常の融資よりも融資条件を厳しくするのが一般的で、コベナンツ(特約条項)というものが設定されます。これは、融資後の経営条件が一定の基準を満たさなくなった場合は、即時全額返済するというような条件です。

　たとえば、利益水準や自己資本比率の水準などが基準として定められます。その他、事業の内容や経営リソースの配分などにも注文がつくこともあります。また、金融機関がアレンジャーフィーを取ることもよくあります。これは、LBOローンが通常の融資とは異なる特殊な形態であるため、そのアレンジをした時点で金利とは別の手数料を先に取るというものです。

　マイネットは結局、LBOローンで28億円を調達し、買収を完了しました。これでめでたしめでたしなのですが、その後同社は新株予約権というものを発行し株式市場から資金調達を実施します。そして、そのお金でLBOローンをキレイさっぱり返済してしまいました(図表8-23　ステップ3、4)。なぜでしょうか？

　借入金の方が株式による資金調達よりもコストが安いという話は、5章で

8-22　マイネットによるLBO案件のスキーム

ステップ1

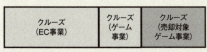

ステップ2

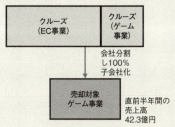

会社分割し100%子会社化

直前半年間の売上高
42.3億円

ステップ2'

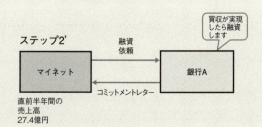

融資依頼

買収が実現したら融資します

コミットメントレター

直前半年間の
売上高
27.4億円

2016/10/13
37.7-45億円で
買収契約

見たとおりです。したがって、せっかくLBOローンの調達に成功したならば、資金調達コストという観点では、それをそのままキープしておいた方がよさそうなものです。しかし、このケースではいくつか考慮すべき点がありました。1つは、LBOローンがどんと存在するうちは、追加の借入は難しいということ。つまり、当面はさらなる事業拡大を見込めないことになります。また、もし先に書いたようなコベナンツが存在したならば、経営上の制約が存在することにもなりますので、大胆な攻めの経営はしづらくなるでしょう。

今後も、相応のリスクを取ってどんどんとスピーディに事業を拡大したいというベンチャー企業にとっては、LBOローンをいつまで抱えておくべきかは、見極めが必要になりそうです。

ここで、1つ疑問が生じているかもしれません。「では、なぜマイネットは最初から新株予約権を発行して資金調達をしなかったのだろうか」と。最初からそうしていればLBOローンを調達する必要はなく、それに付随したコストも節約できたでしょう。

実は、M&A関連での資金調達では、まず借入金で資金調達を行い、その後エクイティファイナンス（株式発行による資金調達）でリファイナンスしてから借入金を返済する、というのはよくある形です。

なぜかというと、スピードの問題です。M&Aはタイミングが命。売却側は、売ると決めたら今すぐに売りたいのです。売却の話が社内で広まってしまうと社員に動揺が走り、モチベーションが下がった結果、事業価値が下がるなんてこともあります。また、売った資金をすぐに次の事業に充当したいという場面もあるでしょう。

買収側は、そのスピード感に合わせて資金を手当てする必要があります。エクイティファイナンスは比較的時間がかかるため、間に合わないことが多いのです。

8-23　マイネットによるLBO案件のスキーム（続き）

ステップ3

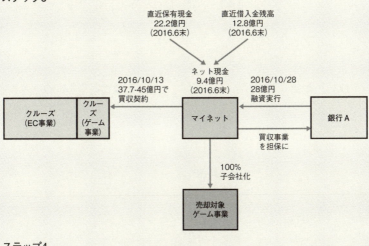

ステップ4

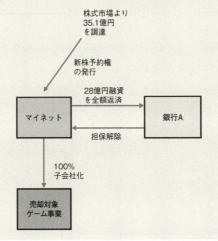

また、通常のエクイティファイナンスの場合は、投資家に対してロードショーを行います。ロードショーとは、投資家に対して資金調達をする目的、使い道、期待される成果などを説明し、投資家に「よし、それなら株を買って投資してやろう」と思わせるのが目的なのですが、M&Aは対外公表するまでは秘密裏に進められるので、投資家に対してM&A発表前に具体的なM&Aの情報を流すわけにはいきません。
　これらの事情から、いったんM&Aの資金調達を借入金でまかない、案件が公表された後にじっくりとロードショーを行い株式市場から資金を調達しリファイナンスをする、というのがM&Aにはしっくりくる、ということがおわかりいただけると思います。
　なお、マイネットの場合は、新株予約権という、株式を購入することができる権利を発行することで資金調達をしたので、単純な新株発行とはやや異なりますが、最終的には株式を発行することには変わりありませんので、ここではいったんエクイティファイナンスというくくりでご理解ください。

　最後に同社の本LBO案件実施後の株価の動きを見ておきましょう(図表8-24)。
　案件発表時に株価が大きく上昇していることが確認できます。このときは、資金調達は借入金で行うことになっています。次に新株予約権の発行の発表時ですが、このときは、株価はあまり大きくは影響を受けなかったことがわかります。実際は、新株予約権を発行すると発行済株数が増えることになる(つまり、希薄化です。EPSが下がるということですね)ので、株価は下がることがよくあります。しかし、今回は新株予約権による資金調達の目的が事業拡大のためのLBOファイナンスという前向きなものであることが自明だったため、株式市場は支援したものと考えられます。

　新株予約権とはまさにその名のとおり、株式を購入する権利のことです。

詳細な説明は割愛しますが、証券会社が一括してこの新株予約権を引き受けます。引き受けた証券会社は、それらを徐々に行使して新株を入手し、少しずつ市場で売却したり大口投資家に販売したりしていきます。株価が上昇局面であれば、株式を欲しがる投資家も多いでしょうから、証券会社は新株予約権を次々と行使して株式にし、投資家に販売していくことが可能です。

　一方で、もしも株価が下落局面だとそうはいきません。したがって、今回のファイナンスのスキーム上は、新株予約権発行後の株価推移が非常に重要でした。結果的には、順調に株価は推移したため、証券会社は新株予約権を順当に行使し、マイネットのエクイティファイナンスによる資金調達は無事に完了、そして借入金の返済も実施できたということになります。

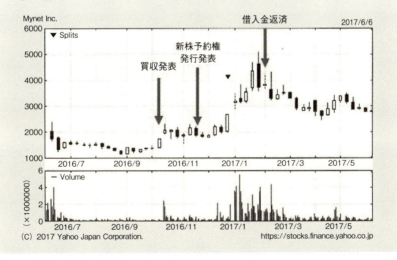

8-24　マイネットのLBO案件実施前後の株価の動き

コラム　買収形態について

　M&Aで他社からある事業を買収してくる場合、2つの手法が考えられます。1つは、売却対象となる資産を買うというもので、これは、資産買収になります。ただ、これは言うは易しですが、実際に行うのは大変です。
　たとえば、2店舗経営しているパン屋さんの1店舗だけを買収することを考えてみます。店舗は2つありますが、パン工場は1つだとします。すると、まず、この工場はどうするのか、という問題が発生します。2店舗で一緒に使っていた工場ですので、1店舗だけ売却するとなっても、両方の店舗とも工場からパンを仕入れたいのです。どちらか専用の工場にすると、残ったもう1つの店舗が困ってしまいます。
　また、従業員も、月曜日は向こうの店舗、火曜日はこちらの店舗など、2店舗で共有していた場合は、1店舗のみ売却するとなれば、誰が売却店舗の従業員となるのか、という切り分けも必要になります。
　銀行からの借入金にしても、これまでは2店舗を経営するパン屋さんという1つの企業に対して乗っていた借入金を、店舗に分けて負担額を決める必要があります。このように、一部の事業や資産を売却する場合は、対象となる資産とそれらに紐づく負債を洗い出す作業が非常に煩雑になります。

　それに対し、会社を丸ごと買収してくる場合は、その会社の株式を100%購入してしまえばおしまいです。しかし、1つ厄介なのは、株式買い取りの場合、法人という人格を丸ごと買い取ってくることになるため、その人格に紐づくものすべてを継承してしまうということです。
　たとえば、10年以上前に製造した商品による土壌汚染が買収後に発覚しても、知らないふりはできないのです。したがって、株式買い取りの場合は、その企業の過去について十分に精査する(デューデリジェンスを行う)必要が出てきますが、すべてを調査し尽くすのは容易ではありません。
　結局は、売り手企業の経営陣に対して、こういう事実は存在しない、もし存在した場合は、売り手企業の経営陣が損害賠償を行うという、いわゆる表明保証を入れさせることで買い手企業はなんとか折り合いをつけ、買収にこぎつけるのが一般的です。

第9章
株主還元政策

これまでの章では、資金をどう調達し、どう投資するか、その結果として企業価値や株価はどのように評価されるのかについて学んできました。ここから2つの章では企業にとっての最大のステークホルダーである株主とのコミュニケーションについて理解していきます。ダイナミックな市場と対峙するには、プレイヤーである株主との対話は極めて重要になるからです。

まずは、株主への直接的な還元となる配当と自社株買いについてです。これについては理論もさることながら、実際にどうすればいいのかという実務的な観点での解説が類書ではほとんどありませんので、いくつかのケーススタディも交えながら実務に役立つ視点を身につけましょう。

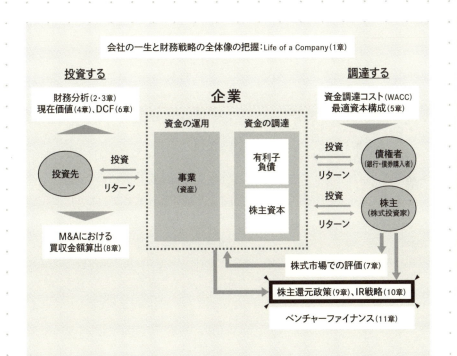

過小評価されている配当の重要性 01

　株式投資の話をするときには株価の上昇ばかりに目がいきがちですが、株主にとっての投資リターンは株価値上がり益によるキャピタルゲインと、配当によるインカムゲインの合計です。したがって、株主にとって配当は極めて重要なのです。しかし、同じ話の繰り返しで恐縮ですが、世の中のコーポレートファイナンスの書籍でペイアウト（株主還元）の理論については書いてあっても、実際のペイアウト戦略について解説された本はほとんどありません。

　なぜなら、ペイアウトこそ、市場を知らないと対応できない分野の1つだからです。資本コストについてはいくらでも語れる優秀なコンサルタントでも、ペイアウトについてはなかなかアドバイスできません。彼らは、きっとこう言うでしょう。

　「配当政策？　そんなの簡単ですよ。去年と同じ金額払っておけばいいんですよ。まあ、あとは、同業他社と遜色ない程度でいいんじゃないですか？」

　実際、そういう考えで配当を「えいや！」と決めてしまっている旧来型の上場企業が多いのもまた事実。「去年と一緒でいいですね、では、次の議題に行きましょう」とシャンシャンと取締役会で決議している企業もあるでしょう。しかし、それらコンサルタントや旧来型企業は非常に重要なことを見落としています。それは企業経営において、配当政策は「超重要」だということです。その理由は毎年の株主総会の議題を見ていただければわかります。

　ほぼすべての会社の株主総会で、毎年必ず決議されること、それは取締役の選任と、剰余金処分（配当金額の決定）です。配当金額は、株主総会という、企業と株主にとっての一大イベントで毎年決議されるほどの重要項目なのです。ただ、実際には、剰余金処分の決議を株主総会ではなく取締役会決議で済ませることを可能とすると定款に規定している企業も存在し、そのような企業では配当の決定は取締役会でなされるため、株主総会の議題とはなりません。

大和総研による2016年6月の株主総会での議決権行使結果の調査では、TOPIX500採用企業のうち、剰余金処分を株主総会で決議した数は372社。4社に3社は株主総会で剰余金処分を決議しており、株主総会での決議が多数派です。また、同調査では株主提案のあった社数と議案数の推移についても報告していますが、株主提案は右肩上がりに増加しており、2016年6月の株主総会シーズンにおいては株主還元(配当および自社株買い)について23の株主提案議案があったとのことです。やはり、ペイアウトへの株主の関心は高いといえます。

　それでもまだピンと来ないかもしれませんので、1つ事例を紹介します。
　みずほフィナンシャルグループでは2014年に、剰余金処分を株主総会ではなく、取締役会のみの決議とするという定款変更を株主総会に諮りました。これに対しては株主から反対意見が多数提出されました。結局、定款変更は可決されたのですが、その翌年以降は、この定款を一部元に戻して株主も株主総会に剰余金処分を提案できるようにしてほしいという株主提案が出されます。
　株主提案と聞くと、一昔前のアクティビストファンドの大幅な増配要求や自社株買いのイメージが強く、株主の強欲な一面が強調されがちです。あるいは、やたらと理不尽な要求や難癖を会社に即きつけるイメージがあるかもしれません(実際、かつて、「社員の足腰を鍛えるために、社内のトイレをすべて和式にすべきだ」というような株主提案も出現しました)。しかし、実は多くの株主提案はいたってまともです。

　今回のみずほのケースでも、株主の要求は剰余金処分を元通りの株主総会での決議に戻してほしいというリクエストではありませんでした。原則、取締役会決議とすることでよいが、株主が必要と思う局面では株主も剰余金処

分案を提案できることにするべきだ、という真っ当な内容です。そして、その株主提案は2016年、2017年にともに40％を超える賛成票を集めました。これを受けて、みずほは2017年10月に、わざわざ「配当を取締役会で決定することについて」という説明リリースを出す状況になりました。

　ここでは、みずほと株主提案の主張のどちらが正しいかを議論することは目的ではありません。配当はそれほどに株主にとって関心の高いことである、ということを示したかったのです。もともと会社法の規定では、剰余金処分は株主総会決議とすることと定められています。しかし、コーポレートガバナンス上、十分な手当てがなされている場合は、定款を変更し、取締役会決議としてもいいこととなっています。

　みずほは当初、もし株主が取締役会決議による剰余金処分方針に反対ならば、そういう剰余金処分を決定した取締役選任に反対すればよいと主張していました。しかし、株主側は、取締役選任に反対するほどではないが、剰余金処分案には反対したいという局面もあるはずなので、それらは分離すべきだと議論を展開します。

　たしかに、取締役の資質は剰余金処分案のみで測られるわけではありませんので、株主の主張も理解できます。また、剰余金処分を取締役会で決議する場合、おそらく全会一致での決議でしょうから、みずほの主張に基づくと、剰余金処分の内容に反対の株主は、全取締役の選任に対して反対しないといけなくなります。

　最近の株主総会では、取締役選任の決議は1名ずつ個別になされます。それは個々の取締役の功績は異なるものであり、それゆえに個別に評価しようというものですが、剰余金処分の一件をもってして全役員の選任に反対せざるを得ないというのはたしかに不自由な気もします。

話を元に戻しましょう。それほどまでに剰余金処分は株主にとって、そして企業にとって重要なのです。そのため、十分な議論と政策を立案し、実行する必要があります。われわれが実施する証券会社や上場企業向けの研修でも、ペイアウトについては十分時間を取り、ディスカッションを交えて学んでいきます。

　DCF法による企業価値算出は、やり方さえ知ってしまえば誰でもできます。それこそシナリオをいくつか設定してやればあとはAIが自動的に算出可能な世界が早晩やってくるでしょう。しかし、ペイアウトはマーケットとの対話です。株主は生き物ですので、感情を持っています。だからこそ、対話、コミュニケーションが必要なのです。ここにこそコーポレートファイナンスのおもしろさがあります。

　もっとも、すべての株主がAIによるロボット運用を行うようになれば、この領域も対話からロボティクスな領域に変化してしまいますが、まだ時間がかかるでしょう。それにもしAI化されても、投資戦略や期間が株主間で異なる限りはペイアウトの最適解の模索は続きます。

　なお、いくらペイアウト政策を企業にアドバイスしても、誰も儲かりません。証券会社や銀行、あるいはコンサルティング会社が企業価値の算出をしてあげる場合は、フィーが企業から支払われます。したがって、どこもしゃかりきになってこの業務には取り組みます。しかし、企業が配当を増やしても、自社株買いをしても、金融機関やコンサルティング会社にはフィーは落ちません（最近は自社株買いをブロックトレードという手法で行うことで証券会社の稼ぎにしているケースもありますが）。それゆえに、あまり誰も親身になってアドバイスしない領域でもあります。

　企業にとっては重要なのに、きちんとアドバイスはされず、解説する書籍も少ない。ならば、ということで、以下、順にペイアウトの世界を堪能していきましょう。

ペイアウトの全体像　02

配当政策

　まず、ペイアウトの全体像の整理から始めます。ペイアウトは、端的には今期稼いだ純利益のうち、どの程度を配当として株主に戻して、どの程度を企業の内部留保として将来の成長投資に使うか、という純利益の配分を決めることをいいます。利益は株主のものだということは、すでにここまでで学びました。

　企業の選択肢は、今期稼いだ利益を全額株主に配当として戻すというものから、全額内部留保としてキープする(つまり配当ゼロ)の間のどこかに落ち着きます。

　ここで質問です。配当(あるいは自社株買いを含んでも構いません)と内部留保のバランスは、企業の成長ステージによって異なってきます。成長企業と成熟企業では、それらのバランスはどう違うでしょうか？

　株主にとっての投資リターンは、株価上昇＋配当でしたよね。

　A社の株式に投資している投資家がいるとします。投資家は配当を受け取ると、そのお金をどこかに再投資します(投資家は常に投資している存在であり、受け取った配当を現金のまま寝かせたり、銀行に預金したりすることはありません。投資をしないということは、投資家にとっては機会損失なのです)。

　配当を受けとると、A社よりも魅力的な投資先がある場合、その投資資金に充てるでしょう。一方、A社が投資先として魅力的すぎる場合、配当として現金を受け取っても他には再投資する気になれず、むしろ再度A社の株式を購入してしまうような状況も考えられます。その場合は、投資家はA社に対して、配当はゼロでいいからむしろどんどんと現金を事業投資に使ってもらい、収益を向上させ株価を上げてほしいと思うのです。したがって、投資

家は成長企業に対してはあまり配当を要求しません。

　実際、米国企業ではAmazonもFacebookもGoogleも配当を支払ったことがありません。代わりに次々と事業投資を行い、株価を向上させています。株主はそれで満足ですし、配当としてお金が戻ってきても、それらの企業よりも魅力的な他の再投資先を見つけることが困難です。一方、成熟企業では逆で、株主はある程度の配当を求めます。

横並びの日本企業、成長戦略とのバランスで決める欧米企業

　今期稼いだ利益のうちどの程度を配当として支払うかを表した数値を配当性向といい、一株当たり配当金額÷一株当たり純利益（EPS：Earnings Per Share）で計算できます。配当総額÷純利益でも同じことです。

　日本企業の配当性向は3割前後で推移しているため、7割は内部留保としてキープしていることになります。一方、米国企業の配当性向はそれよりも上回る水準になっています（図表9-1）。このグラフには含まれませんが、欧州も概ね米国並みです。

　実際に、配当性向の分布を確認すると、日本企業はみな横並びで3割前後ですが、米欧では分布が広くなっています（図表9-2）。配当性向がゼロの企業が多いことに気づきますね。そして、100％に近い企業まで様々に分布しています。

　米欧の企業は、まさに企業の成長ステージに応じて配当性向を柔軟に設定していると推測されます。つまり、成長企業では内部留保（成長投資）重視、成熟企業では逆に株主還元重視、ということです。

　一方、日本企業の横並びの配当性向はどのように理解すべきでしょうか？　みな同じような成長ステージなので3割前後に集中しているのでしょうか？

　あるいは、配当に戦略が存在しないため、なんとなくどこの企業も平均値の3割程度に設定しているのでしょうか？　筆者の肌感覚では後者の可能性

9-1　日米企業の配当性向の推移

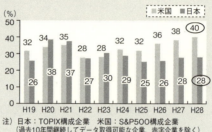

注）日本：TOPIX構成企業　米国：S&P500構成企業
（過去10年間継続してデータ取得可能な企業、赤字企業を除く）
出所：生命保険協会調べ

9-2　日米欧の配当性向ごとの分布

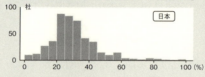

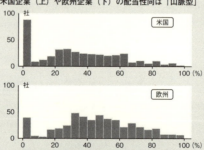

注）QUICK・ファクトセットのデータを基に日本はTOPIX500、
米国はS&P500、欧州はストックス600採用企業の2016年
度の配当性向をヒストグラム化
出所：日本経済新聞2017年12月8日より抜粋

が高いと見ています。

　ここで1つ考えてみましょう。もし米欧企業のうち、配当がゼロ、あるいは、非常に配当性向の低い成長企業を除くと、米欧企業の配当性向の数値はどうなるでしょうか。上がりますよね。先述のとおり、AmazonもFacebookもGoogleも配当を支払っていませんが、米国の配当性向の平均値である40％というのは、そういう配当ゼロの企業も含んでのことですので、そういう配当ゼロ企業を除外すると、配当性向はぐんと上がるはずです。

　海外の投資家が日本企業に増配や自社株買いを要求する姿が見られますが、それを見て、「なぜだ、日本の配当性向は米欧と比べて大きくは遜色ないじゃないか」と思っていたのですが、なるほど、成熟企業に限定すると米欧の配当性向はより高まるので、それらとの比較では日本企業の配当性向は低く見えるわけです。もしも日本企業が内部保留をガンガン投資していたならば、国際的に見て相対的に低い配当性向も理解を得られるでしょう。しかし、せっせと内部留保をするものの成長投資は低調、これだとなかなか理解が得られません。

　そうやって積み上げていった結果が、いまや過去最高レベルにまでなった日本企業の内部留保なのです（**図表9-3**）。

　内部留保をすること自体は悪いことではありません。しかし、その内部留保は事業投資に使って企業を成長させる必要があります。さもないと、単に現金が寝るだけになってしまうからです。配当に回せば株主が潤い、そのお金の一部は消費に回り景気にも好影響をもたらしますが、企業内に寝てしまっては意味がありません。

　あるいは、配当に回せば、株主は再投資先を探します。再投資先として、これからの成長産業にお金が回っていけば、国全体として成長産業を育成することになりますし、国全体の事業構造を成長型、次世代型に変換していく

ことができます。

　もっとも、株主はグローバルに投資をしていますので、日本企業の支払った配当がそのまま他の日本企業に再投資されるとは限りません。他の国の株式に再投資される可能性もあります。したがって、日本企業が配当を吐き出すと、富が国外に流出していくことになる可能性があり、それよりは日本企業の中に内部留保として貯め込んでおいた方がよい、というような発想も出てくるのかもしれません。

　また、せっせと内部留保をするのは、バブル崩壊後の平成金融不況やリーマンショックなどの不景気局面の記憶から、「企業は倒産しないためにとにかく現金を持っておくべきだ」と強く認識しているからかもしれません。いずれにせよ、そのような状況では国全体として見た場合に成長はないでしょう。問題は内部留保そのものではなく、成長投資が限定的なことなのです。

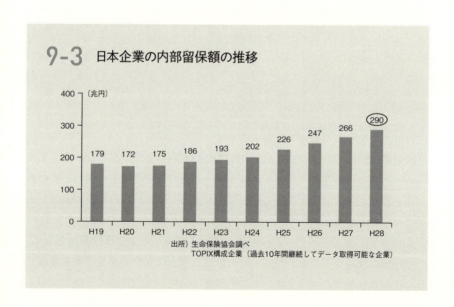

9-3　日本企業の内部留保額の推移

出所）生命保険協会調べ
TOPIX構成企業（過去10年間継続してデータ取得可能な企業）

現金を貯め込むだけでいいのか？

　経営陣に事業投資をしたいと思わせる動機づけの1つの方法として、「報酬体系を上げる」があります。収益（株価）が上がったら報酬が増えるような、業績連動型の報酬体系（成功報酬）を導入すれば、経営陣はリスクをとって事業投資を行うだろうと想定されるからです。しかし、なかなかこの業績連動型の報酬体系は日本で広がりません。最近では報酬の一部を株式で受け取る動きも出てきていますが、業績がうまくいった場合でも、受け取ることのできる成功報酬のダイナミックさは米欧に比べると乏しい状況です。

　2018年12月6日の日本経済新聞記事でも「ウイリス・タワーズワトソンがまとめた17年度の日米欧の最高経営責任者（CEO）報酬調査（大企業の中央値）によると、日本は報酬全体に占める業績連動報酬の比率が52％。16年度から10ポイント上がったものの、米国（90％）、英国（76％）にはとどかない。業績連動報酬の比率を高める一方、制度の適切さを評価できるよう情報開示の充実も課題だ」と報道されています。

　業績連動型の報酬体系を導入すれば、企業が積極的に事業投資をするとは限りません。しかし、事業投資をしないことには企業の成長はないわけですから、投資をするように仕向けるなんらかの仕組みが日本企業には必要でしょう。

　そのような仕組みを作ることができないのであれば、リスクテイク型の人間が経営陣になるように株主がきちんと自らの希望に沿うような人材を経営陣に選任する必要があります。

　ただし、これは言うは易し行うは難しで、日本企業の場合、現在の社長が退任するときに次の社長を任命するのが一般的になっており、通常は内部昇進者が指名されます。

実際の選任は株主総会で行われるので、決定権自体は株主総会にありますが、株主総会への原案は会社側(取締役会)で作られ、実際はそれがそのまま承認されることが大半です。したがって、原案の作成が重要になります。そのような状況に対して、次期取締役の選任の原案作成を社外取締役をメインとする外部目線に委ねる機関設計(指名委員会等設置会社といいます)もあります。ただし、この形式のコーポレートガバナンス体制を採用している企業は100社にも届かず、少数派です。
　成長を模索するような経営者がきちんと選任されること、これは日本企業にとって極めて重要な課題ですが、今のところ、なかなか妙案はなさそうです。

　最近では、ローソン、サントリー、ファミリーマート、カルビー、資生堂、LIXIL、武田薬品などで、外部からいわゆるプロ経営者を招聘し、経営を委ねる事例も登場しつつあります。カルビーのように業績が大きく上向いた事例や、LIXILのように積極的にM&Aに打って出たもののうまくいかず、別のプロ経営者を招聘してきた事例など、結果はまちまちです。また、武田薬品のように外部からやって来た経営陣の戦略に対して創業家が反対する事例も登場しています。
　ただし、重要なことは、投資をする、チャレンジをするということです。現状維持は誰でも可能です。たとえ失敗しようが、果敢にチャレンジした経営姿勢は褒められるべきでしょう。M&Aでも、高値掴みをした案件は批判の的にされることも多いのですが、やらないよりはやった姿勢を評価すべきではないかと個人的には思っています。

コラム　行き過ぎた業績連動報酬も考え物か

　業績連動型の報酬体系については、米欧では批判も出てきつつあります。たいした業績も上げていないのに多額の報酬を得る事例や、過度なリスクテイクに踏み切る事例が存在するからです。

　あなたが業績連動型報酬の企業の社長になったシーンを考えてみましょう。リスクテイクをして積極的に事業投資をして業績を上げれば、ガッポリと報酬が入ってきます。あくまでも会社のお金で事業投資をするので、投資するタイミングであなた個人が資金負担をする必要はありません。もし、その事業投資がうまくいかなかったとしても、あなたの痛みは業績連動部分の報酬が入ってこないだけです。基礎報酬が減ることはありません。

　もしも、個人投資家として資産運用をするならば、損をした場合は自身の資産が減るので、相当慎重に判断するでしょう。しかし、社長が事業投資をしていくら会社に損をさせても、個人資産は減らないのです。一方で、うまくいけば青天井の業績連動報酬がもらえる。

　この状況においてあなたならどうしますか？　そりゃあ、もう投資しまくるしかないですよね？（笑）

　もっとも、業績連動報酬の場合、株式で報酬を得ることも多く、会社が損をした場合は株価が下がり、それゆえに社長自身の資産もまったく無傷でいることはないのですが、しかし、個人の資産の価値が下がるだけで、マイナスにはなりません。

　このように業績連動型報酬を導入し、社長をいけいけどんどん型にさせる場合は、行き過ぎを阻止するようなストッパー機能が必要です。ちょうどこの原稿を書いている2018年9月は、リーマンショックから10年が経ったということで新聞でも特集が組まれています。20代以下の方々はリーマンショックをご存じないかもしれませんので説明しておきましょう。

　2008年、リーマンブラザーズ証券という米国の大手証券会社の1社が経営破綻をしました。それが世界中に不景気をもたらしたことから、「リーマンショック」と呼ばれています。

　なぜリーマンブラザーズは経営破綻をしたのか。様々な理由があるでしょうが、端的には過度なリスクテイクが原因です。

筆者の保田は新卒でリーマンブラザーズ証券の東京支店に入社しています。読者のみなさんは自分の入社式の日のことを覚えていますか？　社長の訓話を覚えていますか？　おそらく、きっと覚えていないことでしょう。しかし、私は今でもその入社式の日のことを鮮明に覚えています。
　当日は、株式部、債券部、投資銀行部など、各事業部の責任者がやって来て、いろんな話をしてくれました。またフロントで稼ぐ部署のみならず、経理・財務部、業務部などバックオフィスの責任者も一人ずつやって来ました。そして、インド人のIT部門の部長の番になりました。

　当時のIT部は社内の情報システム、パソコンや情報端末などの整備をしてくれるのが仕事のメインであり、直接収益を稼ぐわけではありません。株式や債券など、証券知識が問われる話も出てこないだろうと思い、私はそれまでの緊張をやや解いて、少しリラックスした調子で話を聴き始めました。IT部長はインド訛りの英語で話し始めると、おもむろにホワイトボードに数字を書き、聞いてきました。
「この数字が何の数字かわかる人？」
　新入社員の何人かが当てられて答えました。
「IT部門の社員数！」
「社内のサーバーの数！」
　しかし、どれもハズレ。「わからないなあ」と考えあぐねるわれわれ新入社員に、IT部長は言いました。
「これは、昨日のリーマンブラザーズの株価だ。俺たちはこの株価を上げるために仕事をしているんだ！」
「え?!」
　当時の私は度肝を抜かれました。IT部門という、収益を直接稼ぐわけではない事業部の部長が、株価を意識して仕事をしているのです。これはとんでもないところに就職したぞ、と思いました。

さらに、一連の部長たちの挨拶の最後には東京支店の責任者が出てきました。アメフトがうまそうな小柄なアメリカ人です。おそらくまだ40歳になっていなかったでしょう。彼は、スピーチの中で何度も繰り返しました。"We focus on high margin business !!" 入社日初日に何度もリピートされたこのフレーズは強烈に私たちの記憶に残りました。その後、同期とよくこのフレーズを言い合ってジョークにしていたものです。

　High margin business（収益性の高いビジネス）とは、裏を返せばhigh riskということ。つまり、リスクを取って果敢に攻めて収益を上げるという事業モデルです。当時の証券業界は、ゴールドマンサックス、メリルリンチ、モルガンスタンレーという3大証券会社が存在し、リーマンは4番手でした。4番手が上位3つと同じ事業をしていたのでは勝てません。だから、他社がやらないことをやるわけです。

　私が入社したのは1998年4月ですが、1998年初めより、2006年末までの間にリーマンの株価は6倍を超えました。リスクテイクをした積極的な事業展開がうまくいき、業績と株価が基本的にはずっと右肩上がりでした。

　株式市場も同社の戦略を支持しました。同社の報酬は社長以下、多くの社員は業績連動でした。報酬の一部は株式で支給されます（役職が高ければ高いほど株式による支払い割合が大きくなります）。そして、その株式は、数年間は売却ができませんので、とにかく株価は下がってほしくないのです。できれば上げたい。このように経営陣も従業員も株主も一心同体となり、いけいけどんどんでやった末に待っていたのが、リーマンショックでした。

　破綻を防ぐには、過度なリスクテイクを制御するためのガバナンス体制が必要だったはずです。それが欠如していたことが、リーマン破綻の最大の要因かもしれません。

　企業の事業投資におけるリスクテイクには節度が求められますし、業績連動報酬体系も同様でしょう。2018年11月6日のFinancial Timesでは、ドイツの役員報酬が直近4年間で38%上昇したことに対して、警鐘を鳴らしています。記事では、メルケル・ドイツ首相の「『節度を欠く』経営者の行為は『自由で社会主義的な社会』と折り合わないと公の場で批判し

た」という発言を紹介しました。ドイツは米国に比べると役員報酬は低い水準ですが、それでもそういう批判も出ているので、適度な役員報酬については、議論は一筋縄ではいきません。しかし、多くの日本企業のように何もせずに現状維持で縮小均衡の道をたどり、ひたすら延命をするという事業戦略もまた推奨されるべきものではありません。冷静と情熱の間、リーマンと日本企業の間ぐらいの事業投資、リスクテイクの姿勢が今後の日本企業に求められるでしょう。

　日本におけるコーポレートガバナンスの議論は、経営陣の暴走を止めるというアメリカの議論をそのまま持ち込んでいますが、日本ではむしろ適正なリスクを取らせる機関設計とガバナンスが必要です。

株主還元にもダイナミズムを!

　配当に議論を戻しましょう。株主にとって重要なことは株式リターンの最大化です。事業投資をするならば内部留保で構いません。しかし、投資をしないのならば配当として株主に戻してほしいと思っています。内部留保をしても、あまり事業投資をしない日本企業は海外投資家から見ると不可解に映るはずです。
　しかし、一部の海外投資家を除いてはあまり日本企業に対して積極的に配当を求めたり、事業投資を求めたりしません。経営戦略にも口を出しません。なぜでしょうか。筆者は長年不思議に思っています。明快な回答は持ち合わせていないのですが、海外投資家が日本株を一種のローリスク投資先として考えているのではないかと思っています。

　海外投資家はグローバルベースで投資を行っています。積極的な事業投資をして成長を模索する役割は日本以外の国々に期待をし、日本株には成長ではなく、安定を期待し使い分ける。こうなると、株主から日本企業への成長のプレッシャーは生じず、日本企業はますます縮小均衡、現状維持の方向に進んでいきます。せっかく導入したスチュワードシップコード（機関投資家による企業への規律づけ）も意味をなしません。これは由々しき事態です。実際に、日本における時価総額の上位企業の顔ぶれを見ると、数十年間よく見た名前の既視感のある企業名が多いことに気づきます（**図表9-4**）。

　一方、米国では大きな変化が見られます。**図表9-5**は、世界の時価総額の平成元年と平成30年の比較ですが、変化は一目瞭然です。平成元年に世界の時価総額ランキング上位50社中32社は日本企業が占めていましたが、平成30年には上位50社にランクインするのはトヨタのみ。

9-4　2018年12月時点の日本の時価総額上位20社

順位	社名
1	トヨタ
2	NTTドコモ
3	NTT
4	ソフトバンクグループ
5	三菱UFJフィナンシャルグループ
6	キーエンス
7	ソニー
8	KDDI
9	ファーストリテイリング
10	日本郵政
11	ゆうちょ銀行
12	ホンダ
13	JT
14	三井住友フィナンシャルグループ
15	三菱商事
16	JR東海
17	リクルート
18	みずほフィナンシャルグループ
19	セブン＆アイホールディングス
20	任天堂

9-5 世界の時価総額ランキングの変化

平成元年世界時価総額ランキング

順位	企業名	時価総額(億ドル)	国名
1	NTT	1,638.6	日本
2	日本興業銀行	715.9	日本
3	住友銀行	695.9	日本
4	富士銀行	670.8	日本
5	第一勧業銀行	660.9	日本
6	IBM	646.5	米国
7	三菱銀行	592.7	日本
8	エクソン	549.2	米国
9	東京電力	544.6	日本
10	ロイヤル・ダッチ・シェル	543.6	英国
11	トヨタ自動車	541.7	日本
12	GE	493.6	米国
13	三和銀行	492.9	日本
14	野村證券	444.4	日本
15	新日本製鐵	414.8	日本
16	AT&T	381.2	米国
17	日立製作所	358.2	日本
18	松下電器	357.0	日本
19	フィリップ・モリス	321.4	米国
20	東芝	309.1	日本
21	関西電力	308.9	日本
22	日本長期信用銀行	308.5	日本
23	東海銀行	305.4	日本
24	三井銀行	296.9	日本
25	メルク	275.2	米国
26	日産自動車	269.8	日本
27	三菱重工業	266.5	日本
28	デュポン	260.8	米国
29	GM	252.5	米国
30	三菱信託銀行	246.7	日本
31	BT	242.9	英国
32	ベル・サウス	241.7	米国
33	BP	241.5	英国
34	フォード・モーター	239.3	米国
35	アモコ	229.3	米国
36	東京銀行	224.6	日本
37	中部電力	219.7	日本
38	住友信託銀行	218.7	日本
39	コカ・コーラ	215.0	米国
40	ウォルマート	214.9	米国
41	三菱地所	214.5	日本
42	川崎製鉄	213.0	日本
43	モービル	211.5	米国
44	東京ガス	211.3	日本
45	東京海上火災保険	209.1	日本
46	NKK	201.5	日本
47	アルコ	196.3	米国
48	日本電気	196.1	日本
49	大和証券	191.1	日本
50	旭硝子	190.5	日本

出所：米ビジネスウィーク誌（1989年7月17日号）「THE BUSINESS WEEK GLOBAL1000」

平成30年世界時価総額ランキング

順位	企業名	時価総額(億ドル)	国名
1	アップル	9,409.5	米国
2	アマゾン・ドット・コム	8,800.6	米国
3	アルファベット	8,336.6	米国
4	マイクロソフト	8,158.4	米国
5	フェイスブック	6,092.5	米国
6	バークシャー・ハサウェイ	4,925.0	米国
7	アリババ・グループ・ホールディングス	4,795.8	中国
8	テンセント・ホールディングス	4,557.3	中国
9	JPモルガン・チェース	3,740.0	米国
10	エクソン・モービル	3,446.5	米国
11	ジョンソン・エンド・ジョンソン	3,375.5	米国
12	ビザ	3,143.8	米国
13	バンク・オブ・アメリカ	3,016.8	米国
14	ロイヤル・ダッチ・シェル	2,899.7	英国
15	中国工商銀行	2,870.7	中国
16	サムスン電子	2,842.8	韓国
17	ウェルズ・ファーゴ	2,735.4	米国
18	ウォルマート	2,598.5	米国
19	中国建設銀行	2,502.8	中国
20	ネスレ	2,455.2	スイス
21	ユナイテッドヘルス・グループ	2,431.0	米国
22	インテル	2,419.0	米国
23	アンハイザー・ブッシュ・インベブ	2,372.0	ベルギー
24	シェブロン	2,336.5	米国
25	ホーム・デポ	2,335.4	米国
26	ファイザー	2,183.6	米国
27	マスターカード	2,166.3	米国
28	ベライゾン・コミュニケーションズ	2,091.6	米国
29	ボーイング	2,043.8	米国
30	ロシュ・ホールディングス	2,014.9	スイス
31	台湾・セミコンダクター・マニュファクチャリング	2,013.2	台湾
32	ペトロチャイナ	1,983.5	中国
33	P&G	1,978.5	米国
34	シスコ・システムズ	1,975.7	米国
35	トヨタ自動車	1,939.8	日本
36	オラクル	1,939.3	米国
37	コカ・コーラ	1,925.8	米国
38	ノバルティス	1,921.9	スイス
39	AT&T	1,911.9	米国
40	HSBC・ホールディングス	1,873.8	英国
41	チャイナ・モバイル	1,786.7	香港
42	LVMHモエ・ヘネシー・ルイ・ヴィトン	1,747.8	フランス
43	シティグループ	1,742.0	米国
44	中国農業銀行	1,693.0	中国
45	メルク	1,682.0	米国
46	ウォルト・ディズニー	1,661.6	米国
47	ペプシコ	1,641.5	米国
48	中国平安保険	1,637.7	中国
49	トタル	1,611.3	フランス
50	ネットフリックス	1,572.2	米国

＊7月20日時点

出所：「週刊ダイヤモンド」2018年8月25日号より

平成30年の世界の上位企業の顔ぶれを見てみると、大きく4つの企業群に分かれます。1つは金融業(銀行やクレジットカード会社)、1つは通信業(AT&Tやベライゾン)、もう1つはFAANG(Facebook, Amazon, Apple, Netflix, Google)のような新たに創業された企業、そしてグローバル化を推進したP&Gやネスレのような企業群です。これらの企業に比べ、日本企業のテクノロジーが圧倒的に劣っていたとは思えません。本来なら、技術力が高い日本企業が上位50社にもっと入っていてもよかったはずです。

　何が大きな違いを作ったか。ひとえに、リスクを取って投資をしてきたかどうかでしょう。もっとも、日本企業はバブルの後遺症からなかなか投資に前向きになりにくいという事情はあったかと思いますが、投資家にしてみるとそんなことは関係ありません。グローバル市場で見て、より魅力的な投資先があったからそちらに投資をしたまでです。日米企業のROEの推移を見ると、特に日本企業のROEの低さが際立ってしまいます(図表9-6)。

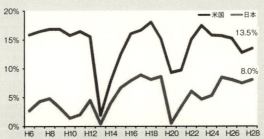

9-6　日米企業のROEの推移

出所:(日本)生命保険協会調べ、対象は上場企業(赤字企業含む、金融除く)
　　　(米国)商務省「Quarterly Financial Report」
※日本:4〜3月　米国:1〜12月

企業の経営陣には成長投資は期待できないし、株主からの圧力による変化も期待できない。そうなった場合、いったい日本経済はどうなっていくのでしょうか？　少なくとも、日本企業が稼いだお金がB/S上で寝ているだけでは、国としての成長は期待できません。従業員の給与も増えないでしょう。この10-20年間の日本での状況から実感できることだと思います。

　事業投資をするか、配当や自社株買いで株主（株式市場）にお金を戻す。株式市場にお金が戻ってくれば、投資家はそれらお金を成長しそうな産業に再投資します。このようにお金が企業内外で投資されてこそ国全体としてもダイナミックに成長、発展していくのです。この循環が、今の日本には欠けています。

　米欧企業の配当性向の分布図（**図表9-2**）を思い出してください。配当性向の大きい企業からゼロの企業まで多様に存在します。事業投資をする企業の配当性向は低く、そうでない企業は配当性向を高めて投資家に戻す、そして投資家は戻ってきたお金を成長産業に再投資するという循環がダイナミックに実施されているのです。

　政府や政治家が企業の内部留保は吐き出すべきだという主張をすることがありますが、あながち筋の悪いものではありません。ただし、内部留保のすべてが現金で保有されていると勘違いしている議論や、内部留保に課税しようというような二重課税になってしまう議論など、妥当性や正確性に欠ける部分はあるのですが、お金が企業内に寝ているだけでは困るという主張自体は正しいのです。

　株主が企業になんらかのプレッシャーをかけて、事業投資か配当を迫ればいいのでしょうが、株主（機関投資家）も忙しいのです。投資銘柄が気に入らないなら売るだけで、企業に真剣に変革を迫るような行動は採らないことがほとんどです。たまに大きく投資をし、企業に圧力をかけて配当を吐き出さ

せるような行為を行う投資家もいますが(アクティビストファンドなど)、そうするとすぐに敵対的だ、ハゲタカだというレッテルを貼られてしまい、どうも日本ではうまくいきません。

　もっとも、特に最近アメリカでは、アクティビストファンドは配当や自社株買いを要求するのみならず、きちんと事業戦略の方向性にまで提案するような動きも出てきていますので、それが日本にも波及すれば、少しは風向きが変わるかもしれませんが。

　日本企業が事業投資も配当もせず、せっせと企業内部に現金を貯め込む現状に対して、投資家は「成長投資や配当は日本以外の銘柄から受け取るので、日本企業の内部留保はローリスク・ローリターンゆえのことと考えておこう」なんて思っているのかもしれません。事業投資にチャレンジする経営陣、配当戦略をダイナミックに遂行する経営陣、そういう経営陣が評価されるようななんらかの指標が必要でしょう。

コラム 配当性向を100%にしたアマダ

　1つおもしろい事例を紹介します。アマダは、2014年に配当性向を100%とすると発表しました。当面は事業投資の予定がないので、株主にお金を戻すということです。この発表を受け、株価は大きく跳ね上がりました（**図表9-7**）。投資機会の有無に応じて配当性向を柔軟に変更するダイナミックな配当戦略が評価されたということもあるでしょうが、株価上昇の一番大きな理由は高い配当利回りに目が眩んだ短期保有目的の新たな株主でした。

　短期の配当利回りを求める株主は別に悪いわけではありませんし、それをきっかけにアマダに関心を持ってくれる投資家が増えて、一部が中長期で保有してくれるようになれば、それはそれで好ましいことでしょう（実際は、保有期間は投資家の投資スタイルと直結するので、短期保有の投資家が中長期の保有に切り替わるということは稀ですが、ニュースになりにくい企業がニュースを作って知名度を上げるというのは、それはそれで重要なことです）。

　2年後、アマダは配当性向を50%に下げると発表しました。もともと、100%の配当性向は2年間程度の限定だという示唆を経営陣はしていましたので、配当性向を下げるのは予定通り、ということになります。しかし、これに対して株式市場は「売り」で応じました。これをどう理解すべきでしょうか？

　配当性向を50%にして、利益の残りの50%を内部保留（事業投資）に充てるという戦略は、株主から支持を得られなかったのでしょうか？　一概にそうとは言えません。すべての株主が売り抜けたわけでは当然なく、単に配当のみが目的だった短期の株主が出ていったわけです。残った株主はアマダの今後の事業戦略に期待したことでしょう。アマダとて、好んで短期の配当目的の株主を引きつけたわけではなく、株主にとってよかれと思ってダイナミックな配当戦略を遂行したのです。どの企業も特段の戦略もなしに3割程度の配当性向を維持する中で、アマダの勇気をまずは称えるべきだと思います。

　実際、一時的に株価は下がったものの、その後、アマダの株価は持ち直しています。2015年に日経ビジネスのインタビューにアマダの社長が応じていますが、重要なのは配当性向ではなく事業成長である、それをあらためて実感していると話していたのが印象的です。

9-7 アマダの株価推移

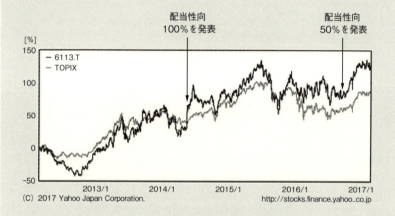

配当について　03

配当は株主にとって価値中立的

　配当について、理論的な理解を整理しておきます。まず質問です。配当を増やすと株価は理論的には上がるでしょうか、下がるでしょうか？　実際の市場では上がることが多いです。これは先のアマダの事例で見たとおりです。では、理論的にはどうでしょう？

　もし配当を増やすことで理論的にも株価が上がるのなら、企業は事業そっちのけでひたすら配当を上げ続けますよね？　しかし、実際には配当を上げ続ける企業はありません。そうです。配当を増やしても理論株価は上がりません。理論的には、実は下がるのです。

　「え。下がるの？」と思われた方が多いかもしれませんが理論的にはそうなります。これは図解の方がわかりやすいでしょうから**図表9-8**をご覧ください。

　本書でDCF法による理論的な企業価値と株主価値の算出を学習しましたので、この図解のカラクリはわかりましたよね？　理論的な株主価値は配当支払い分（あるいは自社株買い実施分）減額します。配当を支払っても株数は変わりませんので、理論株価は下がるわけです。

　株式リターンが、キャピタルゲイン＋配当であることを考えても、配当が増えるならキャピタルゲインが減る、つまりトータルでの株式リターンは不変であるということからも理解できるでしょう。

　ちなみに、自社株買いの場合は株数が減るので、株価は中立となります。100円のバナナが10本あって、誰かが1本100円で買っていっても、残り9本のバナナの値段は変わりませんよね？

　また、この図解とは異なる議論になりますが、配当を支払うことで企業内の現金が減るということは、その分成長投資に回せる現金が減るため、将来

9-8 配当(自社株買い)実施前後の株主価値イメージ

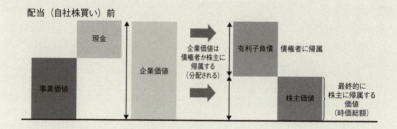

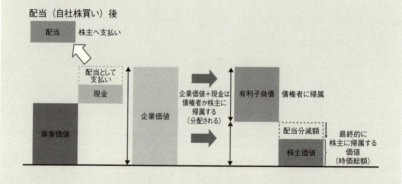

のキャッシュフローが減る可能性もなくはありません。実際には、成長投資には関係のない余資を配当に回すはずなのでその議論はあまり当てはまらないのですが、先のアマダのように、配当を大幅に手厚くした場合は当面は大きな事業投資を行わないケースもあります。

　上場企業の配当は、年に2回払われるのが一般的です。中間決算時の中間配当と、決算期末の期末配当です。では、いつの時点の株主にそれら配当は支払われるのでしょうか？

　結論から言えば、3月決算の企業なら9月末と3月末がそれぞれ配当の権利確定日になります。ただし、末日に株式を購入しても配当の支払い対象にはならず、末日から4営業日前の時点で株式を保有しておく必要があります。その翌日だと配当はもらえませんので、その翌日のことを「権利落ち日」といいます。配当をもらう権利がなくなるわけです。その分理論株価も下がりますので、"落ち日"なんですね。

　たとえば株価が500円で、配当が10円だとします。2019年3月26日時点の株主は株価500円で10円の配当を受け取りますが、翌日に株主になる場合は配当はもらえませんので、株価が490円に下がっていないと購入しようとは思わないでしょう。したがって、理論的には権利落ち日には配当の分だけ理論株価は下がります。しかし、実際の市場での株価の動きはそのようにはなっていないことが多いのです。誤解が多いのですが、この理論的な構図はご理解ください。

機関投資家の配当に対する期待

　配当性向以外の配当の指標としては、配当利回りやDOE（Dividend On Equity：株主資本配当率）などがあります。

　配当利回りは、配当と株価を比較したものです。一株500円の株式で年間

の配当が10円なら配当利回りは2％です。

　繰り返しになりますが、株主にとっての投資リターンはキャピタルゲイン＋配当であり、投資家によって配当重視か、あるいは、キャピタルゲイン重視かは異なります。

　配当重視型の投資家をイールド型と呼びますが、イールド型の投資家にとっては、あるいは、そのような投資家を呼び込みたい企業にとっては配当利回りはある程度重要になります。過去の日本の上場企業における配当利回りの推移は概ね1－2％程度です（中には配当利回りが5％程度の銘柄も存在します）。

　一方、投資銘柄の成長性を重視するグロース型の投資家の場合は、配当よりもキャピタルゲインを狙いにいくことになるでしょう。

　次に、DOEは、配当金額と純資産額の割合です。配当性向は純利益との比較となりますが、利益は年によって比較的上下しやすいため、それに応じて配当を変えると配当も上下することになります。実際には利益が大幅に変化しても配当は不変とすることが多いので、結果として配当性向が上下することになります。

　しかし、純資産の金額は年によって大きく変化することが少ないため、DOEは比較的安定的に推移します。そのため、経年の評価指標として用いやすい側面があります。

　配当性向とDOEのどちらが優れているというわけではなく、利益の積み上がりが純資産であることを勘案するに、配当性向もDOEも、見ているものにあまり違いはありません。両方の目標値を開示する企業も存在します。実際のところ、DOEは以下に分解することも可能です。

$$\text{DOE} = \frac{\text{配当}}{\text{株主資本}} = \left(\frac{\text{当期純利益}}{\text{株主資本}}\right) \times \left(\frac{\text{配当}}{\text{当期純利益}}\right)$$

　右辺の第1項はROE、第2項は配当性向です。表面上の配当性向が高くなく

とも、ROEが高ければDOEは高くなりますし、配当性向が高くともROEが低いとDOEは低くなります。ROE、配当性向をそれぞれ評価することは、結果としてDOEで株式を評価していることと同じになります。

なお、機関投資家は、配当の評価指標として何を見ているかについての学術研究によるアンケート調査がありますので(芹田・花枝・佐々木(2011)「日本企業のペイアウト政策と株式分割」)、ご参考までに提示しておきます(図表9-9)。

これを見ると、投資家によって好みが違うことがわかりますので、やはり株主とのIRを通じた対話の中で、自社の株主の好みは何かを探りつつ、自社で採用すべき配当の最適指標を探っていくことになるでしょう。半分ぐらいの機関投資家は、重視する配当関連の指標として配当性向を掲げていることがわかります。そしてその次は配当利回りです。

9-9 機関投資家は配当の評価指標として何を見ているか

	機関投資家全体
一株当たり配当額	8.4%
配当性向	45.8%
一株当たり配当成長率	10.3%
配当利回り	18.7%
株主資本配当率（DOE）	12.1%
注目する指標はない	0.9%
その他	1.9%
無回答	1.9%

出所：芹田・花枝・佐々木(2011)「日本企業のペイアウト政策と株式分割」より一部抜粋、加筆

なお、同調査からは一株当たり配当額の安定性について、資産運用を生業とする機関投資家は必ずしも重要だとはとらえていないことも報告されています。配当、自社株買い、キャピタルゲインなどすべてを加味した総株式リターンで判断するということでしょう。一方、銀行は配当の安定性を重視していることが報告されています。株主構成に占める機関投資家と銀行の割合が異なれば、配当政策も変わり得るということになります。

自社株買いについて 04

　次に、自社株買いはどうすればいいのでしょう？　いつ、どのタイミングで、どの程度実施すべきなのか、会社にとっては重要な問題です。

　まず、自社株買いの概念を理解しましょう。配当は全株主に現金として払われますので、「株主還元」であるということは理解しやすいです。一方、自社株買いが株主還元であることは、なかなか感覚的には理解しにくいという事情があります。

　企業が自社株買いをすると、それに応じる株主は株式を売却して現金を得ます。一方、応じない株主には現金は入ってこず、何ら変化はありません。したがって、自社株買いは一部の株主にとっての還元であり、すべての株主がその恩恵を被るわけではないような錯覚に陥ります。しかも、株式を売却したければ、株主は市場で売却することができますので、わざわざ企業に自社株買いをしてもらわなくともよさそうなものです。では、企業は何のために自社株買いをするのでしょうか？

　先ほどの配当の項で図解したように、自社株買いをしても理論的には株価は不変です。これはDCF法によって将来のキャッシュフローから理論株価を算出する場合です。一方、一株当たり利益（EPS）とPERだけで株価を評価している投資家も世の中には存在します。自社株買いをすると、株式数が減りますので、一株当たり利益（EPS）は増えます。そして、もしPERが不変ならば株価は上がります。

　神奈川県の湘南でサーフィンをする場面を想像しましょう。きっと、非常に混んでいますよね。100メートルの海岸で100人のサーファーが楽しんでいる場合、隣の人とぶつからないかヒヤヒヤしながら、1メートル間隔でサーフィンをすることになりますね。これがもし50人しかいなかったとすると、2メートル間隔で楽しむことができます。一人当たりの面積が増えますね。

　企業が自社株買いをすると、その分だけ株式数が減少します。利益が100、株式数が100だとします。そしてPERは10だとしましょう。このとき、一株

当たり利益は1ですので、株価は10(1×10)になります。一方、自社株買いをして株数が80になったとします。すると、一株当たり利益は100÷80＝1.25になります。"PERが10で変わらないのなら"(ここがミソです)、株価は12.5(1.25×10)です。自社株買いに応じる株主は持ち株を現金化することができて、応じない株主には現金は入ってこないものの株価上昇にあやかれる、これならたしかにすべての株主にとって株主還元となります。

　しかし、ここで1つ考えましょう。自社株買いをして株価が上がるなら、企業はひたすら自社株買いをすればいいのではないでしょうか？　また、もし株価が上がるなら、自社株買いに応じる株主は出てこないのではないでしょうか？

　日々市場で株価やPERを見ていると、株価はPERで決まるように思えてきます。たしかにそういう側面はあるのですが、株価はあくまでも将来のキャッシュフローをもとにして算出されます。したがって、理論的には自社株買いをしても株価には中立なのです。一株当たり利益が上がるからといって企業がひたすら自社株買いに走らない理由はそこにあります。そして、自社株買いに応じる株主がいるのも、株価にとって中立であることが理由です。大量の株式を市場で売却するのは難儀します。しかし、自社株買いではそれが可能となるため、それを目的に応じるケースもままあります。

　"理論的には"、自社株買いは株価に中立です。しかし、現実には、自社株買いをすると株価は上がります。その主な要因は「買い需要の創出」と「シグナリング効果」です。買い需要については、企業が自社株買いをすれば、市場で買いオーダーが積み上がりますので、需給バランスが改善して株価を下支えし、上昇させる効果があると理解できます。

　後者のシグナリング効果とはどのようなものでしょうか。
　企業の内情について最も詳しいのは経営陣でしょう(これを経営陣と投資

家における「情報の非対称性」といいます)。その経営陣が自社株買いをするということは、自社の株価が安いと思っている証拠だともいえます。したがって、自社株買いには、経営陣が自社の株価は割安だと思っていることを外に知らしめる効果があるといわれています。これが、シグナリング効果と呼ばれるものです。この2点が、自社株買いで株価が上がる大きな理由となります。

また、日本企業の場合、ほとんどの企業で配当の支払いはなされていますが、自社株買いをやっていない企業も少なくありませんし、実施していても規模は米国のそれに比べると小ぶりです(参考までに日米の自社株買いの推移を図表9-10で載せておきます)。そういう企業で自社株買いを開始する、あるいは、増額する場合、それを株主は「株主還元の姿勢が強まった」と判断して歓迎することもあります。

9-10 日米の自己株式取得額の推移(対純利益比)

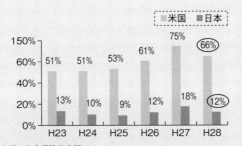

出所:生命保険協会調べ
(日本) 対象はTOPIX構成企業(赤字企業を含む)
(米国) Standard&Poor's、S&P500構成企業(赤字企業を含む、暦年ベース)

表面上の一株当たり利益も増えるし、市場での買い需要も創出できて、「株価は割安ですよ」という経営陣のメッセージも伝えることができる。これなら、たとえ理論株価には中立だとしても、経営陣としては自社株買いをやらない理由はなさそうですよね。しかし、自社株買いはそれほど多くの企業で実施されているわけではありません。なぜでしょうか。
　1つには、自社株買いをして市場での株式数を減らすと、流動性の低下につながりかねないことが挙げられます。上場企業のうち、流動性に苦労していないのは時価総額で数千億円以上の規模のたった数百の企業であり、逆に言えば、他の企業の多くは流動性に悩まされているのです。
　また、もう1つの理由として、配当と違い、株主が喜ぶ姿が見えにくいことも原因として挙げられるでしょう。

　なお、自社株買いについては、先ほどの芹田・花枝・佐々木(2011)のアンケート調査によると、機関投資家、事業会社双方ともに、
　①最適な資本構成の実現を可能とし
　②現在の自社の株価が割安であると伝達する機能があり
　③市場における株式の需給関係の改善効果があり(買い需要の創出)
　④配当に比べて柔軟である
と認識していることが報告されています。機関投資家の認識度合いと事業会社のそれでは有意差が存在するため、機関投資家の方が自社株買いを「戦略」として認識していることがよくわかります。

　ここまで見ると、ペイアウト政策は、自社の株主の顔ぶれやその属性に応じて柔軟に対応していくべき、戦略的なものであることがおわかりいただけると思います。唯一の答えがないからこそ、株主との丁寧なコミュニケーションが重要となるのです。

配当v.s.自社株買い 05

　企業が株主還元を望む場合、配当と自社株買いの選択肢があります。どちらを、どのように選択するべきなのでしょうか？　最適な割合というものはあるのでしょうか？　これはなかなか奥が深い問題です。

　配当性向の議論で見たように、配当1つとっても、その最適解は容易ではありません。それに加えて自社株買いという選択肢もあります。明確な答えはないのです。ここでもまた、市場との対話の中での最適解を模索していくしかありません。ちなみに、配当金と自社株買いの合計金額を当期純利益で割った数値である総還元性向の日米企業の推移は**図表9-11**のようになっています。やはり日本企業の株主還元は全体としてもインパクトは小さい状況です。

　そもそも株主は、配当と自社株買い、どちらを好むのでしょうか？　どういう場面で配当を、あるいは、自社株買いを望むのでしょうか？　この点についても、先ほどの学術研究が興味深い結果を見せてくれています。

　図表9-12は投資家の主体ごとに配当と自社株買いのどちらを好むのかを表したものです。

　これによると、銀行と生命保険会社および損害保険会社は、自社株買いよりも配当を好むことがわかります。これらの投資主体は、持ち合い株式の当事者であるケースが多いでしょう。長期間で株式を保有する場合、短期での株価の変動は関心事とはならず、むしろ安定的にキャッシュインする配当収入によるリターン向上を追求している可能性が考えられます。キャピタルゲイン課税の比較では、機関投資家の場合は配当課税と自社株買いで同じなのですが、金融機関と事業会社においては配当課税の方が税制面で有利であることも、配当を好む1つの理由になり得ます。

　一方、いわゆる資産運用を本業とする投資信託や投資顧問、そして年金基金では、配当を好むところと自社株買いを好むところはほぼ半々に分かれま

9-11 日米企業の総還元性向の推移

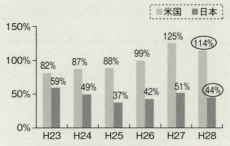

出所:生命保険協会調べ
(日本)TOPIX構成企業(赤字企業含む)
(米国)S&P500構成企業(赤字企業を含む、暦年ベース)

9-12 配当と自社株買いどちらを好むか

現金配当と自社株買いのどちらが望ましいか

	機関投資家全体	銀行	生・損保	信託・投信・投資顧問	年金
現金配当	48.6%	83.3%	65.0%	37.5%	41.4%
自社株買い	30.8%	8.3%	15.0%	35.0%	41.4%
どちらでもよい	19.6%	8.3%	20.0%	27.5%	13.8%
無回答	0.9%	0.0%	0.0%	0.0%	3.4%

総還元率は重要か

	機関投資家全体
重要である	48.6%
重要でない	18.7%
どちらとも言えない	31.8%
無回答	0.9%
平均得点	0.34

出所:芹田・花枝・佐々木(2011)「日本企業のペイアウト政策と株式分割」より一部抜粋

す。おそらく、投資スタイルの違いがペイアウト政策の選好の違いに反映しているということでしょう。非常に興味深いところです。イールド型の投資スタイルであれば配当を好むでしょうし、短期の株価変動を取りにいく投資家の場合は自社株買いを好むことになるでしょう。成長株ファンドの場合、株主は配当よりも内部留保を厚くして成長投資をすることを好むでしょうから、配当よりも自社株買いに軍配が上がりそうです。

なお、GoogleやAmazonなどの米国の成長ベンチャー企業は、配当は実施しませんが自社株買いは実施しています（Appleは2012年に17年ぶりに配当を支払いました）。その主な理由は、社員や経営陣が保有するストックオプションが行使されることにより、発行済株式が増加し一株当たり利益が希薄化してしまうのを防ぐためです。これは、一株当たり利益あるいはPERを投資判断の重要材料としている投資家に対しての対応策ということになります。

図表9-12において総還元率については、機関投資家のうち約半数が重要であると答えているものの、約3分の1の投資家はどちらとも言えないと答えているのも興味深いです。これはどういう意味なのでしょうか。

総還元率は、配当と自社株買いの合計金額が分子となります（分母は純利益あるいは純資産）。どちらとも言えないと答えた投資家は、おそらく自社株買いにより柔軟性を求めているということではないかと思われます。総還元率に目標値を設定してしまうと、会社はペイアウトの総額に目標値を持ってしまうことになります。このような状況において、企業にとって急なM&Aや事業投資の機会が舞い込んできた場合、ペイアウトと投資のどちらを優先すべきかという現実に直面します。総還元率の数値を設定してしまうことで、経営陣の投資判断が鈍ってしまう可能性もあるかもしれません。

では、投資家は、投資機会とペイアウトのどちらを優先すべきだと考えているのでしょうか。それについても、芹田・花枝・佐々木(2011)は1つの答

えを提供してくれています。それによると、機関投資家も事業会社も、ペイアウトは投資計画を決定した後に決定すべきだと考えているのですが、実は、その度合いは機関投資家の方が有意に高いのです。つまり、投資優先あるいは投資重視の姿勢が機関投資家ほど高いことが示唆されます。

　また、投資機会は急にやって来るものでもあり（特にM&Aの場合）、年度途中で大きな投資機会が発生した場合はペイアウト政策を変更せざるを得ない場面もあるかもしれません。そういう場合、機関投資家は、必要な投資機会が登場すれば配当や自社株買いの減額を厭わないことが報告されています。他方、事業会社は、魅力的な投資機会があったとしても、配当を減らしてはならないと思い込んでいることが明らかにされています。自社株買いについては機関投資家と同じ認識ですが、その程度には有意差が存在することが明らかにされました。

　まとめると、事業会社は投資機会よりも配当を優先すべきだと思い込んでいる一方、機関投資家は投資を最優先すべきだと考えています。自社株買いについても、事業会社の方がより硬直的な認識を持っています。これらの認識の違いはIR活動を通じてすり合わせしていくべき事項ですし、事業会社は自社の戦略に生かすと有効です。

株主優待を
どう考えるべきか　06

　大和インベスター・リレーションズの調査によると、日本では2017年9月末時点で全上場企業の約3社に1社の36.7%が株主優待制度を導入しており、直近25年間では社数、導入率ともに過去最高となっています。また、同調査でも指摘されているように、長期保有優遇型の株主優待を導入する企業が増加しており315社にのぼっています(8.4%)。これは、企業が長期保有投資スタイルの個人投資家を呼び込もうとする姿勢を反映したものです。

　このように日本では人気の株主優待制度ですが、機関投資家には不人気です。そもそも、機関投資家はその恩恵を受けることができないというのが、その大きな理由でしょう。たとえば、個人投資家に人気のカゴメでは、株主優待制度で同社の商品を受け取ることができます。しかし、機関投資家の場合、トマトジュースを受け取るわけにはいきません。機関投資家は、あくまでも誰かのお金を代理で運用する立場であり、もしも株主優待を受け取った場合はそれを資金の出所である存在に転送する必要が出てきます。資金の出し手は多数存在しますが、まさか受け取ったトマトジュースをせっせと小分けして送るわけにもいきません。

　したがって、株主優待は実施せずに、同額を配当や自社株買いに回してください、というのが機関投資家の基本的なスタンスとなります。実際、機関投資家の多くは株主優待の受け取りを辞退したり、慈善団体に寄付するなどしており、個人投資家と機関投資家において、経済的メリットでの不平等が生じていることになります。

　では、なぜ日本企業はせっせと株主優待を実施するのか。それは、ひとえに個人投資家を株主として獲得するためです。個人投資家を株主として迎え入れることのメリットは、株主優待で自社サービスの顧客を株主にすることにより(特にB2C企業の場合)、より濃い関係性を形成することができます。たとえば、カゴメの株主数は2017年12月末時点で175,988ですが、そのうち

175,195が個人で、個人が所有する株式割合は62.57％にのぼっています。
　Quick企業価値研究所によるカゴメIRグループへのインタビュー記事によると、カゴメの調査によれば、個人株主のカゴメ商品の購入額は一般の人と比較して10倍以上にもなるとのことであり、関係性の濃さがうかがい知れます。そして、同社が株主向けに実施した株主優待関連のアンケート内の設問の、「今後カゴメの株式をどれくらいの期間、保有予定か？」という問いに対しては、「10年以上」が62％、「3－10年未満」が31％という結果が出た、とのことでした。アンケートに回答する人たちは、カゴメへのファン度合いの高い株主でしょうから、それらアンケート結果の数値はややディスカウントして考える必要がありますし、1社の事例が他の企業にも当てはまるとは限らないので早急な結論付けは避けるべきですが、この事例は、株主優待が長期保有株主の形成に寄与する可能性を示しているかもしれません。
　なお、長期保有は無条件に企業にとっていいのかという点については、少し議論が必要でしょう。先に議論したように、株価形成にとっては流動性が重要になります。すべての株主が長期保有になると売る株主がいなくなるため、流動性が低迷することになりかねません。
　一方で、長期保有の株主が増えるということは、売り圧力が低下しますので、株価が高止まりする可能性もあります。実際、株主優待で人気の銘柄は株価あるいは、PERが比較的高い水準で推移することが知られています。たとえば電鉄株の場合、主たる株主優待はその電鉄で利用可能な無料切符になりますので、沿線住民にとっては株主優待目的として株式を保有するインセンティブとなります。引越しをしない限り、その沿線住民は株式を保有し続けると考えられますので、自ずと長期保有となり、売り圧力は低下します。

　米国のマクドナルド社が日本法人の株式を売却しようとしたものの、取りやめたという事例が2017年にありましたが、日本法人を売却しなかった、あるいは、売却できなかった理由の1つが、同社の株価が株主優待目的の個人

投資家による保有で、高止まりしていたことだという指摘があります。

　2017年4月2日の日本経済新聞記事は、「米マクドナルドは保有する日本マクドナルド株の一部売却を模索しているが、買い手がなかなか現れない。『実力とかけ離れている今の株価ではとても買えない』。買収を一時検討した外資系ファンドの幹部は明かす」と報道しました。

　以上のように、機関投資家には歓迎されないものの、一方で一部の個人投資家には喜ばれて、自社サービスの顧客を株主にもできる株主優待制度、企業はこれにどのように対応していくべきでしょうか。

　顧客に株主になってもらい株主と深い関係性を築くという点を除いて、経済合理性だけで考えれば、株主優待を実施せずに、同じ金額を配当や自社株買いに充ててすべての株主に平等に公平に対応するということが合理的だと言えそうです。1つ、興味深い研究結果を紹介しましょう。

　配当と株主優待の代替性を検証した論文「株主優待が株価にもたらす独自効果」(野瀬他2017)によると、個人投資家は株主優待にギフト性を感じており、配当と株主優待には異なる意義を見出している可能性が高いとのことです。たしかに、配当の場合はそのまま口座に振り込まれますので目に見えませんが、株主優待の場合はモノとして配達員が配送してくれますので、ギフトの感覚になりやすいかもしれません。株主優待を廃止して、その分の現金を配当として配達員に配送してもらえばいいのかもしれませんね。

　冗談はさておき、経済合理性だけでは片付けられない奥深さがあるとなると、やはり企業にとっては株主優待はやめられない存在になってしまいます。しかも、この株主優待制度、米欧ではメジャーではない制度ゆえに日本独自にその対応策を練る必要があるのです。

　株主優待制度への向き合い方としては、株主構成、企業の規模で対応を考えるのが1つの案です。先に議論したように機関投資家は時価総額がある程

度の規模に達している企業をメインに投資しますので、時価総額の小さい企業の株主構成は個人投資家がメインになります。こういう企業ではやはり株主優待制度は重要になるでしょう。先にあげたカゴメは、時価総額3,100億円です(2018年9月現在)。これよりも規模が小さい企業では個人投資家優先でよいでしょう。特に時価総額の低い企業はただでさえ注目される機会が限られていますので、株主優待で差別化を図るというのは1つのやり方です。ただし、注意すべきは、自社商品以外を株主優待とする場合、単に個人投資家をモノで釣っているだけになってしまう点です。

　たとえば、鉄鋼メーカーが株主優待を実施する場合、鉄くずを優待として配るわけにはいきませんので、お米券やQUOカードなど、より汎用性の高いものを配ることが考えられます。この場合、おそらく個人投資家はお得度合いだけで株主優待の是非を判断します。モノで釣った投資家は、より魅力的なモノ(株主優待)が他社から株主優待として登場した場合、他の株式に乗り換える可能性があります。沿線に住んでいるから電鉄株を保有する、株主優待航空券が欲しくて航空会社の銘柄を保有するというのとは違いますので、そのあたりは注意が必要です。

　いずれにせよ、日々のIRでの株主との対話の中で最適解を探していく必要があるでしょう。

ペイアウトケーススタディ 07

　M&Aや資金調達案件のケーススタディはある程度世の中に存在しますが、ペイアウトの事例はあまり見たことがありません。そこで、筆者の保田が社外取締役を務める上場企業の事例を紹介します。まず、株式会社マイネットですが、こちらはまだ上場して年数が浅く、いわゆる成長著しいベンチャー企業ですので、ペイアウトは実施していません。利益はすべて内部留保に回し、積極的に事業投資を行うことで株価の上昇を狙います。わかりやすいですよね。

　一方、もう1社の小林産業株式会社は長年上場しており、また、成熟産業に属しますので、ペイアウトを考える上では最適な事例になり得ます。時価総額も大きくないため、自社株買いを行おうとすれば流動性の問題にも直面しますので、まさにケーススタディとしてはうってつけです。では、以下、見ていきましょう。

　まず、小林産業の会社概要から紹介すると、主に3つの事業を抱えています。1つは創業以来のビジネスであるネジの商社としての事業、すなわちネジの卸売事業です。世の中にはスマホに入るような小さなネジから、工事現場で使われるような大きなネジまで実に様々なネジが存在します。1社のメーカーでそれらすべてを製造するのはハードルが高く、また、それらをユーザー企業が自前で調達するのは至難の技です。したがって、メーカーとユーザーの間に商社が必要になるのです。

　もう1つは、同じように機械工具の卸売事業、そしてもう1つは建設現場で必要とされるコンクリート用金物の卸売事業です。ネジ、工具、金物、どれも日本においてはある程度成熟した商材であることはおわかりいただけると思います。また、日本経済の規模や成長性が横ばいであることから、それら商材の市場規模も大きくなることはなさそうです。つまり、同社は典型的な成熟産業の成熟企業ということになります。また、各商材の市場シェアの話をしておくと、ネジの卸売事業では同社はリーディングカンパニーの一社で

すが、圧倒的シェアを有する状況ではなく、ネジの卸業界は多数の同業他社が存在する状況です。したがって、M&Aで規模を大きくしていくのが1つの戦略となるでしょう。

　機械工具も同様です。コンクリート金物については、市場で大きなシェアを有する企業が存在し、小林産業グループは2位争いをしている状況です。いかに業界1位の企業から市場シェアを奪うことができるか、ということになります。

　このような状況においての同社の成長戦略、事業投資戦略を考えてみましょう。卸売ですので、効率的に卸売業を行うための物流用倉庫の建設などは重要な投資になりますが、研究開発や製造目的の設備投資は基本的にほとんどありません。したがって、同社にとっての事業投資は、主にM&Aによる他社買収ということになります。M&Aは売り案件が出てこないことには実施できず、また、売り案件はいつ出てくるかわかりません。出てきたとしても、条件に見合うとは限りません。このようにM&Aを主軸とした事業投資戦略を採る場合、企業はお金を「たまに」「急に」「大量に」必要とすることになります。逆に言えば、平時にはそれほどお金は必要ではありません。そういう状況では、ペイアウト政策はどうするべきでしょうか？

　実は、このように自社の事業はほぼ横ばい推移、計画されている大きな事業投資の予定もなく、M&Aは検討します、という企業は日本には多く存在します。それを裏付けるように、日本経済新聞が算出した日本の上場企業における無借金企業の社数と、上場企業に占める無借金企業の割合のグラフ（図表9-13）は右肩上がりとなっています。

　ここでの無借金の定義は「現預金や短期保有の有価証券など手元資金から、借入金や社債など有利子負債を引いたネットキャッシュがプラス」の状態です。また、その日本経済新聞の記事では、「QUICK・ファクトセットによると米国に本拠地のある上場企業（約4,000社）のうち実質無借金企業は1,400社程度

9-13 実質無借金企業の数

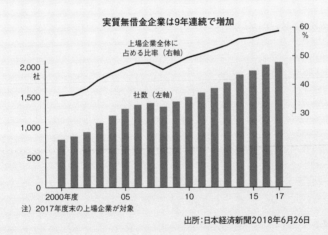

注）2017年度末の上場企業が対象

出所：日本経済新聞2018年6月26日

と、3割強にとどまる」と指摘しています。なるほど、約6割が無借金である日本企業は、相対的には現金を社内に貯め込んでいると言えそうです。したがって、今からお話ししていく小林産業のケースは、特殊な事例ではなく、日本の多くの企業にも当てはまり得るとお考えください。

　では、ケースに入っていきましょう。時は2015年末にセットします。
　まずは当時の小林産業の主要な業績などの推移を確認しましょう（図表9-14）。
　当時、直近5年間の売上高は200億円前後、営業利益は5億円前後で推移していることがわかります。営業利益よりも経常利益や純利益の方が大きくなっている年があるのは、同社は事業パートナーとなる企業の株式を政策的に保有しており、そこからの配当収入が営業外収入として計上されることが理由です（企業が取引先の株式をお互いに保有することを政策保有といいます。そのうち、事業上のシナジーはあまりないのに、なんとなく持ち合っている、あるいは、安定株主を作り出すために持ち合っている状況に対してはややネガティブなトーンを込めて、「持ち合い株」と称されることもあります）。
　ROEは5％前後。ここで調整ROEとしているのは、純利益の実績値は様々な特別損益に左右されるため、経常利益を税引前利益とみなし、そして法人税率を35％と仮定して計算した場合の純利益をベースに計算したものです。

　日本では2014年2月に機関投資家による投資先企業のモニタリング活動を促す日本版スチュワードシップコードが策定されましたが、これをきっかけとしてROEへの関心が高まりました。株主総会での取締役の選任時に、過去5年間の平均ROEが5％を下回る経営陣は取締役として再任しないことというガイドラインが議決権行使会社から示されたこともあり、上場企業にとってはROE5％というのは1つのターゲット数値となりました。
　同時に、ROE8％以上だと投資家から評価されるという指針も示されたこ

9-14 小林産業の主要な業績推移

(単位：百万円)	2011/3	2012/3	2013/3	2014/3	2015/3	(予想) 2016/3
売上高	18,370	19,944	20,742	19,899	19,249	20,500
営業利益	485	626	520	399	333	350
経常利益	674	946	774	670	531	560
当期利益	359	537	399	499	599	360
総資産	17,273	22,864	21,426	21,153	21,089	
純資産合計	7,959	11,524	10,723	11,011	10,783	
現金同等物の期末残高	1,710	1,288	1,585	1,335	2,293	
投資有価証券	3,189	8,015	6,376	6,048	5,495	
借入金	3,976	4,105	4,105	4,000	4,560	
ROE（期末ベース）	4.51%	4.66%	3.72%	4.53%	5.56%	
調整ROE（経常、税35%）	5.50%	5.34%	4.69%	3.96%	3.20%	
一株当たり配当金（円）	5	5.5	6	6	6	
発行済株式数（千株）	27,863	27,864	27,863	27,876	26,881	
支払配当総額	139	153	167	167	161	
配当性向	38.8%	28.5%	41.9%	33.5%	26.9%	
中間値ベース配当利回り	2.4%	2.1%	2.3%	2.4%	2.7%	
株価高値（円）	270	375	362	279	265	
株価低値（円）	152	152	159	218	180	
高値と低値の中間値（円）	211	264	261	249	223	
中間値ベースの時価総額	5,879	7,342	7,258	6,927	5,981	
年間売買株数（千株）	4,587	8,747	4,545	4,373	6,202	
売買回転率（回）	0.165	0.314	0.163	0.157	0.231	

とで、ROEを最低5%、目標8％と定める企業が増えました。その流れに沿うと、小林産業のROEの水準はギリギリ、あるいは、もう少し引き上げる必要がありそうです。ただし、実際には、上場企業の中でも成熟産業に属する企業、あるいは、中小、中堅企業では、ROEが5％に満たない企業が多いのも事実です。

　これらの規模の大きくない企業では、スチュワードシップコードが主に対象としている機関投資家による株式保有がもともと限られているため、ROE5%を最低でも達成しようという意欲、あるいは強迫観念はさほど高くないのも事実です。とはいえ、やはりROE5％は多少意識します。

　次にB/Sの状況を見ておきます。現預金が15－20億円程度、そして借入金が40億円程度で推移しており、これだけを見ると純有利子負債額は20－25億円ということになります。しかし、先にも触れましたが、いわゆる政策保有の株式が存在し（投資有価証券）、その価値が60億円前後で推移しています。政策保有ですので、容易に売却できるものではありませんが、これを現金同等物としてカウントしたならば、同社はネットキャッシュ企業ということになります。自己資本比率も51.1%と、健全な状況です。したがって、B/S上は比較的財務柔軟性の高い企業ということになります。

　ペイアウトの状況は、一株当たり5－6円の配当を支払ってきており、年度の支払い配当総額は1.5－1.7億円程度です。配当性向は3－4割、配当利回りも2%を上回っており、これら指標では一般の上場企業と遜色ありません。

　一方の株価を見てみましょう。2014年より株価は下落基調で、2013年後半には300円台後半だった株価は2016年に入ると200円を割り込むという状況でした。経営陣としては、株価のテコ入れ策がほしくなる状況です。

　さあ、このような状況において、あなたは同社の取締役として2015年末

の取締役会に出席し、次年度（2016年度）のペイアウト策を議論する場に居合わせたとしましょう。社長から「どういうペイアウト政策がいいと思いますか？」と質問されました。なんと答えますか？

業績は横ばいではありますが、大幅な減益などが見える状況にはありませんので、おそらく例年以上にペイアウトを減らす必要はなさそうです。そうすると、選択肢は大きく以下の4つになるでしょう。さあ、あなたはどれがいいと思いますか？　その理由とともにお答えください。

①現状維持（前年同様、1株6円の配当を支払う）
②増配
③自社株買いの実施
④増配＋自社株買いの実施

　これは、筆者が実際に証券会社の研修講師を務める際に出すケースです。グループに分かれてディスカッションしてもらい、最後に社長に提案してもらいます。ペイアウトの場合は、唯一絶対の答えはありません。きちんとした理由があれば、どれも妥当な提案ということになります。他にどのような情報が欲しいですか？　なになに？　そうですね。株主構成の情報が欲しいですよね。**図表9-15**が当時の株主構成など、株式情報です。
　東証1部に新規上場する際に必要な株主数は2,200名と定められており、上場後に2,000名を維持できないと東証二部に移行しないといけません。したがって、あまり自社株買いを積極的にしてしまうと、株主数が減り、この2,000という下限の数値が見えてきそうなのが少し気になりますね。もっとも、上場廃止となる株主数は400名以下ですので、それから考えるとまだまだ余裕はあります。
　しかし、一方で上位株主を見てみると結構な割合の特定株式が存在します。

9-15 小林産業の株式情報

【株主構成】2015年10月決算
株主数　　　　　　　3,151

【分布状況】2015年10月決算
(所有者別)　　所有株式数割合　株主数
金融機関　　　　11.76%　　　23
証券会社　　　　 0.77%　　　17
その他法人　　　50.93%　　 124
外国人　　　　　 1.23%　　　30
その他　　　　　35.31%　 2,957

【株主情報】2016年4月期 中間決算
大株主名　　　　持株数　　　持株比率
濱中ナット　　4,942,500　　17.65%
岡部　　　　　3,493,660　　12.47%
濱中ナット販売　1,339,200　　 4.78%
三井住友信託　　 651,000　　 2.32%
三井住友銀行　　 560,493　　 2.00%
浜中雷太郎　　　 540,300　　 1.93%
天雲産業　　　　 474,200　　 1.69%
檜垣俊行　　　　 429,100　　 1.53%
日亜鋼業　　　　 407,400　　 1.45%
明治安田生命　　 300,000　　 1.07%

これは、基本的に売ることのない株主なので、市場に出てくることはありません。したがって、浮動株割合、つまり市場で売買できる株数の割合が気になりますね。あまり自社株買いをしすぎると浮動株割合がさらに低下してしまい、株価にネガティブな影響が及びそうです(流動性ディスカウント)。あるいは、浮動株割合が高くないなら、自社株買いをすれば、株価は敏感に反応し、短期的には上がるかもしれませんね。

　株主構成で見てみると、おそらく日々売買する株主のほとんどは個人投資家であろうことが想像できます(その他の35.31%)。機関投資家はほとんど存在しないと考えていいでしょう。

　そうすると個人投資家ウケのするペイアウト政策がよさそうですね。あるいは、機関投資家にウケのいいペイアウト政策を実施して機関投資家を新たに株主として呼び込むということも考えられますが、時価総額が100億円を下回る状況ですので、ペイアウト政策のみで機関投資家を呼び込むのはなかなか難しそうです。

　年間の売買回転率を見てみても、0.2回転ほどしかしていませんから、機関投資家の売買対象となるにはもっと売買流動性が欲しいところです。ちなみに、同じ期間の東証1部の売買回転率は1.18、時価総額の大きさで同社に近い銘柄が多く含まれる東証2部でも1.04であり、それらと比べても同社の売買回転率が低いことがわかります。

　小林産業の選択肢は4択でしたね。以下、順に選択肢を検討してみましょう。

　まず、①の現状維持はどうでしょうか？　現状維持では株価のテコ入れにもなりませんし、ニュースバリューもありませんので、これは除外しましょう。

　②はどうでしょう。増配をすることで、配当性向や配当利回りは市場の平均値を上回る可能性が高く、配当を好むイールド型の投資家を株主として迎えられる可能性は高まるかもしれません。しかし、やはり時価総額が大きく

ないため、そもそも機関投資家を呼び込むことは難しく、配当が好きな個人投資家に限定した効果となるでしょう。

　一方、個人投資家を呼び込むという意味では、むしろ増配よりも株主優待制度の開始の方が、インパクトが強いかもしれません。ただ、ここで難しいのは同社の事業内容です。消費者向けの商売は実施しておらず、また扱っている商材はネジや建築素材など消費者からはほど遠いものです。株主優待制度を実施するには最適な企業とは言い難く、商品券やQUOカードの類のものを送ることはできるものの、株主優待制度の導入はややためらわれます。ここでは、今後の検討課題としておきましょう。

　なお、増配すると、翌年以降も配当の支払い総額は高止まりをすることになります。その分、今後事業投資機会などが登場した際の投資余力はやや減ってしまうことになります。

　次に、③を検討します。それまで同社では自社株買いをほとんど実施していませんでしたので、自社株買いを開始することでの市場へのメッセージ性は比較的強くなることでしょう。同社経営陣が自社の株価を割安水準にあると認識しているというシグナルにもなるでしょうし、右肩下がり基調であった株価の需給改善効果により株価へのテコ入れも期待できます。ただし、そこで気になるのは、浮動株数が少なくなることでの市場流動性の枯渇、ひいてはそれによる株価へのネガティブインパクトです。一方で、増配に比べれば翌年度以降も継続する必要性は低くなるため、今後登場するであろう投資機会に対しての柔軟性は高い状況を保てます。このように、自社株買いは同社にとって魅力的な選択肢ではあるものの、市場での流通株数の減少による流動性低下が懸念されるという状況です。

　最後に④は②と③のハイブリッド型ということになります。これが実現できれば、市場へのインパクトも大きくなるでしょうが、同社の資金負担額はより大きくなります。

実際の取締役会では様々な議論を交わし、最終的には③の自社株買いの実施を決定します。その規模は株数で発行済株数の3.9%を上限とし、金額では2.2億円を上限とするというものでした。数億円規模の自社株買いをすること自体は上場企業の中では珍しいことではありませんので、それだけではなかなかニュースになりにくいです。

　もしニュースになることを重視するならば、同社の直近5年間の配当総額は年間当たり1.5－1.7億円程度であることを考えると、仮に2.2億円を自社株買いをせずに配当に回せば、日本経済新聞の株式欄で「配当倍増」という記事にできたかもしれません。しかし、やはり配当の場合は一度引き上げると元に戻すことが容易ではないという下方硬直性が気になります。

　結果として、市場は同社の自社株買いのアナウンスに対してポジティブに反応し、下落基調だった株価は反転し上昇基調となりました(図表9-16)。

　もともと市場での取引株数が多くない株式ですので、少しでも自社株買いによって買い需要が増えれば株価が敏感に反応しやすい素地があったのかもしれませんし、シグナリングやアナウンスメント効果があったのかもしれません。

　いかがでしょうか。

　ペイアウト政策1つとっても、奥が深いことがわかります。また、小林産業のように株価がわかりやすく反応してくれると、戦略としてのやりがいやおもしろさも増します。読者のみなさんも、自社のペイアウト政策について一度考えてみてください。

　読者の中には、気になっている方もいるかもしれませんね。そうです、その後の小林産業のペイアウト政策です。

　2016年度、自社株買いの開始を発表し株価が上昇基調に転じた小林産業は1年後、再び株主総会を迎えます。あなたは経営陣として2017年度の同社のペイアウト政策について議論する立場となりました。さて、どうするでし

9-16 小林産業株価推移

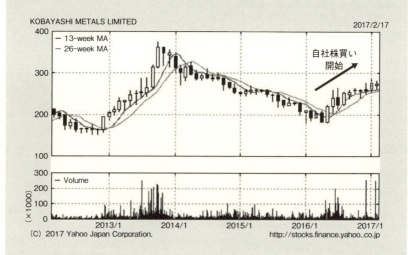

ょうか。

　結論から先に申しますと、同社は自社株買いを再度行うことを決議します。その結論に至るまでには、次は増配にしてみる、あるいは株主優待制度を実施するなど様々な選択肢を検討しました。しかし、やはり同社の今後の成長戦略においては事業投資、M&Aが非常に重要となりますので、最も柔軟性の高い自社株買いの継続を選択したことになります。

　おそらくここで読者のみなさんが気になるのは、自社株買いの継続による同社の流通株数の減少ではないでしょうか。安心してください。実は、2016年4月末の中間決算時と、2018年4月末中間決算時の大株主名簿を見比べてみると、金融機関が持株数を減らしています。いわゆる「持ち合い株式」の解消はコーポレートガバナンスコード、スチュワードシップコードの観点から日本企業が全体として取り組んでいることです。もし金融機関が市場で株式を売却したならば、持ち合い解消と同社の流通株数減少への対応の両方が一挙に解決します。ただし、株価下落基調のときは、持ち合いの解消も難しくなるでしょう。一方、株価上昇局面では比較的やりやすくなります。

　さらりと書きましたが、持ち合い解消まで含めると、非常に奥の深い複合的なケーススタディだと気づいていただけると嬉しいです。

補論: リキャップケーススタディ 08

　これまでの章で、DCF法、資本コスト、ペイアウトについて学びました。ここではそれらすべての知識の定着を試す意味で、リキャップのケーススタディをやってみましょう（投資銀行や大手企業の社員研修で実際に扱っているケーススタディで、中級〜上級の内容になりますので、初級の方は読み飛ばしていただいても構いません）。リキャップとは、3章で少し登場させましたが、自社株買いや増配をして最適資本構成を模索することをいいます。リキャピタリゼーション（Re-capitalization）の略です。

　3章で見たように自社株買いや増配をすると、B/Sの右側の自己資本が圧縮されるためROEが上がり株主が喜びます。では、喜ぶのは株主だけでしょうか。実は、そうではありません。事業価値にもプラスの影響があります。
　本書でわれわれは有利子負債資本コストの方が株主資本コストよりも安いということを学びました。会社の資本コストは、有利子負債資本コストと株主資本コストの加重平均です。自社株買いをすれば、B/Sの右側に占めるエクイティの割合が低くなるため、会社全体としての資本コストは低くなります。
　資本コストが低くなれば何が嬉しいか。そうです、事業価値が上昇します。事業価値は、将来キャッシュフローを資本コストで現在価値に割り引いたものでしたよね。すなわち、資本コストが低くなれば事業価値は高くなります。したがって、必要以上に株式資本が厚い会社においては、自社株買いをして資本コストを低下させることは事業価値にプラスの影響があります。ひいてはそれは、株主価値にもプラスであることがよくあります。リキャップは、借金をして自社株買いをすることで、それをよりドラスティックな形で実現しようとするものです。

　リキャップそれ自体に対しては、事業価値やROE上昇の効果を認める声もある一方、一時的な小手先の財務テクニックにすぎず、それよりも本業から

のキャッシュフロー向上に邁進すべきだという批判的な意見もあり、賛否両論様々です。また、ややブーム性もありますので、盛んな時期とそうでない時期があります。

たとえば、リーマンショック直前の2007年後半から2008年前半に1つのブームがありました（電通、ヤマダ電機、日本ハムなどが実施）。しかし、リーマンショックで財務安定性が最重要視されるようになると、企業はROEの向上や資本コストの低下よりも、いかに頑健なB/Sを有するかを重視し、リキャップは忘れ去られます。そして再度、コーポレートガバナンスコードや機関投資家による企業業績へのモニタリングの強化により、ROE重視の流れが形成されるにつれ、2015年あたりから再びリキャップが注目されることになります（全日空、ユニ・チャーム、三菱商事、カシオなどが実施）。

リキャップを実施する際、借入金を原資に自社株買いをするケースが最も理解しやすいですが、近年のリキャップは、借入金の代わりに転換社債を原資にするケース、また、調達金額の全額を自社株買いに充当するのではなく、一部は事業投資に充てるケースなど、中身は高度化（複雑化）しつつあります。

ここでは、その是非はいったん脇に置いて、コーポレートファイナンスを全体的に理解する格好の教材として1つのリキャップ案件を紹介していきます。課題を以下に示しますので、答えを考えてみてください。

時は、2008年の電通です。やや古い案件となりますが、リキャップの原資を借入金としていること、知名度が高く事業内容が多くの人に理解しやすいこと、株主構成がユニークなことなど、ケースとして扱うに適している材料が揃っているため、こちらを用います。ケースをもとにした学習は、ハーバードMBAなど多くの国内外のMBAで実施されているため、授業を受講するような気分も味わっていただけると思います。

ケース

　広告代理店最大手の電通は2008年5月12日、600億円を銀行からの借入金で調達し、同額を自社株買いに充てることを発表しました(実際には全額を自社株買いに充当するわけではなかったのですが、ケースを簡単にするために全額を自社株買いに充てることとします)。

　課題1：電通の会社全体としての資本コストは、一連の資本取引を実施することでどのように変化しますか？　実施前と実施後の資本コスト(両方)を求めてください。

　課題2：この電通の取組みに関する日本経済新聞記事では、電通の株価が上昇する可能性があることを示唆していました。ただし、その理由については明確に書かれてはいません。どのような理由が考えられるでしょうか？　複数存在しますので、考えられるものすべてについて説明してください。

　課題3：課題2に関連して、株価は何パーセント上昇すると考えられますか？

　課題4：この電通の取組みをあなたはどのように評価しますか？

概要

　電通は広告代理店業界のリーディングカンパニーであるがゆえ、比較的高い利益率と高い自己資本比率の下、経営状況は順調であった。もともと広告代理店はメーカーなどとは違い、多額の設備投資を必要とする

業種ではないため、2001年に同社が上場した際も、はたして資金調達ニーズはどれほど存在するのかと、上場の必要性に疑問を呈する声も存在したほどである(筆者注：今では広告はネット広告市場が大きくなり、デジタル化、AI化に向けた多額の事業投資が必要となるが、当時はまだアナログな広告が主流であった)。したがって、余剰資金が存在すればそれを自社株買いに充てるというのは、電通という企業特性を鑑みた場合、自然なこととして受け取ることができた。

しかし、借入をしてまで自社株買いを実施するという日本企業は他に多くは存在していなかった。その3ヶ月前にヤマダ電機が転換社債を1,500億円発行し、うち700億円を自社株買いに充当するというニュースがあり、これが日本で初めて転換社債を原資に自社株買いをする企業として日本経済新聞では報じられた。しかし、借入金や社債を原資に自社株買いを実施する事例は当時他に認識され得るものはなかった。

当時の電通の株主構成は、時事通信社、共同通信社が上位1位、2位の株主であり、それぞれ10.9％、7.3％の株式を保有していた。両者ともにメディアが紙媒体からネット媒体へ移行するにしたがい、収益基盤と財務基盤の強化が課題となっており、電通が上場した大きな理由は、この2つの大株主が保有する電通の株式を現金化したかったからだという説も存在する。電通上場後、これら大株主は徐々に持分を売却し保有割合を低下させていた。この2008年5月の自社株買いの発表の際も、筆頭株主である時事通信社が持分のうち3.8％分を自社株買いに応じる形で売却することが明らかにされていた。

将来、株式を売却することが想定される大株主が存在する場合、市場は、そのような会社については、将来の株式の需給の悪化を懸念して株価をややディスカウントで評価することがある（これをオーバーハングと呼ぶ）。共同、時事の存在は、まさに市場から見た場合、今後さらに株式を売却してくる可能性がある程度想定されていたと思われる。したがって、この2008年5月に発表された自社株買いは、筆頭株主が放出する大量の株式に対して、自社株買いという受け皿を設けることにより市場での需給悪化は避けられる形になる。

　電通の当時の格付は、格付投資情報センター（R&I）でAAを取得していた。当時の10年債の利回りについて見たところ、R&IのAA格の企業で2.0％、A格の企業が2.5％、BBB格企業で3.0％であった。また、格付の決定基準には様々な財務、収益指標が参考にされるが、自己資本比率のみを見た場合、当時R&IでAA格企業の平均自己資本比率は55％であり、A格企業のそれは50％、BBB格企業では40％であった（これら数値はケース用に計算しやすいものにしてあり、実際の数値は異なります）。格付の際に主に参考にされる指標としては、純有利子負債比率（対自己資本、対営業利益、対EBITDA）やインタレストカバレッジレシオ（営業利益対支払金利の割合）などがある。

　なお、当時の同社の業績見通し（2009年3月期予想）は、景気は横ばいの認識ながら、北京五輪の開催年であったためそれを好材料と判断しており、会社予想は売上が1.2％の増収、営業利益は4.1％の増益であった。同社の国内での圧倒的競争優位性はしばらく継続すると想像された。他方、当時の事業上の大きな課題の1つは、海外展開の拡大であった。日

本の広告市場は頭打ち状態であり、またグローバルベースにおいて広告代理店のM&Aが進み、欧米のメジャー広告代理店企業の巨大化が進んでいた。電通も2007年には英米で小規模な広告代理店を買収し(2社の合計売上高は約30億円で買収金額は数十億円と類推されるとの報道)、中国でも事業展開をするなどしていたが、売上高に占める海外売上高比率は10％程度であった。

　以上の状況において、上の課題1-4に答えなさい。なお、リキャップ前の電通のベータは0.8、リスクフリーレートは1.5％、マーケットリスクプレミアムは5％とし、実効税率は35％とする。DCFを行う場合は向こう5年間の予測で行うこととし、6年目以降はターミナルバリューを計算することとする。また、単純化のため、毎年の減価償却費と設備投資額は同額とし、運転資本の増減はゼロとする。2009年3月期から2013年3月期までの営業利益の予測は各自自由に立てていただいて構わない。発表前日の株価は239,000円であり、自社株買い前の発行済株数は2,781,840株であった。

　当時の直近の主要な業績関連の数値は以下である(図9-17)。

解説

　では、まず課題1から挑戦しましょう。同社の資本コストがリキャップでどう変化するかを確認します。まずは、Beforeの数値を見ていきます。これはおそらくお茶の子さいさいかと思います。株主資本コストから計算しましょう。

9-17 ケーススタディ参考資料

(単位:百万円)	2004/03	2005/03	2006/03	2007/03	2008/03
売上高	1,749,110	1,910,469	1,963,296	2,093,976	2,057,554
営業利益	46,687	57,603	58,776	62,834	56,126
税引前利益	30,881	27,532	31,002	30,688	36,246
営業CF	35,829	14,681	81,058	41,962	56,007
投資CF	9,881	-8,289	-31,238	-52,003	-18,069
財務CF	-51,508	1,006	-42,668	-9,779	-30,701
資産合計	1,189,094	1,240,037	1,277,722	1,268,049	1,251,912
現金・現金同等物期末残高	62,384	69,901	78,412	62,015	70,252
有利子負債	149,576	153,951	116,594	116,328	96,784
資本合計	469,621	491,855	521,180	554,761	567,294
有利子負債比率(デットエクイティレシオ:%)	31.9%	31.3%	22.4%	21.0%	17.1%
インタレストカバレッジレシオ(倍)	19.5	24.8	21.5	27.8	23.4
売上高営業利益率	2.7%	3.0%	3.0%	3.0%	2.7%
売上高伸び率	3.3%	9.2%	2.8%	6.7%	-1.7%
格付(R&I)	AA	AA	AA	AA	AA

海外売上比率	
2004/03	6.9%
2005/03	6.6%
2006/03	6.8%
2007/03	10.3%
2008/03	9.5%

株主資本コスト＝リスクフリーレート＋ベータ×マーケットリスクプレミアム
　　　　　　　　　　1.5%　　　　　　0.8　　　　　　5%

　式に当てはめるだけですね。株主資本コストは5.5%と計算されます。ただし、証券会社の社員向けの研修講師をしていても、マーケットリスクプレミアムからリスクフリーレートを差し引いた数値で計算しようとして間違う人がたくさんいますので、気をつけてください。マーケットリスクプレミアムとは、株式市場の期待リターンからリスクフリーレートを差し引いたものです。つまり、株式市場に投資をするというリスクを取ることに対しての見返りとしてのプレミアムです。したがって、マーケットリスクプレミアムはすでにリスクフリーレートを引いているので、さらに引くと2回引いてしまうことになります。

　次に有利子負債資本コストにいきます。電通の有利子負債資本コスト、どのように算出しましょうか。借入金利がわかっていれば簡単ですが、その数値はケースの中では与えられていません。なんらかの形で仮定する、あるいは、導出する必要があります。ケースの問題文で格付がAAの企業の10年債利回りは2.0%と書かれてありますので、これを代替的に電通の有利子負債資本コストとして活用することは不可能ではありません。その際に注意すべき点を1つ指摘しておきます。

　資本コストは将来キャッシュフローを割り引く際に使用するので、適用する有利子負債資本コストも期間が長いものを適用することになります。したがって、本ケースでも10年社債の利回りを使用する前提で議論をしています。しかし、おさらいになりますが、日本において10年ものの社債の数はあまり多くありません。たとえば、日本証券業協会が発表している格付マトリクス表によれば、2018年10月4日時点で、残存年数が5年の社債は合計で150本ありますが、10年ものは22本しかありません。日本では年限の長い社債は数

が少なく、取引量も年限の短いものに比べると乏しい状況です。それゆえ、利回りの数値も乏しい流動性の影響を受けている可能性や、どれか1つでも異常な値動きをしている社債があったとした場合、それに引っ張られている可能性があります。この点は注意しましょう。

　格付から有利子負債資本コストを推定するのではなく、同社の数値から算出したいという人もいらっしゃることでしょう。その場合、ここで与えられている電通の業績指標を見てみると、インタレストカバレッジレシオがあります。これから、支払金利の金額を計算することができます。

　　インタレストカバレッジレシオ＝営業利益÷支払利息
　（一般にインタレストカバレッジレシオは（営業利益＋受取利息）÷支払利息という計算式になりますが、受取利息が僅少なため、ここでは無視しています）
　ここから支払利息を計算すると2,394百万円と計算できます。なお、当然ですが、有価証券報告書を見れば支払利息の金額はわざわざこのように計算しなくとも載っています。今回はインタレストカバレッジレシオの復習も兼ねて、あえて支払金額の数値は掲載しませんでした。この数値と有利子負債の数値から同社の支払金利を計算可能ですね。

　　支払金利(%)＝支払利息÷有利子負債

　なお、今回は分母の有利子負債については期首と期末の平均を用いることにします。B/Sに計上されている有利子負債の金額は期末（2008年3月末）の金額です。一方、支払金利は実際には毎月の借入金の残高に対して支払っています。
　2007年3月末と2008年3月末では、同社の有利子負債は200億円減額してい

るわけですが、これが、2007年4月に200億円減額した場合と、2008年3月に200億円減額した場合では、支払利息の金額が大きく違ってきます。したがって今回は便宜的に2期の平均残高(平残)を計算して用います。これは好みの問題で、1期前の残高を分母にする場合もありますし、今では四半期決算書が入手可能で、3ヶ月ごとの有利子負債の残高と3ヶ月ごとの支払利息の金額が捕捉できますので、より精緻な数値を計算することが可能でしょう。

　ここであえてこのような議論をしているのは、P/LとB/Sの期間の違いについて再認識、復習したいという意図からです。社員研修でも、意外とこの点はきちんと理解していない、あるいは、見落としがちなポイントです。
　なお、ここでも1つ注意しておきましょう。支払利息の金額は、短期での借入金と長期での借入金の両方の利息の合計です。もし、同社の借入金のほとんどが短期借入金の場合、支払利息やそれから計算される同社の金利は、同社の短期借入金の金利ということになります。一方、われわれが欲しいのは長期の有利子負債資本コストです。したがって、このようにP/L上の支払利息とB/S上の借入金の金額から同社の支払金利を計算してくる場合、同社の借入金が長期寄りなのか短期寄りなのかを確認しておく必要があります。

　以上、有利子負債資本コストの導出について様々検討しましたが、有価証券報告書に銀行からの借入金利が記載されていることもありますし、最近社債を発行した場合はその金利を適用するというのが最も手っ取り早い方法ということになります。
　上で計算した支払利息と借入金の平均残高から支払金利を計算すると2.25%となりますので、ここではその数値を使用します。ここまでくればWACCは計算できますね。あとは加重平均するだけです。有利子負債資本コストに節税効果を加味するのを忘れないでくださいね。

$$\text{WACC} = \text{株主資本コスト} \times \frac{\text{時価総額}}{\text{時価総額} + \text{有利子負債}} +$$

$$\text{有利子負債資本コスト(借入金利)} \times (1 - \text{税率}) \times \frac{\text{有利子負債}}{\text{時価総額} + \text{有利子負債}}$$

　この計算式に当てはめればいいだけです。4.99%になります。なお、5章でも触れましたが、加重平均する際に用いる数値は時価ですので、株主資本コストに対してはB/S上の純資産額ではなくて時価総額を用います。現に株式を保有している今の株主が求める期待リターンを提供しないと株式は売却されます。

　したがって、株主資本コストの計算で呼応するのは時価総額となります。有利子負債も同様に時価ですが、有利子負債の場合は時価とB/S上の簿価がほぼ等しいというケースが多いため、便宜的に簿価を用いるのが通例になっています。

　これで、リキャップ前の資本コストの計算はできました。ここまでは大丈夫でしょう。次に、リキャップ後の資本コストを計算します。まず、時価総額に相当する株主価値は600億円の自社株買いをすることでどうなりますか？

　減ります。そうです、自社株買いをするとその分だけ理論的には時価総額は減るのです。B/S上も現金が600億円減り、株主資本が600億円減りますので、B/Sはスリム化されます。一方、有利子負債は600億円増えますね。これで資本コストを求める際に用いる加重平均の加重割合が変わります。では、資本コストを求めてみましょう。4.67%になったでしょうか？

　課題1、簡単でしたね……？
　しかし、少し待ってください。本当にこれで計算は終わりでしょうか？ B/Sの右側が変わりました。つまり電通は、より有利子負債の割合の高くな

った、もう少しコーポレートファイナンスっぽくカッコつけるなら、レバレッジのきいた企業になりました。そうです、よりLevered（レバード）な会社になっているのです。

実は、ここからがこのケースの本題です。6章でも出ましたが、資本コストの計算で用いるベータにはレバードベータとアンレバードベータが存在します。

借入比率の高いレバードな状態になったということは、ベータは高くなるはずです。ベータが高くなるということは、株主資本コストが上がります。株主資本コストの式（CAPM）を思い出しましょう。

$$株主資本コスト＝リスクフリーレート＋\beta×マーケットリスクプレミアム$$

したがって、リキャップによるWACCの構成要素の数値の変化を整理しておくとこうなります。

$$WACC＝株主資本コスト\overset{\uparrow}{×}\frac{時価総額^{\downarrow}}{時価総額＋有利子負債}＋$$

$$有利子負債資本コスト（借入金利）×（1－税率）×\frac{有利子負債^{\uparrow}}{時価総額＋有利子負債}$$

先ほどわれわれが電通のリキャップ後のWACCとして求めた4.67％という数値は、リキャップによるベータの上昇やそれに伴う株主資本コストの上昇は見込んでいませんでした。正確には、それをも加味したWACCを求めてやると、正確な同社のリキャップ後のWACCが算出されます。やってみましょう。

そのためには、ベータがいくらになるのかを求める必要があります。どう

やって計算しましょうか？　6章の補論で学んだ内容を復習しましょう。ベータが最も低いのはどういう状況でしょうか？　そうです、アンレバードベータがその企業での最も低いベータです。そこからレバレッジ比率を高めるにつれてベータは高まります。レバードベータとアンレバードベータ以下の関係性にありました。

$$\text{Unlevered}\,\beta = \frac{\text{Levered}\,\beta}{\left\{1+(1-t)\times \dfrac{D}{E}\right\}}$$

右辺を見ます。ここでもDとEは時価です。そして、D＝0、すなわち、有利子負債がゼロだとどうなりますか？　レバードベータ＝アンレバードベータになりますよね。そして、Dの数値が増えていけばいくほどにレバードベータが上昇していきます。

　同社のリキャップ前のベータ、つまり、Beforeのレバードベータは0.8でした。これと同社のリキャップ前のD/Eレシオ、法人税率の数値を最後の式に入れ込むと、同社のアンレバードベータは0.73と計算できます。さあ、最後です。このアンレバードベータの0.73の数値を、Re-lever(リレバー)しましょう。英語で、Reとは再びという意味ですね。
　ベータをリレバーするとは、リキャップにより変更した新たな資本構成割合の数値を用いて、アンレバードベータから新たなレバードベータを再度計算することです。Re-leveredベータ(リレバードベータ)が求められれば、リキャップ後のWACCも算出できます。まとめると**図表9-18**のようになります。

　お気づきいただけましたでしょうか？　ベータが変化しない状態で計算したリキャップ後のWACCは4.67％でしたが、正確には4.88％となり、リキャップ前後でのWACCの下がり幅は少し小さくなりましたね。これは、まさにベータがリレバーされることをきちんと反映した結果です。

9-18 資本構成変更によるWACCへの影響

	Before	Unlevered化	Re-lever化 After
株式資本コスト	5.500%		5.77%
実績ベータ	0.800		
アンレバードベータ		0.731	
リレバードベータ			0.854
リスクフリーレート	1.50%		1.50%
マーケットリスクプレミアム	5.0%		5.00%
有利子負債資本コスト	2.25%		2.25%
時価総額（百万円）	664,860		604,860
有利子負債（百万円）	96,784		156,784
株式資本比率	0.87		0.79
有利子負債比率	0.13		0.21
D/Eレシオ	0.15		0.26
税率	35%		35%
WACC	4.99%		4.88%

いかがでしょうか？　証券会社の社員研修では、このリキャップのケースのところだけで半日は費やします。そして、最後に受講生たちは、やっとアンレバード化、リレバーの意味がわかった、と言います。レバードベータをアンレバード化し、リレバーする、ということを書いてある本でも、書いてあるのは数式だけで、その意味や実際の用法はあまり書いていません。それゆえに、証券会社の社員でも、リレバーはこうするものだといわば暗記して、意味もわからずに計算していたわけです。

ここまで理解できれば、投資銀行の若手社員並みの知識武装はしたことになります。もし読者の方が事業会社勤務だったとしても、投資銀行や証券会社が持ってくる企業価値関連のプレゼンは完全に理解できるようになります。筆者が担当している大手事業会社の財務部や企画部の社員向け研修でも、ここまではカバーします。

あとは、リキャップ後のWACCを用いてDCFを回せば、理論的な企業価値がいくら上昇するか、理論的な株式価値がどう変化するかも求めることができますので、課題2、3は対応可能です。ここでは、紙幅の都合上それらは省略します。

DCFの前提条件や将来キャッシュフローの予測によってその答えは変わってきますが、企業価値も株主価値も上昇するという結果が得られることでしょう。また、実際に発表翌日の電通の株価は7.1%上昇しました。同日の東証平均株価であるTOPIXが1.3%上昇したことと比較しても、市場は電通の取組みを大いに評価したことになります。

なお、ここでは有利子負債資本コストは不変と仮定しました。借入金が大幅に増えることで格付が低下し、それに伴って借入金利が上がることも考えられますが、過去の財務諸表を見ると借入金が1,500億円ほど存在した年で

も格付はAAでしたので、おそらく今回のリキャップによる格付の変更はないでしょう。

　最後に、課題4に少し触れて本ケースを終了とします。このリキャップ案件をどう評価すべきでしょうか？　また、あなたの勤務先に当てはめて考えてみるとリキャップを実施すべきだと思いますか？　ここは大いにディスカッションすべきでしょう。唯一絶対の答えはありませんが、まずは、電通の株価が上がった理由を考えましょう。1つにはWACCの低下による企業価値、理論株価の上昇があるでしょう。しかし、実際にDCFで計算してみると、7.1%も株価が上昇するほどの理論株価の増加にはなりません。では、なぜ市場は大いに評価したのでしょうか。おそらく、市場はこのリキャップから電通の経営姿勢を読み取ったということが考えられます。自社株買いには、以下のような仮説が考えられています。

　シグナリング仮説：経営者は、増配や自社株買いを実施することによって、将来業績に対する自信や確信を市場に伝えているという仮説(情報の非対称性)

　マーケットタイミング仮説：経営者が自社の株価が過小評価されていると感じたときに自社株買いをするという仮説(情報の非対称性)

　フリーキャッシュフロー仮説：経営者に余剰資金を持たせるとろくなことに使わないので、配当や自社株買いで株主に還元することによって、経営者と株主の利害対立に絡んだエージェンシー問題を回避するという仮説(特に成熟企業において)

　ケイタリング仮説：株主のペイアウトに対する選好度合いが時期によって異なるという仮説。配当や自社株買いが好まれる時期に実施すれば株価にプ

レミアムがつくという仮説

　今回の電通のケースはどれでも当てはまり得ますし、もしかするとこれらのうち複数、あるいはすべてが当てはまったのかもしれません。そして、その他のディスカッションポイントとしては、以下などが考えられます。

・もし大株主からの株式の売り圧力がなかったなら？
・自社株買いよりも海外展開を優先すべき？　両方追求することは可能か？
・借入金を600億円増額すると格下げの可能性があるか？
・電通にとって適切な格付とは？
・借金をして自社株買いする行為が市場、株主に与えるメッセージはどの企業でも同じ？
・借金＆自社株買いの直後に魅力的な投資案件が見つかった場合、どうする？
・600億円という規模はどういうロジックで決まったものか？　他の企業で同様の資本取引をする場合、どの程度の規模が適切なのか？
・リキャップが自社株買いである必要性は？　増配でエクイティを圧縮するのではダメなのか？
・ペイアウト政策（株主還元）と事業投資の二者択一問題
・借金をして自社株買いをすることのWACC低下以外のメリットは？
・電通は最大で発行済株数の10.8％を自社株買いで買い付けることとなったが、この規模の効果（アナウンスメント効果）はどう評価すべきか？　毎年数％分ずつ行うのではダメなのか？
・結局、翌年電通は自社が筆頭株主（金庫株）になってしまうのであるが、これの功罪は？（いまや上場企業の3社に1社は自社（金庫株）が上位10株主に入っており、約400社の企業においては筆頭株主になっているが、これは今後どうすべきか？）

- リーマンショック前の2007-2008年はROE重視、2009-2010年は自己資本拡充重視。2017年の伊藤レポート以降は再びROE重視。企業は何を重視していくべきなのか？ そもそも、重視するものは時期によって変えるべきなのか変えるべきでないのか？

　これらディスカッションポイントをご覧いただくとおわかりのように、コーポレートファイナンス戦略とは本来このような高度かつ知的好奇心が沸き立つようなディスカッションが中心となります。その真骨頂はこのようなディスカッションを通じた市場との対話、事業戦略の遂行であり、企業価値はその結果として上昇していくことになります。このようなディスカッションポイントを整理して、ロジカルに説明できれば市場、株主はきっと同社の事業戦略、財務戦略をサポートしてくれることでしょう。

第10章
IR戦略

IRはInvestor Relationsの略で、たとえばSMBC日興証券の「初めてでもわかりやすい用語集」では、「企業が株主や投資家向けに経営状態や財務状況、業績の実績・今後の見通しなどを広報するための活動を指します」と説明されています。まさに「株式市場とのコミュニケーションツール」です。

実は日本企業にとってIRは比較的新しいもので、2000年代初頭はIRの担当者が不在という企業も少なくありませんでした。したがって、当初のIRは情報発信、説明に重きが置かれていました。しかし、いまやIRは実施して当たり前の行為となり、「株主の中でもどの株主にどのようなメッセージを届けるか」というマーケティング目線や、「株主の意見をいかに上手に取捨選択して経営に生かせるか」という経営戦略寄りの視点が求められています。

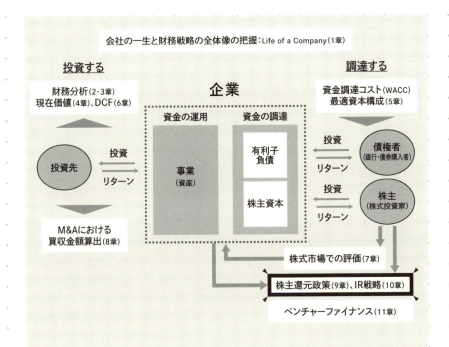

IRの前提知識　01

　IRとはInvestor Relationsの略であり、文字通り株式投資家対応を意味し、市場との対話そのものです。IRでまず最も重要となるのは、四半期ごとに行われる決算発表と説明会です。直近3ヶ月間の業績、事業の状況を説明し、今後の戦略の方向性などを投資家に伝えます。IRを行う目的は投資家に対するPDCAの報告です。つまり、当初の事業計画はどうだったか（Plan）、実施状況は？（Do）、結果は？（Check）、それを受けての今後の実行プランは？（Action）を報告するわけです。財務3表が大きな役割を担います。企業にとってはIRを行うこと自体が、PDCAを整理する機会となります。

　報告に対しては、投資家から様々な意見が出てきます。計画が甘かったのではないか、その検証で妥当なのか、その実行プランで本当にうまくいくのかなどです。それら投資家からの意見を参考にし、企業はAction Planの修正、アップデートを行っていきます。

　IRのもう1つの重要な目的は、市場のメッセージを企業経営陣が経営に生かすという側面です。経営陣が投資家の意見を聞き取り、必要に応じて自社の戦略に反映するのです。

　ただし、投資家の意見は様々です。短期で売り抜けようと思っている投資家は、短期的に株価が上がりそうな施策をプッシュしてくることもあるでしょう（たとえば、大幅な増配や多額の自社株買いなど）。そのあたり、株主とのコミュニケーションにおいては、相手の投資スタンスと何を求めているのかを見極めた上で、自社の戦略にその声を反映すべきかどうかを取捨選別することになります。日本ではまだ経営陣から市場への一方的な情報発信で終わっているケースが多々ありますが、IRはうまく活用すれば経営戦略にも大いに生きてきます。

誰を対象とするのか 02

　IRの際、企業がまず意識するのは投資家に株式を買ってもらうことでしょう。特に、今株式を保有していない投資家に、新規で購入してもらおうとします。しかし、最も重視すべきは、今株式を保有している既存株主に株を手放されないようにすることです。企業にとっての関心ごとは株価が上がることですが、それ以上に重要なことは株価が下がらないことです。売る株主がいなければ株価は下がりません。そうすると、自ずとIRでコアターゲットとすべき顧客(投資家)が見えてきます。まずは既存株主に対しての説明責任を果たすのです。

　もっとも、「説明責任」という言葉を使うとIR活動が堅苦しい印象を帯びてしまいますが、実際は、歌手やアイドルが行う「ファンとの集い」や「握手会」というニュアンスの方がより適切かもしれません。歌手やアイドルが自分たちを支えてくれるファンに対してコミュニケーションを怠らないように、株式会社も支持してくれる株主に対して丁寧に対話していく必要があります。

　ある企業の今の株主が同社の株式に初めて投資した際は、相当に吟味してから投資に踏み切ったはずです。そして、投資後は、継続して保有するべきか、他の銘柄に乗り換えるべきかを四半期ベースの決算を見ながら常に判断していきます。これの繰り返しです。既存株主に継続保有の判断を四半期ごとに下してもらいつつ新規株主を呼び込むのが、企業にとってのIRの活動目標です。

　既存株主が手放すような銘柄には、新規株主もなかなかつきません。落ち目のアイドルや歌手に新たなファンがつかないのと同じです。また、一度株式を売却した投資家に再び戻ってきてもらうのは相当に苦労します。

　みなさんの日々の消費行動に照らして考えてみると実感が湧きやすいかもしれません。長年利用していた美容院を変えたとき、携帯電話のキャリアを変えたとき、よほどのことがない限り、元には戻りませんよね？

まずは既存株主へのコミュニケーションを行い、その上で新規株主の開拓を行う。そうして企業は様々な投資家を株主として抱え、売りと買いがうまく交錯する状態を作り出す必要があります。そうすることで、株価の安定推移が可能となり、投資家が売買しやすい銘柄となります。

　たまに、「株価が安定推移することはそれほど重要なのか？」と質問を受けることがあります。たしかに株価が乱高下していても、ベータは大きくなるでしょうが、普段の経営には特に支障はありません。しかし、企業がいざ新株発行による資金調達を行いたい場合、株価が乱高下している状態では、リスク愛好度の高い一部の株式投資家を除けば一般的な投資家は新株を購入してくれません。安定推移している銘柄が好まれます。

　また、乱高下する銘柄は一部の過激な投資家のおもちゃにされてしまい、優良な投資家が敬遠するきっかけにもなってしまいます。その結果、最終的に売買ボリュームが小さくなり、出来高の減少とともに流動性が乏しくなり、株価も右肩下がりになっていくケースもあります。そういう弊害を避けるためにも、安定推移が好ましいのです。

03 機関投資家v.s.個人投資家

　企業のIR担当者や経営陣と議論をしていてよく出てくるのは、機関投資家重視、個人投資家軽視の発言です。長期保有の投資家を優先したい、短期売買専門の投資家とは付き合いたくない、個人投資家はよく当社の事業を理解していない、そして、ときにはデイトレーダーを敵視するような発言も出てきます。それらIR担当者や経営陣の心情は、わからないではありません。

　しかし、留意すべき点がいくつかあります。まず、機関投資家と個人投資家では、売り買いのタイミングが逆であることがあり、機関投資家が売るタイミングで個人投資家が買う、結果として個人投資家が株価を支えるということがあります。個人投資家の逆張り投資戦略と呼ばれるものです。

　たとえば、日本経済新聞（2017年2月6日）には、「個人投資家、振り向けばいつも逆張り」というタイトルの記事がありました。その中では、「2016年まで過去10年間のうち実に8年で、日経平均の上げ下げと個人の売り買いは逆方向だった」と紹介されています。つまり、個人投資家は株価が上がっているときに売り、下がっているときに買うのです。

　この背景には、機関投資家と個人投資家の売買基準の違いがあります。機関投資家の投資パフォーマンスの評価は、いかに市場のベンチマークに勝つかです。日本市場であれば、東京証券取引所に上場している銘柄の平均株価といえるTOPIXの値動きに比べて、よりよいパフォーマンスを出すことが重要です。1年間でTOPIXが5％上昇していたときに、機関投資家の投資ポートフォリオが6％上昇していれば、市場に比べて収益率が1％超過するので、勝ちなのです。この状態を「アウトパフォーム」する、といいます。逆に、機関投資家の投資ポートフォリオが4％の上昇でしかない場合は1％の負けです。この状態は「アンダーパフォーム」です。機関投資家との会話では、このアウトパフォーム、アンダーパフォームという言葉はよく登場します。

　彼らの評価は、常にこのように市場ベンチマーク（インデックス）との差で

決まります。基準とすべきベンチマークは、各投資ファンドマネージャーによって異なります。一般的に、海外機関投資家が日本株に投資をする場合は、MSCI Japanと呼ばれるインデックスをベンチマークとすることが多いです。また、同じ機関投資家の中でも、大型株のみを投資対象とするファンドマネージャーと、中小型銘柄ばかりを投資対象とするファンドマネージャーが存在します。当然ですが、それら2人は別々のベンチマークを採用します。このように、機関投資家の売買戦略は、ベンチマークとの勝負であり、相対パフォーマンスで評価されます。

　証券会社の株式アナリストの投資評価レポートをご覧になったことがあるでしょうか？　たとえば、自動車産業を担当する株式アナリストは、定期的にトヨタ、日産、ホンダなどの企業の株価を評価し、投資家に対してレポートとして提供します。投資家にとって一番知りたいことは、その企業の株式を買うべきか売るべきか、株価が割安か割高かですので、株式レポートのトップページにはその銘柄への評価が記載されています。しかし、肝心の表現方法が証券会社によって異なります（銘柄のポジティブ評価の表現には、「強気」「買い」「オーバーウェイト」など、ネガティブ評価の場合は、「弱気」「売り」「アンダーウェイト」など）。

　強気、買い、などはわかりやすいのですが、オーバーウェイト（アンダーウェイト）という表現は、一般には聞き慣れませんよね？　しかし、このオーバーウェイト、アンダーウェイトという言葉こそが、機関投資家の投資行動を最もよく表しているので、解説していきましょう。

　ここでは、機関投資家の投資行動を単純化して説明します。10億円を、TOPIXをベンチマークとして運用するケースを考えてみましょう。

　機関投資家は、まずTOPIXと同じポートフォリオを作成します。つまり、TOPIXに含まれる全銘柄を、その構成割合に応じて購入するのです。

2018年5月末時点では、TOPIXには東証1部に上場する全銘柄(2,084銘柄)が含まれますので、10億円で2,084銘柄すべてを時価総額のウェイトに応じて広く浅く購入することになります。これで、TOPIXとまったく同じ値動きをするポートフォリオの完成です。

　なお、TOPIXは浮動株ベースの時価総額加重で算出されますが、ご参考までに構成割合が高い上位10銘柄は**図表10-1**のとおりです。

　そして、この構成割合のことをウェイトと呼ぶのです。

　もう、察しがついたかもしれません。オーバーウェイトとは、割合を高めましょう、という意味です。つまり、TOPIXとまったく同じポートフォリオを作成してから、ポジティブな評価を与える銘柄については、ポートフォリオに占める構成割合を高めます(つまり、オーバーウェイト)。そして、何かをオーバーウェイトすると、何かをアンダーウェイトしないといけません。イメージとしては、TOPIXに含まれる全銘柄は保有するものの、その割合に強弱をつけてTOPIXよりも高いパフォーマンスを追求する、これが典型的な機関投資家の投資スタイルです。

　もっとも、本当に全銘柄を保有するかと言われると、実際には流動性や規模の問題から保有したくとも保有できない銘柄もありますので、現実では、TOPIX構成銘柄のうち、規模で上位100銘柄や500銘柄のみを対象とするTOPIX関連のインデックスをベンチマークとしてポートフォリオを作成し、そこからオーバーウェイト、アンダーウェイトしていくことになります。

　機関投資家の投資スタイルのイメージが湧きましたでしょうか？　われわれが個人で初めて株式投資をする場合は、1つか2つの銘柄を厳選して、「えいや！」と購入しますよね。機関投資家は、そういうスタイルとは大きく異なるのです。まさか最初から100銘柄、500銘柄とドンと保有するとは思わなかったという方も少なくないでしょう。このようにベンチマークを基準として、オーバーウェイト、アンダーウェイトの判断を繰り返しながら、こち

10-1　TOPIX構成銘柄（上位10社）

	証券コード	銘柄名	業種	ウェイト
1	7203	トヨタ自動車	輸送用機器	3.38%
2	8306	三菱UFJフィナンシャル・グループ	銀行業	1.96%
3	9984	ソフトバンクグループ	情報・通信業	1.44%
4	9432	日本電信電話	情報・通信業	1.41%
5	6758	ソニー	電気機器	1.40%
6	8316	三井住友フィナンシャルグループ	銀行業	1.36%
7	7267	本田技研工業	輸送用機器	1.34%
8	6861	キーエンス	電気機器	1.32%
9	7974	任天堂	その他製品	1.18%
10	8411	みずほフィナンシャルグループ	銀行業	1.05%

2018年3月末日時点

ょこちょと売り買いをしていく、これが機関投資家の姿です。

したがって、自ずと機関投資家のパフォーマンスはインデックスに連動しますし、みんなが買うときは買う、売るときは売るというスタイルになり、個人投資家のように逆張りにはなりません。また、機関投資家が上位500銘柄を買い揃える場合、その中にはトヨタも日産もホンダも含まれますので、たとえファンドマネージャーがホンダ推しだったとしても、トヨタや日産も保有することもよくあります。ウェイトの大小で調整するわけです。

機関投資家のことがわかれば、その対比で捉えると個人投資家の売買行動も理解しやすくなります。個人投資家はインデックス対比での相対パフォーマンスではなく、個別銘柄の売買でいくら儲かったかという絶対パフォーマンスを重視する傾向にあります。安いときに購入し、高いときに売る。したがって、市場が下落基調のときは、絶好の買いタイミングになりますし、市場が上昇基調のときは、仕込んだ銘柄の売りどきとなるのです。

また、500銘柄もの分散投資をするのは手間なので、気に入った銘柄を5つや10ほど厳選して保有するようなスタイルの個人投資家も少なくないでしょう。このように投資スタイルの異なる機関投資家と個人投資家、企業にすると両方とうまく付き合った方が株価の安定推移につながるはずです。

なお、ここでは、単純化のために、機関投資家をインデックス対比の相対パフォーマンスの投資戦略を採る存在として議論しましたが、実際には機関投資家にも様々な種類が存在します。成長株ばかりを好むグロース型の投資家や、なんらかのテーマをもとにした投資戦略を設定する投資家などです。テーマとしては、CSR活動に長けた企業群、女性活用に積極的な企業群、あるいは、AI化やIoT銘柄など、いくらでも設定できます。

また、ヘッジファンドのように個人投資家同様に絶対パフォーマンスを目指す機関投資家もいます。そのように考えると、企業は多くの投資家に関心

を持ってもらえるように様々な切り口で評価される銘柄になるべき、ということになります。

　大規模、高配当、高成長、CSRに積極的な企業の場合は、4つの切り口が存在しますので、4つの異なるタイプの投資家から評価され、投資される可能性は広がります。企業のIRというのは、そういう「切り口の提供」でもあるのです。芸能人と同じかもしれません。老若男女に好かれるタレントは、息が長いですよね。

　また、個人投資家は株主優待にも魅力を感じる点で機関投資家と投資行動が異なることは、先に議論したとおりです。

日本の株式市場の
大株主は誰か

04

　IRを行うにも、企業側のリソースも限られているので効率的に行いたいものです。そうすると、どの投資家層を重視してIR活動をすべきかを考える必要が生じますが、答えを先に提示すると、やはり、機関投資家と、そして個人投資家になるのです。図表10-2をご覧ください。東証が発表している投資部門別株式保有比率の変遷です。これを見ると、外国人が日本の株式の約3割を保有しており、最も存在感の高い存在です。その中心は海外機関投資家です。次に事業法人、信託銀行、個人となります。このうち、事業法人による株式保有には、日本特有の親子上場が含まれています。上場している子会社の株式を親会社が保有している持分です。

　野村證券のレポートによると、2018年3月末時点での親子上場数は減少傾向ではあるものの263社存在します。親子上場では、子会社にとっての大株主である親会社と、その他の一般株主との間で利益相反や利害の不一致が発生する可能性があり、コーポレートガバナンス上はあまり推奨されませんが、いまだに一定の存在感はあります。そして、親子上場以外での事業法人による株式保有は、株式投資リターンを目的とするものではなく、政策保有が中心となります。実際には、いわゆる「持ち合い株式」と呼ばれるものも少なからず存在するので、事業法人による株式保有のすべてが事業戦略目的とは言い切れませんが、いずれにせよ、事業法人株主は、通常のIRの対象外とすることが適切であることはおわかりいただけるかと思います。

　信託銀行はどうでしょうか？　信託銀行が自らの資金で自己勘定として株式を保有することもありますが、多くは、他の誰かからの信託を受けて保有しています。その場合、実質的な株主は信託銀行ではなく、委託者ということになり、機関投資家、年金、事業法人などがその主たる存在となります。このように見ていくと、株式の保有割合の観点からは、機関投資家と個人投資家にIRのフォーカスを当てるべきだということがわかってきます。

　そして、もう1つ重要な観点を議論しておきましょう。それは、株式を保

10-2 投資部門別株式保有比率の変遷

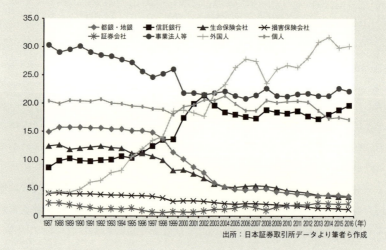

出所：日本証券取引所データより筆者ら作成

有する人たちと、実際に市場で売買する人たちの違いです。先の事業法人株主の議論がわかりやすいかもしれません。事業法人は、保有割合は高いですが、彼らはよっぽどのことがない限り、日々の株式市場で保有株を売買することはありません。政策保有ですので、一度保有したら事業提携が解消されるまで保有しっぱなしでしょう。もちろん、たまに買い増したりすることはあるでしょうが、数年に1度程度のイベントではないでしょうか。

日々の株価は、市場での取引によって決まりますので、事業法人は、持分割合は高いものの、株価にはまったく影響を与えない存在ということになります。これは、その他の銀行、生損保による株式保有でもほぼ同じことがいえます。

一方の機関投資家と個人投資家は、日々株式を売買する存在です。株価というのは、基本的にこれら市場で頻繁に売買する人たちの取引によって付いているわけです。よく長期保有の株主が欲しいと企業は言いますが、売らない株主は株価の下支えはしてくれるものの、日々の株価形成には直接の影響はありません。株価は、市場で取引をする人たちの売買行動でのみ付く、これは意外と盲点です。そこで、各投資主体別の売買回転率を見ておきましょう（**図表10-3**）。

これは、各投資部門の年間の株式売買金額をそれぞれの株式保有金額で割ったものです。もし年間の株式売買金額と株式保有金額が同額であれば、その株主は、1年間に1度その銘柄を取引したということになります。2回転なら2回取引したということで、数値が高ければ高いほど頻繁に取引をしていることになり、一般的には保有期間が短い、ということになります。これを見ると、回転率の高い投資主体は外国人と個人ということになります。この外国人には、海外機関投資家、海外事業法人、外国人の個人投資家が含まれますが、大部分は海外機関投資家です。したがって、海外機関投資家と同義と考えてよいでしょう。

10-3 各投資主体別の売買回転率

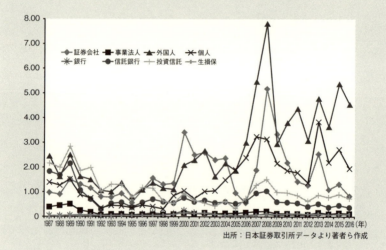

出所：日本証券取引所データより著者ら作成

回転率の高さを保有期間の短さと同義でとらえるならば、おそらく企業の方々にとっては意外なことに、海外機関投資家は短期保有の投資家ということになるのです。海外機関投資家は、ポートフォリオの中身を調整のために頻繁に入れ替えています。

　また、海外機関投資家の中には、これまで見てきたようなインデックス投資をメインとするパッシブ型投資スタイルの投資家と、ヘッジファンドのようなアクティブ運用をする投資家の両方が含まれており、回転率は後者のアクティブ型に引っ張られて高い数値になっている可能性もあります。
　なお、著者らが国内外の主要なパッシブ型の機関投資家に株式の平均保有期間を質問したところ、半年－1年程度という回答が多くを占めました。この場合、回転率は1－2回転ということになりますので、個人投資家とあまり大きくは違わないということになります。
　このように、株価への影響、すなわち日々市場で取引をする頻度という観点でも、機関投資家と個人投資家がIRにおいては重要なことがわかります。

マーケットを司る超重要要素としての流動性 05

　先ほどの議論に少し戻りましょう。企業のIR担当者と話すと、長期保有の株主は歓迎、短期売買は歓迎しないという意見が出てくるという話をしました。しかし、少し考えてみましょう。長期保有の株主ばかりだとどうなりますか？　その銘柄は、あまり売買が行われない銘柄となります。売り買いが乏しいということは、買いたいときに買えない、売りたいときに売れない可能性が高いということです。売りたいときに売れない、これは実は投資家にとって最もリスクが高いのです。特に機関投資家の場合は、誰かのお金を預かって運用している立場なので、タイムリーに売買が遂行できることは極めて重要です。したがって、流動性の低い銘柄は、投資家、特に機関投資家からは敬遠されます。

　流動性は規模に大きく影響を受けます。一般的に時価総額の大きい銘柄は認知度が高く多くの人たちが取引をするため流動性が高くなります。逆に、時価総額が低いと流動性は乏しくなります。したがって、意図的に中小型株を投資対象とするファンドでない限り、機関投資家は「時価総額いくら以上の銘柄にしか投資をしてはいけない」という内規を設けてあります。日経225は代表的な225銘柄で構成されていますが、これらは規模が大きい銘柄ですし、海外機関投資家がベンチマークとするMSCI Japanインデックスも時価総額の大きい300強の銘柄で構成されています。また、TOPIX100や500は、時価総額と流動性での上位100銘柄、500銘柄で構成されるインデックスです。そうなのです、ほとんどの機関投資家は日本市場において時価総額で上位500ほどの銘柄にしか投資をしないのです。その理由は、それ以下の規模の銘柄の場合は、流動性に懸念があるからです。

　データで確認しましょう。**図表10-4**は、東証1部上場企業を時価総額の順位で20％ずつにグループ分けした企業群の、海外機関投資家の保有割合を表しています。ご覧いただくとわかるように、海外機関投資家は時価総額上位

10-4 時価総額規模別の海外機関投資家保有比率の推移

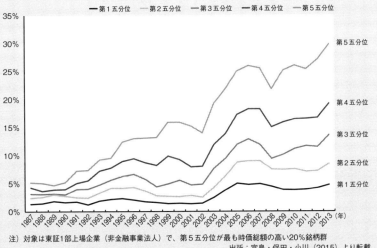

注）対象は東証1部上場企業（非金融事業法人）で、第5五分位が最も時価総額の高い20％銘柄群
出所：宮島・保田・小川（2015）より転載

20％グループでは保有割合が高いですが、時価総額が低くなるにつれて保有割合はぐんと下がっていきます。

　先の投資主体別の株式保有割合と売買回転率の議論を思い出してください。機関投資家はメインプレーヤーでしたよね？　しかし、そのメインプレーヤーが中規模、小規模銘柄では、実質的に不在なのです。これは、株価にどういう影響を与えるでしょうか？

　取引をする人たちが多いほどにモノの値段は適正になっていきます。ある田舎で売られている魚の値段を考えてみると、わかりやすいかもしれません。売り買いする人が少ないため、売り手、あるいは、買い手の交渉力が強くなり、適正な値段が付きません。しかし、東京の築地市場(今では豊洲市場)で売り買いされる場合は、きっと適切な値付けがされますよね。機関投資家はプロですので、目利きの力も優れているはずです。

　このように、株式の場合、流動性が乏しいと株価はディスカウントを喰らいます。これを「流動性ディスカウント」と呼ぶことは、これまで議論してきたとおりです。実は、この流動性の議論は、筆者らが証券会社の社員向け研修講師をする際に、最重要項目として議論することなのです。

　肝心の株価の動き、つまり、マーケットのことは、他のコーポレートファイナンス系の書籍にほとんど記述がありません。しかし、市場こそが命なのです。マーケットを知っているかどうか、マーケットと対話できるかどうか、これこそがコーポレートファイナンスです。マーケットを見ない、知らないということは、通常の商売でいうところの顧客を見ない、顧客を知らないのと同じです。もちろん理論は重要です。しかし、マーケットを語れずしてコーポレートファイナンスはあり得ません。その意味で流動性の重要性は強調しすぎるということはありません。

　話を戻しましょう。DCF法で算出した理論的な株価と、実際の市場での株

価が大きく乖離することはよくあります。そんなときに、「市場は間違っている」「実際の株価はおかしい」と言う人が非常に多く存在します。

　違います。市場での株価はおかしくないのです、取引価格として正しいのです。乖離する大きな要因は流動性です。田舎でどんなにいい商品を開発しても、それを市場で見える化しないことには値段は付きませんし、たとえ値段が付いてもディスカウントを喰らいます。株式は売買する人たちがいて、初めて保有されます。売買されないものは、それがどんなにいいものであっても、市場では不在ということになります。ここでピンと来る方がいると嬉しいのですが、IRの役目、それはすなわち「流動性の創出」なのです。

　マーケットメイカー(Market Maker)やリクイディティプロバイダー(Liquidity Provider)という言葉を聞いたことがあるでしょうか？　ともに、市場に流動性を提供する人たちのことです。本書では詳しくは触れませんが、このようにわざわざ流動性を作り出すことを仕事とする人たちが米国では制度として存在するほどに、流動性は重要なのです。

　本書でも触れた、M&Aプレミアムの話を思い出してください。市場の株価よりも高い買収金額を支払うことで既存株主に株式を売却してもらう際、ときには株価の2倍程度の買収金額が提示されることがあります。その表面的な数字だけを見て、高値掴みをしたと言われることもありますが、もしも買収対象企業が流動性に欠ける銘柄だった場合は、元の株価が流動性ディスカウントの状況にあったことも考えられます。

　この場合、同じ株でも2つのフェアバリューが存在するとも言えます。1つは、日々市場で売買することを前提とする投資家にとってのフェアバリュー、それはつまり、流動性を加味した価格です。一方で、買収側企業にとっては、もう二度と市場で売買しないでしょうから、流動性は加味しなくていいのです。売ることを前提に買う人と、売らないことを前提に買う人では同じ株価でも値段が異なり得ます。

このように考えると、事業会社が流動性ディスカウントに直面している企業を買収する際、流動性ディスカウントを修正しただけでも、表面上は買収プレミアムの支払いに見えるので、お得かもしれません。

　時価総額の大きくないメガネトップの事例でも、DCFでの理論株価と実際の市場の株価は大きく異なりましたよね。

ストラテジストという存在　06

　せっかくマーケット目線でIRの議論をしましたので、ストラテジストの存在にも触れておきましょう。先に、オーバーウェイト、アンダーウェイトの話をしました。実は、機関投資家はグローバルに投資をしていますので、彼らはまず地域ごとのウェイト付けをします。

　たとえば、今は米国経済の調子がいいので、米国株をオーバーウェイトしよう、逆に日本は先行き不透明なのでややアンダーウェイトしよう、というような具合です。そうやって、グローバルベースで運用資金の配分（つまりウェイト）を調整します。

　次に、地域ごとの投資戦略を練っていきますが、ここでもウェイト付けをします。日本株への配分割合を決めた後は、業種ごとにウェイトを付けていくのです。

　図表10-5は、2018年3月末時点のTOPIXの業種ウェイトです。

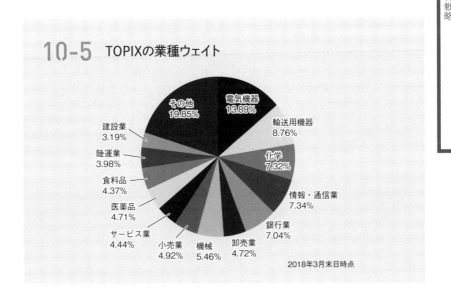

10-5　TOPIXの業種ウェイト

2018年3月末日時点

これを起点として、たとえば、自動車産業の見通しが弱いので、自動車セクターへの資金配分はアンダーウェイトしよう、逆に、ITセクターはオーバーウェイト、というような議論をして、TOPIXに勝つポートフォリオを作っていきます。ホールのケーキを切り分けるようなイメージでそのサイズを調整するわけですが、このような配分割合を提案するのがストラテジストです。そして、最後に各業種における個別銘柄を選択します。自動車業界なら、トヨタ、日産、ホンダなどにどういう割合で投資資金を配分しようか、ということです。

　イメージが湧きましたでしょうか？　株式投資は、個別銘柄の分析というイメージが強いかもしれませんが、機関投資家の場合は、地域でのウェイト付け→業種でのウェイト付け→個別銘柄のウェイト付けというプロセスで進んでいきます。地域や業種のウェイト付けの提案をするのがストラテジスト、業種内の個別銘柄についての投資提案をするのが株式アナリストという位置づけです。

　あなたがホンダのIR担当者だとしましょう。海外機関投資家の投資を呼び込みたいと思っていても、グローバルストラテジストが、日本株をアンダーウェイトしているなら、そもそも投資マネーは呼び込みにくい状況です。日本株の中でも自動車産業をアンダーウェイトしている場合は、さらに難易度は上がります。ストラテジストの視点を知ることで、グローバルな運用資金配分を理解することができるようになります。

どの投資家に
アプローチするか

07

　最後にやや実務的な話をして、本章を締めくくりましょう。先ほど、大枠では機関投資家と個人投資家の両方が重要だという話をしましたが、具体的にどう現状を分析し、アプローチするべきでしょうか。

　日々の株価に影響を与えるのは浮動株ですので、IR戦略上は、市場で流通し得る浮動株の保有者内訳を株主分布図として検証する必要があります。しかし、残念ながら浮動株のみを対象とした株主分布の様子は、公の資料からはうかがい知ることができず、本書ではご紹介できません。

　IRサービス会社や証券会社、投資銀行ではこの浮動株を対象とした株主分布のデータを保有していますので、企業はそれらに依頼して様子を教えてもらうことになります。その結果、同業他社と比べて個人投資家の取り込みが薄い場合は、個人投資家向けのIR戦略の拡充を急ぐことになりますし、海外機関投資家が手薄な場合は、海外IRを強化するなどの策がとられることになります。

　また、海外機関投資家と一口に言っても、アメリカ、欧州、アジア、そして産油国など、地域によって投資家の見方は変わってきますので、海外機関投資家だけを対象とした円グラフを作ってみて、手薄な地域をより積極的に開拓することが重要となります。

　機関投資家は種類別、地域別などいくつかのカテゴリーに分けることができます。それらをほどよく分散した形で自社の株主にすることで、バランスの取れた株主構成となります。

　また、自社の事業内容、成長曲線に合った投資家を選別することも重要です。

　機関投資家の投資スタイルは大きく分けて、バリュー型投資家とグロース型投資家の2種類存在します。実際にはそのミックス型が多い現状もありますが、まずはこの2種類に分けて考えます。バリュー型投資家とは、業績に対して株価が割安に放置されている株式への投資を好む投資家です。保有資

産(不動産など)に対して割安な株式に投資をする投資家もこの種別に含まれます。

　グロース型投資家とは、成長性の高い企業への投資を好む投資家です。同じ機関投資家の中でも、バリュー投資タイプのファンドマネージャーと、グロース投資タイプのファンドマネージャーが存在するように、ファンドマネージャーによって好みの銘柄は異なります。企業は自社の事業的性格を見極めて、どのタイプの投資家が最も自社に興味を持ちそうか探っていく必要があります。また、個別企業に対する分析力においては、機関投資家の中でもヘッジファンドが最も優れているケースもあります。市場が自社の経営戦略についてどう考えているかを理解する上では、ヘッジファンドとの面談も役立ちます。

　投資家とのコミュニケーションにおいては、投資家の種別や好みを理解することが重要であると同時に、今どの銘柄を保有しているか、過去にどんな銘柄を保有していたかという情報が役に立ちます。数多く存在する企業の中から、自社に近い事業内容や成長プロファイルの企業に投資をしている投資家であれば、自社に興味を示す可能性も高いからです。

　やや卑近な例ですが、男女がお互いの好みのタイプの芸能人や過去に付き合った人のタイプを聞き出して、自分が当てはまるかどうかを検証する作業に似ています。なお、各投資家の保有銘柄も公の情報では入手することができません。これも、IRサービス会社、証券会社、投資銀行に入手を依頼することになります。

　ちなみに、実際はIR活動で一生懸命投資家訪問を行っても、すぐには買いにはつながりません。投資家は継続的に企業をモニターし、この企業への投資が魅力的であると確認できるようになって初めて投資をします。みなさんが買い物をするときと同じで、即断即決は多くありません。

　企業にしてみると、株を買ってくれるかどうかわからない投資家にアプロ

ーチし続けるのは気の長い作業にも思えますが、新たに株式を発行して資金調達をする場合や、大株主が持分を売却する際などのいざという局面に備えて、新たな株主予備軍を日頃から開拓しておく必要があります。前もって購入の可能性のありそうな様々な投資家とコンタクトをとっておくことは円滑なファイナンスを行う上で重要です。

　株式発行時や売出時に、まとめて投資家を訪問することを「ロードショーを行う」といいます。経営陣の資質を投資時の重要ポイントに掲げる投資家は多く、特に社長との面談を希望するのが多数派です。そして、そのときに企業側は投資家に「なぜうちの企業の株式は買いなのか」を説明するわけですが、その際に展開する自社の成長力、収益性向上ストーリーのことを「エクイティストーリー」と呼びます。企業の様々な戦略や施策が全体の成長ストーリーにどう関与しているのか、それにより収益性、事業拡大はいかに可能かを相手に納得してもらうのです。

　なお、IRではROEについてはほぼ必ず質問を受けると考えておきましょう。自社のROEの現状分析（認識）と、どこをどう改善していくかという話が求められるということです。3章でやったROEのブレークダウンですね。自社の強み/弱みは、収益性なのか、生産性なのか、そしてレバレッジはどの程度なのか。それらを事業部ごとに説明できるようにしておきたいところです。ROICで説明できるとなおよいですね。

第11章
ベンチャーファイナンス

ようやくと言うべきかもしれませんが、近年は日本でも大企業がベンチャー企業を買収する事例が増えつつあります。かつては、すべて自社内で研究開発をし、自前でビジネスを育てていたのですが、自前主義にこだわりすぎると、成長機会をみすみす逃すことになりかねません。特に、9章で見たように、内部留保が蓄積し、投資余力がますます増加する状況では、むしろ外部投資の優先度は引き上げるべきです。ベンチャー企業をめぐるM&Aの増加にはそのような背景があります。

ベンチャー企業のM&Aを遂行していく上では、ベンチャー企業の株主であるベンチャーキャピタル(以下VC)の投資戦略を理解する必要があります。

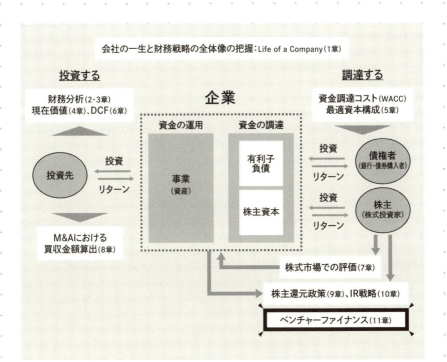

ベンチャーファイナンスについて 01

　これまでの章では主に上場企業側からコーポレートファイナンス戦略、M&A戦略について見てきましたが、本章は、逆の視点から見てみましょう。

　実は近年、大企業とベンチャー企業の間でのM&A件数が急増しています（**図表11-1**）。また、VCによるベンチャー企業への投資額、投資件数も増加傾向です（**図表11-2**）。そして、企業が自社内にベンチャー投資をするファンドを設立する動きも活発化しています。これは、コーポレートベンチャーキャピタル（CVC：Corporate Venture Capital）と呼ばれますが、近年の主要な例は**図表11-3**のとおりです。

　これらの傾向から考えれば、従来はベンチャー企業とVCのみが理解していればいいと思われていたベンチャーファイナンスの領域を、一般企業も十分に理解しておいた方がいいはずです。また、ベンチャーファイナンスは会社の黎明期の資金調達から理解しますので、実は通常のコーポレートファイナンスよりも、シンプルで学びやすく、コーポレートファイナンス全体を理解する上でも役立ちます。ちなみに、ベンチャーファイナンスのことを海外では「アントレプレナーファイナンス」と呼びますし、それが正しい呼称ですが、日本では「ベンチャーファイナンス」と呼ばれることの方が多いので、本書でもそう呼びます。なお、「起業のファイナンス」、「スタートアップファイナンス」なども内容は同じです。では、早速見ていきましょう。

　まず、あなたが起業家となって会社を設立し、資金調達をする場面から想像しましょう。1章でも触れましたが、設立後間もないベンチャー企業が銀行からお金を借りることはほぼ不可能です。ベンチャー企業にとって自ずと残る選択肢は、親族や友人、そしてVCに出資をしてもらうことです。

　かつては、VCでも設立当初のベンチャー企業に出資をすることは稀でしたが、近年ではむしろそういう設立間もない企業への出資（シードファイナンス：seed＝種段階での資金調達ですね）をメインに行うVCや、アクセラレーターと呼ばれる設立直後のベンチャー企業を資金面、戦略面、オペレーシ

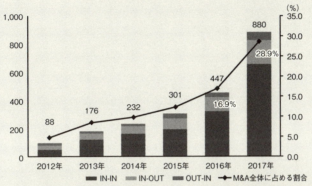

11-1 ベンチャー企業へのM&Aマーケット別件数の推移

出所：MARR Online「2017年のベンチャー企業へのM&A動向」より著者作成

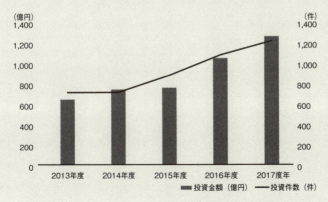

11-2 わが国におけるベンチャー投資金額（国内企業対象）

出所：一般社団法人ベンチャープライズセンター

11-3　2012年以降に設立されたCVCの一例

企業名	設立したCVC (ベンチャーキャピタル子会社やファンド)
KDDI	KDDI Open Innovation Fund
ヤフー	YJキャピタル
フジテレビ	フジ・スタートアップ・ベンチャーズ
TBS	TBSイノベーション・パートナーズ
楽天	Rakuten Ventures
オムロン	オムロンベンチャーズ
富士通	富士通コーポレートベンチャーファンド
電通	電通ベンチャーズ
クレディセゾン	セゾン・ベンチャーズ
三井不動産	31VENTURES
三越伊勢丹ホールディングス	三越伊勢丹イノベーションズ
ソニー	Sony Innovation Fund
アシックス	アシックス・ベンチャーズ
西日本旅客鉄道	JR西日本イノベーションズ
資生堂	資生堂ベンチャーパートナーズ
パナソニック	パナソニックベンチャーズ
朝日新聞社	朝日メディアラボベンチャーズ
東日本旅客鉄道	JR東日本スタートアップ

(資料) 経済産業省「事業会社と研究開発型ベンチャー企業の連携のための手引き(第二版)」、及び各社ホームページからニッセイ基礎研究所作成

出所：ニッセイ基礎研究所「大企業のコーポレート・ベンチャー・キャピタル(CVC)」2018年7月5日

ョン面で総合的に支援する組織も多くなってきました。アクセラレーターの中には、まだ起業していない段階のプランから支援するプログラムを有するところも少なくありません。ビジネスプランコンテストを開催し、そこで出てきたプランを一緒にブラッシュアップして育てていくのです。

500 Startups、Y Combinator、Plug and Playなどが世界的に有名ですが、500 Startupsは毎年神戸市と共同でプログラムを開催していますし、他2社も活発に活動しています。また、国内の独立系アクセラレーターもいまや二桁を超えているでしょう。最近はアクセラレーターが日本の大企業とタイアップしてプログラムを運営し、大企業にシナジーのあるベンチャービジネスの発掘を行う動きも活発です。ざっと検索しただけでも、三越伊勢丹、東急電鉄、三菱地所、凸版印刷などがアクセラレータープログラムを実施しています。

話を戻すと、起業をしたあなたは、親戚、友人、そしてアクセラレーターやVCから出資を得ることで、当初の必要資金を調達することになります。

VCなどリスクを取る株主が得られるものとは？

このシード段階で出資する株主たちが期待するのは、当然ですが将来の株式の売却益です。投資先企業が株式上場した際、あるいは、他社にM&Aで売却されることで株式を売却する機会が巡ってくれば株主は利益を得られます。起業家は、アクセラレーターやVCから投資してもらう場合、一体どの程度の株式を購入してもらうべきかを決めないといけません。実は、ここがベンチャーファイナンスにおける最初のハードルです。

設立当初5,000万円が必要だとしましょう。起業家のあなたは4,000万円を自己資金として持っています。残り1,000万円をシードファイナンスを得意

とするVCからの出資に頼ることにしました。1,000万円は全体の出資金5,000万円の20％に相当しますので、20％の株式を保有するシードVCと起業家であるあなたが80％を保有する株主ということになります。

その後事業が順調に推移し、7年後に時価総額50億円で株式公開ができたとします（50億円で100％の株式を他社にM&Aで売却するという想定でも構いません）。シードVCは20％の株式を保有していますので、その価値は50億円×20％＝10億円になります。7年間で1,000万円が10億円になる、つまり、100倍です（図表11-4）。100倍のリターンと聞くと、そんな話現実に存在するのかと疑いたくなるかもしれませんが、みなさんの身近なところではメルカリの事例があります。携帯向け広告事業やベンチャー投資をするユナイテッドという企業は、メルカリが設立されて間もない頃に3億円で同社株式を購入しましたが、株式公開時はその価値はおよそ450億円になっていました。つまり、150倍です。

話を起業家のあなたに戻すと、20％の株式をシードVCに提供することで会社設立当初に1,000万円を調達できますが、これは将来の10億円の価値になるかもしれない株式をなげうって今の1,000万円を選択するということでもあります。これをもったいないと感じる人もいるかもしれませんが、メルカリも当初の3億円があったからこそ成功できたのであり、その3億円がなければ、そもそも成功しなかったかもしれません。一方、会社設立直後に外部株主に多くの株式を保有してもらったがゆえに、上場時には社長の保有割合が低く、安定株主づくりに苦労するという企業も存在します。

出資金額と持分割合の関係

実際には、7年の間に何度か資金調達をすることになるはずです。そこで、あなたが起業した会社は設立から3年ほど経った頃、再度資金調達の必要が

11-4 リスクテイカーの株主が得られるものとは

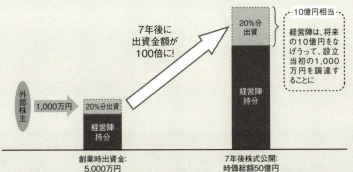

株主にとっては、より早期に出資すると
リターンが大きくなる可能性が高い

生じ、新たなVCに頼ることになったとしましょう。

　今回必要な資金は1億円です。株価1万円、5,000株、資本金5,000万円で設立した会社です。もし今回も株価1万円で増資するならば、1万株を発行することになりますので、増資後の株数は1万5,000株となると同時に、起業家であるあなたとシードVCの持分割合はそれぞれ大幅に低下します（**図表11-5**）。
　この状態になると、会社の3分の2は新VCのものになります。今後、起業家であるあなたは、この新VCのために一生懸命事業を拡大していくに等しい状況になります。また、設立当初と同じ株価で増資をするということは、会社の価値が設立当初と3年後で同じということを意味します。
　設立から3年経ってやっと売上は伸び始め、今後のさらなる成長のためにガツンと投資して飛躍するための資金調達です。きっとあなたは3年間の実績があるのだから、株価は上がってしかるべきだと思うでしょう。一体、株価をいくらに設定するのがいいのでしょうか？
　もし株価を4万円にした場合は、上記の場合の1/4の株数である2,500株を発行することになります（**図表11-6**）。同じ1億円を調達する場合でも、その時点での会社の株価をいくらに設定するかによって出資者の株式保有割合が変わってくるのです。

　起業家はあまり多くの持分割合を外部には出したくないでしょうし、VCはなるべく高い持分を保有したいと思います。したがって、起業家は出資受け入れ時の株価をなるべく高く見積もりたい一方、VCはなるべく低くしたいのです。これは、モノの売買の場面と同じです。売り手は高く売りたいし、買い手は安く買いたいのです。最終的にはVCと交渉の上、株価を決めます。起業家にとってコーポレートファイナンスは実は超重要なのです。理解が乏しいとVCに都合のよい形に決められてしまいます。

11-5 設立当初と同じ株価で増資をした場合の持分割合の変化

	増資前	増資後
起業家(あなた)	4,000株(80%)	4,000株(26.7%)
シードVC	1,000株(20%)	1,000株(6.6%)
新たなVC	0株(0%)	10,000株(66.7%)
合計	5,000株	15,000株

11-6 株価が設立時の4倍で増資をした場合の持分割合の変化

	増資前	増資後
起業家	4,000株(80%)	4,000株(53.3%)
シードVC	1,000株(20%)	1,000株(13.3%)
新たなVC	0株(0%)	2,500株(33.3%)
合計	5,000株	7,500株

未上場企業の株価は どうやって決めるのか？ 02

　上場企業の場合は、株価は市場で付きますが、未上場企業の場合は買い手と売り手の交渉によって決めることになります。そのためにはなんらかの方法で株価を算出する必要があります。

$$株価 = \frac{時価総額}{株数}$$

　これは、会社がどのステージにあっても通用する関係式です。未上場企業の場合でも、株価は時価総額さえ計算できれば算出可能です（図表11-7）。ではどうやって未上場企業の理論的な時価総額を求めればいいのでしょうか？
　われわれはこれまでの章で理論的な株価の算出方法を学びました。DCF法ですね。DCF法は未上場企業でも適用可能ですが、ベンチャー企業に対しては適用が難しい手法です。なぜだかわかりますか？　DCF法は将来のFCFを予測し現在価値を求めるバリュエーション手法ですが、これは将来予想されるFCFが「確からしい」ことを根拠に正当化されています。DCF法は、業績の安定している成熟企業に限って適用されることが暗黙の前提となっているのです。スタートアップのベンチャー企業は将来のFCFがまったく読めないため、DCF法を使うのは適切ではありません（図表11-8）。したがって、DCF法以外の手法に頼ることになります。それがPERです。

　すでに上場している類似企業群の平均PERがわかれば、未上場企業の純利益に業界平均PERを乗じることでおおよその想定時価総額を求めることができます。「なんだそんな簡単なことか」と言われそうですが、そんな簡単なことなのです。
　たとえば7章で見た外食産業のPERの表を再度見てみましょう（259ページ）。この日の外食産業のPERの中央値は36.0倍でした。したがって、外食産業

11-7 未上場企業の株価推移

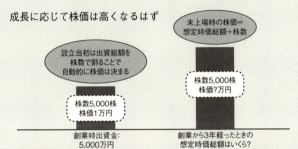

想定時価総額を求めることが未上場企業の株価算出には必要

11-8 DCF法のターミナルバリューの永久成長率の設定

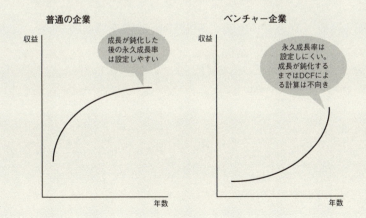

に属する予想純利益100億円の未上場企業の想定時価総額は、100億円×PER36.0倍＝3,600億円と算出されます。

ただし、未上場のベンチャー企業は、すでに上場している企業よりも信用力が劣ります。上場企業の場合は、毎期利益予想を市場に提示し、それをクリアするプロセスを繰り返していますので、予想利益の確度は比較的高く、市場から信任も得ています。

一方、ベンチャー企業の場合は、これからデビューを果たす段階のため、市場の評価は上場企業に対するものよりも厳しくなります。したがって未上場のベンチャー企業の株価に対しては、業界のPERを乗じて計算される想定株価よりも20-30％ほどディスカウント（未上場ディスカウント、または、IPOディスカウントと呼びます）されることが一般的です。

ここで1つ疑問が生まれます。予想利益が赤字の場合は、どうしたらいいのでしょうか？　純利益が赤字の場合は、PERから想定時価総額をはじき出すことができないのです。そんなときは、PERの代わりに類似企業のEBITDA倍率を求めることもあります。

PER以外でベンチャー企業の想定時価総額を求める方法

次に、ベンチャー企業の出資者（VCなど）が求めるリターンから出資時の株価を逆算するという手法を見てみます。いくらPERでの時価総額を議論したところで、VCが求める見返りが実現できる見込みがなければ出資にはつながりません。

VCがベンチャー企業に出資する際、どの程度の年率リターンを要求するのでしょうか。たとえば私たちが投資信託に投資をする場合は年率2-3％のリターン、そして株式投資をする場合は年率5-10％程度のリターンを期待するのではないでしょうか？　ベンチャー企業への投資はこれらの投資商品よ

りもハイリスクですので、当然よりハイリターンを求めることになります。したがって、ベンチャー企業への投資時に求めるリターンは最低でも年率15％以上になるであろうことが想像できます。この年率リターンのことをIRR（Internal Rate of Return：内部収益率）と呼びますが、このIRRがVCにとっては重要な投資指標となるのです（図表11-9）。

VCがベンチャー企業に出資をする際は、その企業はいつ、いくらの時価総額で上場するだろうという予測を立てます。同時に、M&Aによる他社への売却の可能性とタイミングも予測します。したがって、VCが投資決定をする投資委員会では、想定売却先企業が存在するかどうかも議論されるのです。

年率いくらのリターンを必要とするかがわかれば、投資時に許容可能な時

11-9 出資者の必要とする年率リターンから時価総額を算出

ベンチャー企業への投資を行う立場では、PERによる想定時価総額の算出とともに、欲しい年率リターン（IRR）からの逆算も行う

ベンチャー企業への投資はハイリスクゆえに、ハイリターンを必要とする

↓

最低年率15〜20％。出資段階のリスクに応じて求められる年率リターン（IRR）は異なり、設立間もない場合では年率50〜100％程度のリターンが必要

↓

上場時の想定時価総額から年率リターン（IRR）を逆算し、投資時の適正な時価総額を求める

IRRはベンチャーキャピタルにとって重要な指標

価総額を算出することが可能です。たとえば、設立から7年後に50億円で上場予定の企業があるとします。設立から3年後にVCが出資する際の時価総額がいくらなら大丈夫なのかを見てみましょう(図表11-10)。

このVCが年率リターン(IRR)として40％を必要とする場合、VCが許容できる現在の想定時価総額は13.0億円と求めることができます。

VCはこの想定時価総額を上限として、これよりもなるべく低い時価総額で出資をしたいと考えてベンチャー企業経営者と交渉をするはずです。どうやら、時価総額は設立当初の出資金額の5,000万円と、この13.0億円の間のどこかに落ち着きそうな気配です。では、実際はどのあたりでしょうか？

なお、このケースではVCが求める年率リターンは40％としましたが、ベンチャー企業と一口に言っても、設立間もない企業もあればもうすぐ株式公開という企業まで、様々です。そこで、投資先ベンチャー企業の状況と、出資者が求めるリターンの相関関係のイメージをまとめたものが図表11-11です。

これはあくまでもイメージですので、いつもこれが当てはまるわけではありませんが、感覚値をつかむには便利かと思います。当然ですが、上場が近づけば近づくほど企業としての安定性は高まりますので、VCもさほど高いリターンを求めることはなくなります。

11-10　未上場企業の株価算出

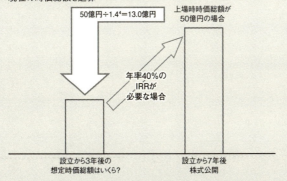

上場時の想定時価総額と必要な年率リターンから現在の時価総額を逆算

50億円÷1.4^4＝13.0億円

上場時時価総額が50億円の場合

年率40%のIRRが必要な場合

設立から3年後の想定時価総額はいくら?

設立から7年後株式公開

このケースでは、投資時の時価総額が13.0億円以下でないとベンチャーキャピタルは出資できない

11-11 ベンチャーキャピタルの投資時期と必要最低IRRの目安

企業によって事業内容も成長スピードも異なるので、一概にはまとめられないが……

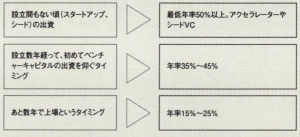

設立間もない頃(スタートアップ、シード)の出資	▷	最低年率50%以上。アクセラレーターやシードVC
設立数年経って、初めてベンチャーキャピタルの出資を仰ぐタイミング	▷	年率35%～45%
あと数年で上場というタイミング	▷	年率15%～25%

ベンチャー企業は不確定要素が多いため、ザクッとした感覚値、イメージがその分重要に

さて、先に設立から7年後に50億円の時価総額で上場するという予測を立てました。50億円という想定時価総額をどうやって算出したのかの背景は図表11-12のようになります。

単純に上場直後までの売上と利益の予想をもとに、業界の平均PERである20倍と、先に述べた未上場ディスカウントの30％を適用することで時価総額を求めるのです。ということは、出資するVCにとっては、出資時に企業の将来の収益予想を入手することが必要になってきます。

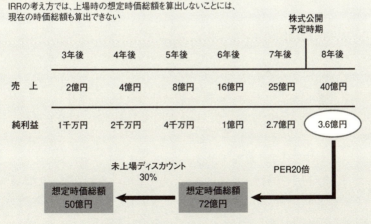

図表11-12 上場時の想定時価総額の決まり方

出資時の時価総額が決まって、発行する株数も決まる

　さて、以上のような流れでわれわれが算出しようとしているベンチャー企業は、上場時の時価総額が50億円で、設立3年後の想定時価総額はVCの理論からは上限は13.0億円でした。ただし、彼らはその手の内を明かすことなく経営陣と交渉します。ここでは、交渉の末にVCと経営陣が合意する企業の時価総額が最終的に5億円に決まったとしましょう。

　もともと5,000株を発行していましたので、株価は10万円になります。そして今回1億円を調達することにしていましたので、1,000株を新たに発行することになります。増資直前の時価総額が5億円で、1億円の現金が増えますので、増資直後の時価総額は6億円です。そして、それぞれの株主の持分割合は**図表11-13**のようになります。

　今回新たに出資するVCは、この会社の16.7％の持分を獲得することになります。上場時の時価総額が50億円になれば将来8.4億円（50億円×16.7％）の価値を持ちます。しかし、もし、上場までに再び資金調達が必要となり、他のVCが出資をしてくる場合、16.7％の持分が下がる可能性があります。そうなると、将来得ることができる価値も8.4億円を下回ります。したがって、VCにしてみると、上場までに再び資金調達の予定があるのであれば、事前に教えてほしいということになります。

　なお、この持分低下の論理は、そっくりそのまま起業家に対しても当てはまります。当初は80％持分でスタートしましたが、今回VCからの出資を受け入れたことで、持分は66.7％にまで下がります。外部からの資金調達を繰り返すと、この持分はドンドン下がっていくのです。

　事前に利益計画と資金調達の計画をきちんと立てずに、行き当たりばったりで資金調達を繰り返していると、気がつくと自らの持分割合が相当低下す

11-13 資本政策

	設立時		3年後増資直前		3年後増資直後	
	株式会社設立		第三者割当増資（VC）		第三者割当増資（VC）	
	株価	10,000 円	株価	100,000 円	株価	100,000 円
	発行株数	5,000 株	発行株数	5,000 株	発行株数	6,000 株
	調達金額	50.0 百万円	調達金額	0 百万円	調達金額	100 百万円
	時価総額	50.0 百万円	時価総額	500.0 百万円	時価総額	600.0 百万円
株主名	保有株式	比率	保有株式	比率	保有株式	比率
起業家	4,000	80.00%	4,000	80.00%	4,000	66.67%
シードVC	1,000	20.00%	1,000	20.00%	1,000	16.67%
通常VC1	0	0.00%	0	0.00%	1,000	16.67%
通常VC2	0	0.00%	0	0.00%	0	0.00%
一般株主	0	0.00%	0	0.00%	0	0.00%
合 計	5,000	100.00%	5,000	100.00%	6,000	100.00%

る事態になってしまいます。

　ここまではVCから出資を受ける場合の想定時価総額の算出に重点を置いて見てきましたが、未上場企業にとって重要な施策の1つに、中期的な資金調達計画を立て、株主構成がどうなっていくかをシミュレーションするというものがあります。次はその点を見ていきます。

> **コラム　業界平均PERを求める際はどこまでを業界の銘柄として含めるべきなのか？**
>
> 　業界のPERから想定時価総額を算出する際、重要なのは類似企業の選定です。また、類似企業群に、PERの高い企業、もしくは低い企業が1社紛れ込むだけで平均PERに与える影響は大きくなります。したがって、実際に想定時価総額算出の際に用いるのは平均PERの値ではなく、類似企業のPERの中から最高値、最低値を除外した中央値になります。
> 　なお、企業によっては明確に同業と呼べる企業が存在しない場合もあります。たとえばボウリング場で有名なラウンドワンという企業がありますが、他に上場しているボウリング場運営企業はありませんので、この企業の場合は類似企業が存在しないことになります。しかし、アミューズメント施設の運営という範疇で考えるとゲームセンターやカラオケなどが該当しますので、それらの企業を類似企業として業界平均PERを求めることになります。また、最近では、AI銘柄も登場しつつありますが、このように日本に類似企業が少ない場合は海外企業で探してみることになります。

上場までの株主構成を
どう考えるか（資本政策） 03

　ベンチャー企業に限ったことではありませんが、企業は経営戦略を立てて、利益予想を作る段階で、今後必要となる資金についても予測を立てます。それらの必要資金が自社のキャッシュフローでまかなえる場合は問題ありませんが、足りない場合は外部から資金調達をする必要があります。銀行から借入を行う場合も、VCに対して増資をする場合も、相手に話し始めてから実際に資金を調達できるまで最低数ヶ月間はかかります。したがって実際に資金が必要となるタイミングより前倒しで、それら外部機関とのコミュニケーションを行う必要があります。

　さて、先に見た企業は、設立3年後の初回増資時は増資直前の時価総額5億円で1億円を調達しました。それにより、VCには約16.7％の株式を発行しています。次は、設立から5年後に再度1億円を調達するとしましょう（図表11-14）。

　このときの時価総額を決める場合も前回の増資時と同じロジックで算出し、最終的には企業とVCの交渉で決まります。

　設立から5年後の増資時の株価は20万円となり、増資直前の時価総額が12億円になったとします。そこで1億円を調達すると、調達後の時価総額は13億円になりますので、このときに増資に応じるVCは1億円÷13億円＝約7.7％の株式を保有することになります。

　そして、設立から7年後の上場直前には株価はグンと上がり77万円、時価総額にして50億円になります。その状態で一般株主に対して新株を500株発行し3.85億円を調達するとします（実際にはそれまでの間に株式分割を実施し、個人投資家が買いやすいように株価を下げておきます）。

　これら一連の流れをまとめたものが図表11-15です。

　ご覧いただくとわかるように、起業家の持分は増資を繰り返すごとに下がっていきますが、このケースでは上場直後でも6割弱の株式を保有していますので、株主総会での決議はほぼ社長の意のままになります。

11-14 上場までの利益計画と必要資金の計画表

上場までに必要な資金と資金調達計画を作成し、上場時までの株主持分を予測

	3年後	4年後	5年後	6年後	7年後	株式公開予定時期 8年後
売上	2億円	4億円	8億円	16億円	25億円	40億円
純利益	1千万円	2千万円	4千万円	1億円	2.7億円	3.6億円
増資直前時価総額	5億円		12億円			50億円
必要資金	1億円		1億円	1億円		3.85億円
増資直後時価総額	6億円		13億円			54億円
外部株主(VC)へ新株発行%	16.7%		7.7%	0%		7.1%
	VCへの増資で資金調達		VCへの増資で資金調達	銀行借入で対応		一般株主へ増資

11-15　上場までの資本政策と株主構成の推移

	設立時	3年後増資直前	3年後増資直後
	株式会社設立	第三者割当増資（VC）	第三者割当増資（VC）
株価	10,000 円	100,000 円	100,000 円
発行株数	5,000 株	5,000 株	6,000 株
調達金額	50.0 百万円	0 百万円	100 百万円
時価総額	50.0 百万円	500.0 百万円	600.0 百万円

株主名	保有株式	比率	保有株式	比率	保有株式	比率
起業家	4,000	80.00%	4,000	80.00%	4,000	66.67%
シードVC	1,000	20.00%	1,000	20.00%	1,000	16.67%
通常VC1	0	0.00%	0	0.00%	1,000	16.67%
通常VC2	0	0.00%	0	0.00%	0	0.00%
一般株主	0	0.00%	0	0.00%	0	0.00%
合計	5,000	100.00%	5,000	100.00%	6,000	100.00%

	5年後増資直後	7年後上場直前
	第三者割当増資（VC）	株式上場
株価	200,000 円	公募価額 770,000 円
発行株数	6,500 株	7,000 株
調達金額	100 百万円	385 百万円
時価総額	1,300.0 百万円	5,390.0 百万円

株主名	保有株式	比率	保有株式	比率
起業家	4,000	61.54%	4,000	57.14%
シードVC	1,000	15.38%	1,000	14.29%
通常VC1	1,000	15.38%	1,000	14.29%
通常VC2	500	7.69%	500	7.14%
一般株主	0	0.00%	500	7.14%
合計	6,500	100.00%	7,000	100.00%

注）東証マザーズへの上場ルールでは流通株式数が2,000単位以上とされているため、現実には上場前に株式を10分割して、一般株主への割当株式数を5,000株にするなどの措置が必要となる

一方、設立3年後に1億円を出資して株主となったVCは、最初は16.7％の株式を保有していましたが、最終的にはその持分は14.3％にまで下がります。たったの2.4％しか変わりませんが、上場後に時価総額50億円強となった企業の持分2.4％は約1.3億円に相当します。5年後に新たな株主が出資することにより、最初に出資をしたVCは最終価値にして1.3億円分を失うことになるのです。

　ただし、5年後に増資をして資金調達をしないことには上場すらできなかったかもしれませんので、これはやむを得ません。VCにとって重要なのは、当初出資する際に、その後の資金調達計画を事前に予測しておくということです。事前に予測しておけば自分たちの持分がある程度低くなること（希薄化といいます）を前提に、年率リターンの算出を行うことができます。ベンチャー企業が計画外の増資を行うことで、すでに株主となっているVCと揉めることは実はよくありますので、注意が必要です。

　また、常に金策を考えながら経営をしていくのは心もとないので、経営者にしてみるとお金はなるべく早い段階でたくさん調達したいものですが、タイミングが早いと企業の時価総額、株価が低いため、たくさんの株式を発行する必要が出てきます。そうすると、経営者の持分が大幅に低下することになってしまいます。したがって、増資によるベンチャー企業の資金調達では、「調達できるときになるべくたくさん」という考え方はあまりよくありません。それよりも、必要なときに必要なだけ順次調達していくのがベターであり、そのためには事前にどのタイミングでいくらの資金が必要になるかという資金計画を立てることが重要となります。

　なお、ベンチャーファイナンスについて、ここでは触りだけ触れましたが、より詳しく学びたい方は『起業のファイナンス』（日本実業出版社）がお勧めです。

クラウドファンディング 04

　本章の最後に、最近ベンチャー企業の資金調達でも盛り上がりつつあるクラウドファンディングについて触れておきます。まだ日本では資金調達の規模も小さいため、すぐに多くの企業で資金調達に活用するようになるというわけではありませんが、今後5年、10年を考えた場合は、知っておくべきものでしょう。

　基本的な仕組みについては、他の書籍やインターネットのサイト等でもまとめられているため簡潔な記載にとどめますが、クラウドファンディングは、資金を調達したい人とお金を提供したい人をマッチングするサービスです(図表11-16)。

　米国の事例ですが、BauBaxという飛行機の機内で着用するジャケット(ジャンパー)の開発資金をクラウドファンディングで調達したという事例があります。このジャンパーには15の機能が搭載されています。

　たとえば機内でちょっとしたときにほしくなるペンは、ジッパーのところに付いています。自分で息を吹き込むことで膨らむネックピロー(枕)やアイマスクも付いていますし、機内の温度変化に対応できるように袖を少し伸ばせば手がすっぽりと隠れるような仕組みになっています。また収納用の隠しポケットが2つ付いており、ここにはiPhoneやiPadを入れることができます。またイヤホンホルダーも付いているので、音楽を聴くのも快適です。開発者は、このような多機能ジャケットの開発資金をクラウドファンディングで募りました。お金を出した人たちにはこのジャケットが1着届けられるというのが基本的なスキームです(1着2万円)。

　様々な講義や講演会でこのお話をしていますが、「このジャケット、欲しいですか？」と聞くと、ちらほら手が上がる程度です。そして、「では、みなさん、一体いくら集まったと思いますか？」と聞くと、数百万円から多くても1,000万円という答えが返ってきます。しかし、実際は、なんと10億円を

11-16　クラウドファンディングのスキーム

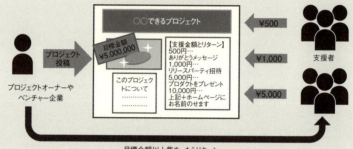

超えるお金がこのクラウドファンディングで集まりました。参加者は一様に、「えー！」という反応を示します。

資金調達のみではないクラウドファンディングの役割と効果

　こうなってくると、ビジネスを行う世界観ががらりと変わります。かつてであれば、このように新たな事業を始めようとする企業は、資金調達の壁に当たることが常でした。

　銀行に行っては融資を断られ、たくさんのVCに事業計画書を何度も説明し、少し興味を持ってもらったVCからも、「まずは商品の試作品ができてから検討するよ」、あるいは「売上が少し見えたところで検討するよ」、というつれない返事をもらうことが一般的でした。しかし今回のジャケットの事例では、VCは必要ありません。事業計画書も、試作品も、売上も見せる必要はないのです。素晴らしい商品のアイデアさえあれば、インターネット上でそれに賛同してくれる人たちが資金を提供し、最初の顧客となってくれるのです。これまでの他のベンチャー企業が、VCに何度も頭を下げて資金調達をしていたことが嘘のようです。むしろ、クラウドファンディングで積み上がったオーダーを見てVCの方から出資させてくれと言ってくることでしょう。

　また、通常、このような新たな製品を作ろうとする場合は、メーカーや縫製工場を探す必要がありますが、これが一苦労です。メーカーや縫製工場にしてみると、実績のない会社の注文を簡単に受け付けるわけにはいきません。また、もし製品を作るとしても、型紙から作る手間暇を考えるとある程度のボリュームを一度に作れないと採算が取れません。

　一方、この生産量の最低ロット数が、商品を作ってほしい側（今回の場合だと、ジャケットを作りたいと思っているBauBax）にしてみると多すぎることがよくあります。縫製工場は最低ロット数を1,000着としたいけど、

BauBaxにしてみると、どの程度売れるか少しずつ様子を見ながら生産量を増やしたいというのが通常です。最初から1,000着作ってしまい、もしも売れ残った場合は、大量の不良在庫を抱えてしまうことになるからです。このように、メーカー側と、メーカーに物づくりを依頼する企業の間では、当初の生産量でお互いが合意できる着地点を見出すのがなかなか難しいのです。そうやって、アイデアは素晴らしいのに実際に製品化されない商品は多数存在します。

　しかし、今回のBauBaxの事例では、10億円もオーダーが積み上がっていますので、こちらから縫製工場にお願いをしなくとも、縫製工場の方から自分たちに作らせてくださいとお願いをしに来ることになります。ここでも、メーカーとの交渉上の立場が逆転します。

　販売でも同じことが言えます。それほどの人気のジャケットであれば自分たちの店頭で売りたいと思う小売店も多数存在することでしょう。通常、新参者が大手百貨店やスーパーマーケットで商品を置いてもらい販売してもらうことは非常にハードルが高いです。世の中には百貨店やスーパーに自社の商品を販売してほしい企業が多数存在します。百貨店やスーパーのバイヤーと呼ばれる人たちは、それら山のように存在する商品の中から一番売れそうだと思われる商品のみを選別し、自社の店頭に並べるのです。したがって、通常はベンチャー企業の作った新商品が百貨店やスーパーマーケットの店頭に並ぶことはほぼないと言えます。しかし、今回のBauBaxの事例では、そこの交渉力も逆転し得るのです。そして、もし百貨店やスーパーマーケットがBauBaxの商品を売りたいと言ってきたとしたら、同社はどうするのでしょうか。大喜び？　いや、違いますね。クラウドファンディングで見たように、インターネットで直接商品を顧客に届けることができるのであれば、わざわざ中間マージンを取られてしまう小売業者に商品を売ってもらう必要性はまったくなくなるのです。

このように、クラウドファンディングは新たな代替的な資金調達手段として有用なだけではなく、ビジネスにおけるあらゆる取引シーンでの交渉力を変えてしまう力を持っていることがわかります。ただし、ある程度の大きな金額をクラウドファンディングで調達できる、言い換えれば、たくさんの賛同者を得ることができるような商品やサービスを提示できたときに限っての話です。

　一方、クラウドファンディングのプラットフォームの利用手数料は調達金額の15－20％というのが一般的です。実は、資金調達コストという観点で見た場合は、決して安くないのです。したがって、クラウドファンディングで一度実績をつけた企業は、その後は銀行からの融資など、もっと調達コストの安い資金で事業を回していくことが多いです。ただし、クラウドファンディングが持っているマーケティング力や顧客開拓力、そして上で見たようなビジネスシーンでの交渉力の逆転現象など、資金調達以外にも大きなメリットを感じる場合は、クラウドファンディングを何度も利用する企業があってもおかしくはありません。

　さて、一方の日本はどうでしょうか。日本では、BauBaxのように10億円を超えるような金額をクラウドファンディングで集めたという事例はまだ存在しません（2019年2月現在）。ただ、電動で走る自転車とバイクのハイブリッドな商品がクラウドファンディングで1億円以上を集めたという事例も登場してはいます。

　特に、この企業が和歌山にあるベンチャー企業だったことから、地方の企業でもクラウドファンディングを活用すれば大規模な資金調達が可能であることを示したことになりました。この事例は、代替的資金調達手段としてのクラウドファンディングの可能性を感じさせるものであり、今後の動きは注目です。

なお、クラウドファンディングの市場規模はこのような購入型のもので数百億円程度ですのでまだ大きくはありません。しかし、日本ではVCによる年間の投資額は2,000億円程度ですので、今後クラウドファンディング市場が大きくなれば、一部ベンチャー企業の資金調達を代替する可能性もなくはありません。

クラウドファンディングの課題と波及効果

なお、クラウドファンディングにおいては、詐欺案件の可能性や質の見極めについての懸念が常に指摘されます。通常の金融機関による融資であれば与信機能がありますし、株式市場であれば株式上場のときに審査を受けることになります。そこをクラウドファンディングではどう手当てするのかという問題です。

ここは、2つのスクリーニングが存在します。まずはクラウドファンディングのプラットフォーム事業者による審査です。そしてもう1つはクラウド(群衆)による質の見極めです。

今のところ日本ではクラウドファンディング1案件当たりの調達金額が米国ほど大きくないこともあり、クラウドファンディングによる詐欺案件というものはほとんど報告がありませんが、クラウドファンディングのプラットフォーム事業者も質の見極めには非常に注意しています。

実際、今では数多くのクラウドファンディングをやりたいという希望が寄せられていますが、あるプラットフォーム事業者の話によると、そのうち8割程度はきちんとした事業計画書が作れないという理由で即ボツになるようです。いずれにせよ、質を向上させていくというのはどのプラットフォーム事業者にとっても重要な課題です。この点は、どのプラットフォーム事業者もITをど真ん中に据えている企業ですので、審査のAI化が進めばある程度の問題は解決できると思われます。

なお、最近では、クラウドファンディングと地域金融機関の連携が進む事例も登場しています。地方の企業が地元の金融機関に融資を申し込むと、金融機関は「まずクラウドファンディングを実施してください」というのです。もしクラウドファンディングで成功したらその金融機関は融資をするというスキームです。

　上場を目指さないような地域の企業にとっては、これまではリスク性マネーの供給源がありませんでした。ゆえに、金融機関の融資に頼るしかなかったのですが、融資では起業の最初のリスクマネーの役割は果たせません。これは地方で起業が起こりにくい1つの原因でもあるのですが、そこにクラウドファンディングというリスク性資金が登場したことで、地方のカネ巡りがよくなる可能性が出てきています。また、地域金融機関にとっても融資を伸ばすチャンスです。また、上で見たように、クラウドファンディングではモノを全国に届けることができるので、市場は地域に限りません。市場が全国に広がるなら、成功企業が必要とする運転資金の金額は増えますし、それに応じて地域金融機関の融資金額も増えていく可能性があります。このように、クラウドファンディングは地域ファイナンスの領域ではさらなる可能性を秘めています。また、規模が大きくなれば市場の大企業の新商品開発の場面でも大いに活用できますし、それこそ企業が証券市場を介さずに資金調達できる可能性も高まります。

　なお、大企業では資金調達よりもテストマーケティングの場として、あえて自社の名前を伏せた状態でクラウドファンディングを行う事例も登場しています。

第12章

ビジネスパーソンとしてざっくり知っておくべき主要数字一覧

本書は、3章で「並べる」「比べる」ことによって企業のキャラクターを明らかにする財務分析のお作法を紹介しました。これは簡単かつパワフルな分析手法ですが、分析対象企業が優れているのか劣っているのかを、もっと手っ取り早く瞬時に知る方法があります。それが「世の中の普通を知っておくこと」です。

平均的な姿や相場感を示す便利な数字を覚えておくことはビジネスの実務において非常にパワフルです。本書の最終章では、ビジネスパーソンとしてざっくり知っておくべき主要数字の一覧を挙げています。「これだけ知っておけば十分」という代表的な数字だけを厳選していますので、きっちり覚えてしまいましょう。

本書の最後に、ビジネスパーソンとして知っておくと便利な主要数字を挙げておきましょう（**図表12-1**）。

　ROA：5％（営業利益ベース）、売上高営業利益率：6％、資産回転率：0.8回、そしてROE：10％という数字だけは頭に叩き込んでおくことを強くお勧めします。総資産利益率（ROA）は営業利益率と資産回転率にブレークダウンできますから、できれば、

　ROA＝営業利益率×資産回転率

　すなわち、

　5％≒6％×0.8回

　と覚えておきましょう。

　日本の上場企業の2018年3月期決算に関するデータを見てください（**図表12-2**）。

　全産業ベースでROAが5.30％、営業利益率が6.73％、資産回転率が0.79回となっていますが、読者のみなさんは、ざっくり5％≒6％×0.8回と覚えておけば十分です。

　本論でも解説しましたが、これだけ知っておけば簡単に企業のキャラを知ることができます。

　たとえば、新規の得意先と取引を始める場合、営業部門の人が得意先から決算書を入手して、「この会社と取引を始めても大丈夫だろうか？」とチェックするといった場面。そんなとき、上記の数字を知っておけば、世の中の"普通"の水準と比べることによって、その会社がイケてる会社か、パッとしない会社かくらいはすぐにわかります。

　入手した決算書を「俺たちには関係ない」と財務部門に華麗にパスするだけでは芸がありません。営業部長に「この会社、ちょっと気をつけた方がいいですよ」とか「その会社は優良企業なので、さらにこんな商品やサービスも提案すべきですよ」などと進言ができればグッと評価も上がるはずです。

12-1　知っておくと便利な世の中の"普通"

"ざっくり"おさえておきたい数字

ROA：5%
営業利益率：6%
資産回転率：0.8回
ROE：10%
EBITDAマルチプル：8倍
PER：15倍

12-2　業種別2018年3月期のデータ

	ROA	営業利益率	資産回転率	ROE
全産業（日本郵政除く）	5.30%	6.73%	0.79	10.50%
製造業	5.81%	6.97%	0.83	10.60%
非製造業（日本郵政除く）	4.73%	6.42%	0.74	10.36%
水産・農林業	4.68%	2.87%	1.63	12.31%
鉱業	6.86%	26.40%	0.26	-0.78%
建設業	7.35%	7.01%	1.05	12.58%
食料品	6.47%	5.35%	1.21	8.22%
繊維製品	5.82%	7.10%	0.82	8.12%
パルプ・紙	2.48%	3.16%	0.78	4.11%
化学	7.96%	9.82%	0.81	10.79%
医薬品	7.46%	14.53%	0.51	9.16%
石油・石炭製品	6.57%	4.79%	1.37	19.01%
ゴム製品	5.27%	5.83%	0.90	5.68%
ガラス・土石製品	7.33%	9.24%	0.79	10.10%
鉄鋼	3.75%	4.70%	0.80	6.64%
非鉄金属	5.74%	6.09%	0.94	8.30%
金属製品	5.07%	5.80%	0.87	5.95%
機械	6.82%	8.44%	0.81	9.05%
電気機器	5.66%	6.50%	0.87	11.88%
輸送用機器	5.13%	6.59%	0.78	12.35%
精密機器	6.32%	8.82%	0.72	11.94%
その他製品	5.68%	6.85%	0.83	6.94%
電気・ガス業	2.68%	5.51%	0.49	8.07%
陸運業	5.49%	10.93%	0.50	9.69%
海運業	1.36%	1.55%	0.88	0.11%
空運業	7.96%	9.99%	0.80	14.17%
倉庫・運輸関連業	3.91%	4.45%	0.88	5.31%
情報・通信業	7.66%	13.85%	0.55	12.90%
卸売業	2.09%	1.95%	1.07	10.61%
小売業	5.65%	4.03%	1.40	7.03%
不動産業	4.49%	12.71%	0.35	9.07%
サービス業（日本郵政除く）	9.32%	8.55%	1.09	11.67%

出所：日本取引所グループのウェブサイト「決算短信集計結果」より
（サービス業に含まれる日本郵政グループ、および、金融業は除く）

また、経営企画部門や財務部門にいる人が上司から「この会社の買収を検討したいから企業価値を評価しておいて」と決算書などの資料を渡されて指示されたとしましょう。そんなとき、1週間後に上司に報告しているようでは普通の人なのです。上記の数字が頭に入っていれば、その場ですぐに決算書を見て上司に会社のキャラに関する所感を伝えることくらいはできます。ほんの些細なことですが、キラリと光るビジネスパーソンというのは、そんな"ほんのちょっとのこと"をトコトン大切にしている人でもあります。

　ちなみに、ROAは近年ずっと5%程度で安定しています（図表12-3）。覚えやすくて助かりますね。

　報道の影響もあって著しく低迷しているイメージもありますが、実は、製造業は全体的に頑張っていて2018年3月期はROAが6%弱まで上昇しています。

　営業利益率もこの3年は、ほぼ6%で安定しています（図表12-4）。資産回転率も3年間大きく変わらず、ざっくり0.8回となっています（図表12-5）。

　参考までに、2018年3月期におけるROAのブレークダウンである営業利益率と資産回転率の組み合わせをプロットしたチャートも挙げておきましょう（図表12-6）。ROAをこのような形で見ると、業種ごとのキャラが際立って興味深く感じられますね。

　ビジネスパーソンとして覚えておきたい最後の数字がROEです。注目すべきは、2018年3月期にようやくROEが10%を超えたことです（図表12-7）。

　2014年8月に公表された伊藤レポートの「日本企業は最低でも8%のROEを達成すべき」という号令の下、企業の努力が実り、2017年3月期までコンスタントに8%台のROEを達成してきました。そして、2018年3月期の決算では、ついに10%を超えたのです。今まで日本の上場企業の平均ROEは8%と覚えておけばよかったのですが、10%に記憶をアップデートしておきましょう。

12-3 上場企業の業種別ROA（営業利益ベース）

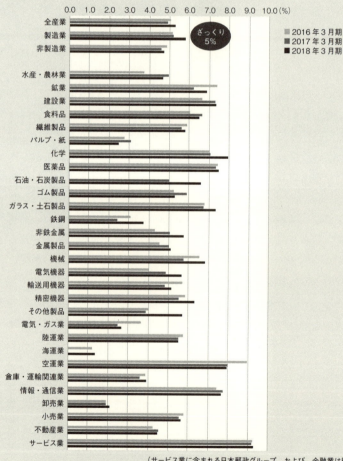

（サービス業に含まれる日本郵政グループ、および、金融業は除く）
出所：日本取引所グループのウェブサイト「決算短信集計結果」より筆者作成

12-4 上場企業の業種別営業利益率

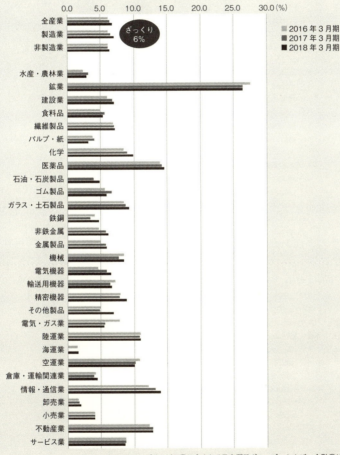

（サービス業に含まれる日本郵政グループ、および、金融業は除く）
出所：日本取引所グループのウェブサイト「決算短信集計結果」より筆者作成

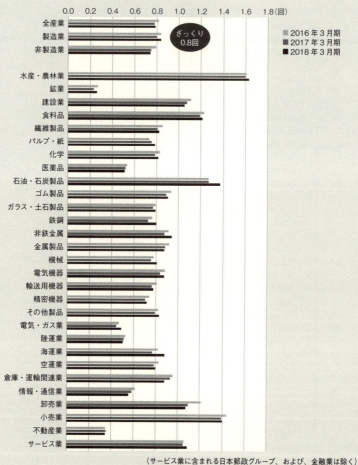

12-5 上場企業の業種別資産回転率

12-6 ROAのブレークダウン（2018年3月期）

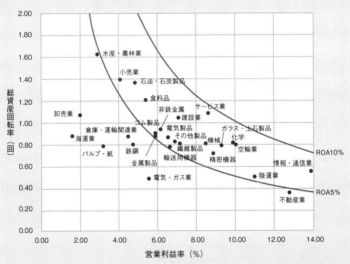

12-7 上場企業の業種別ROE

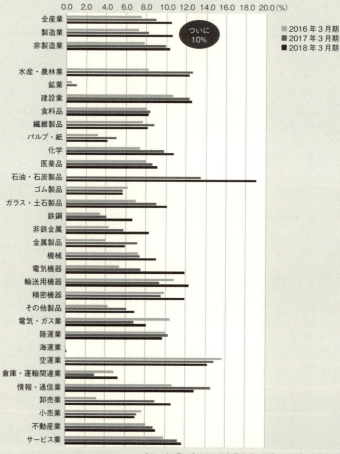

（サービス業に含まれる日本郵政グループ、および、金融業は除く）
出所：日本取引所グループのウェブサイト「決算短信集計結果」より筆者作成

あとがき

　日本は長らくファイナンス後進国でした。2000年前後までは、上場企業でさえ、ファイナンスの世界で一丁目一番地とされている「企業価値」や「株主価値」を真剣に考えていなかったと言っても過言ではありません。

　当然です。なぜなら、戦後日本の高度成長期において、事業会社のB/Sの右側、つまり、デットとエクイティはいずれも銀行が資金を提供していたからです。日本特有の"株の持ち合い"という資本構造により、事業会社にお金を貸すのも銀行、事業会社の株を持っているのも銀行でした。おまけに、事業会社のお財布を握っている財務部・経理部の担当役員や部長は銀行から出向や転籍の形で送り込まれてきた人たち。つまり、事業会社のB/Sの右側は人を付けてまで丸ごと銀行が面倒を見てくれていたわけです。

　また、当時は、人口が増える高度成長期でしたから、モノを作ったら売れる時代でした。工場や店舗などの設備に投資すれば業績は拡大し、日本経済も大きく成長するため、土地の値段も上がります。銀行は事業会社が保有する土地を担保にお金を貸すため、担保評価額が上がれば、どんどん追加で貸すことができます。そして、借りたお金を投資に回せば業績はさらに拡大するという好循環を生み出しました。銀行に丸ごと面倒を見てもらうことが幸せな時代が長く続いたのです。

　銀行は債権者と株主の立場であり、なおかつ、財務部・経理部に人を送り込んで普段から金庫番をしていますから、銀行が株主総会のときになって取り立ててやかましいことを言い出すこともありません。このような日本企業に特有なガバナンス体制が長期的な視点で安定した企業経営を支えてきたのです。欧米企業のように、「企業価値の向上」を声高に叫ぶファイナンス戦略なんて求められていませんでした。

　しかしながら、1990年代のバブル崩壊に伴い、銀行が事業会社を支えきれなくなったこと（不良債権処理に伴う融資の打ち切りや株の持ち合い解消）や、金融のグローバル化、会計ビッグバン（会計基準の厳格化）が進んだこと

によって、高度成長期を支えた日本型ガバナンスまでもが崩れ去ってしまいます。その結果、外国人投資家やアクティビストが事業会社の株主に名を連ねるようになり、2000年以降、やかましい要求を日本企業に突きつけるようになっていきます。

そのような経緯で日本企業は、にわかに株式市場と向き合うことになりました。遅ればせながら日本企業にも欧米流のファイナンス戦略のお作法が求められるようになったのです。

2000年代に入ってから日本企業はファイナンスの世界で洗礼を浴びることになります。米スティールパートナーズによるソトーとユシロ化学工業に対するTOB(2003年)、および、ブルドックソースに対するTOB(2007年)、2005年の楽天によるTBS株式の大量取得と経営統合申し入れ、2006年の王子製紙による北越製紙に対するTOB計画の発表等、いわゆる「敵対的買収」の嵐が吹き荒れます。村上ファンドが「物言う株主」として東京スタイルや阪神電気鉄道などの経営陣に株主提案を突きつけたのもこの時期です。

それまで敵対的買収やアクティビストの要求などは、欧米でしか起きない対岸の火事としか思われていませんでした。それだけに日本社会に与えたショックもひときわ大きく、また、新鮮に映ったことでしょう。

一方で、それまであまりなじみがなかった、このような出来事がメディアを賑わせたことも手伝って、ビジネススキルとしては地味に扱われていたファイナンスに対してにわかに注目が集まりました。

そんな世間の注目とあいまって、ビジネスパーソンの間では、ちょっとした"ファイナンスブーム"が起きました。それまではどちらかといえばマイナーだったファイナンスの専門知識に対する関心、学習意欲が高まったのです。

ブームに乗っかるようにして、筆者二人が『実況LIVE 企業ファイナンス入

門講座』(ダイヤモンド社)を刊行したのが2008年になります。この書籍の内容のベースになっているのは、アカデミーヒルズで開講した全6回シリーズのコーポレートファイナンス講座です。講座は毎回満席の好評を博した上に、講義の終わりにはまるで学校のホームルームかと見紛うほどに、受講者とわれわれ筆者の間で活発な質疑応答が展開されました。ファイナンスを勉強したいと思っている多くのビジネスパーソンを目の当たりにした筆者は、あの強烈な熱量を今でも鮮明に覚えています。

　当時のブームは、初めて目にする敵対的買収やアクティビストに関する記事が新聞紙面を連日踊った、いわば「劇場型」ともいうべきものでしたが、2008年9月にリーマンショックが発生すると、世界的な大不況と株式市場の低迷により、残念ながらファイナンスの世界もすっかり盛り上がりに欠けるようになりました。その後は長らく冬の時代を迎えたかのようでしたが、最近、ファイナンス関連の書籍が多数出版され、ビジネス誌でファイナンス特集が組まれるなど、第2次とも呼ぶべき"ファイナンスブーム"がふたたび到来しています。

　その背景には、日本でも時価総額が1,000億円を超えるLINEやメルカリなどのメガベンチャーが登場し上場を果たしてメディアを賑わせたこと、ベンチャー企業も高度な資金調達やM&Aを駆使するなどファイナンス戦略の裾野が広がりを見せていること、そして、大企業によるオープンイノベーションがさかんになり経営企画部門や財務部門だけでなく、主要な事業部門でもファイナンスの知識が必要になったこと、企業内ベンチャーキャピタルであるCVC(Corporate Venture Capital)を創設しベンチャー企業との資本提携を推進する大企業が増えたこと、などの事情があるのでしょう。

　いずれにしても、2度のブームを通じて、経営戦略としてのファイナンスが日本(企業)にも根付きつつあると感じています。日本の企業やビジネスパ

ーソンのファイナンスに関するリテラシー向上をテーマに取り組んできた筆者二人としては、大変喜ばしいことです。

　他方、経営陣は株主価値の向上を目指すべきという「株主資本主義」の価値観は、何を犠牲にしてでも株主価値の向上だけは絶対に果たすべきといった行き過ぎた価値観を生み出し、その副作用がアメリカを中心に目に付くようになってきたこともまた事実です。
　本書で扱っているファイナンス理論や実務は、主にアメリカで発展し構築されてきたといえます。筆者は、「株主資本至上主義」とも言うべき歪んだ価値観に根差した企業経営は肯定できない考えを持っています。それが極端に進んだアメリカで危ういポピュリズムが拡散した現実は、一部の資本家とそれ以外の人たちとの格差がかつてないほど広がったことが要因の1つでしょう。
　また、ファイナンス戦略のあり方というのは、その国の企業を取り巻く環境や組織文化、人々の価値観を反映すべきだと思います。
　理論的にはレバレッジをギリギリまでかけた方が合理的ですが、自然災害が多い国土で普段から危機への備えを重んじる日本企業がある程度自己資本の充実を図ること（結果として、資本コストが高くなったり、ROEが低くなったりします）は当然のことといえるでしょう。
　筆者は、アメリカ流のファイナンス的な考え方を叩き込まれる外資系投資銀行で働いていましたが、なんでもかんでも無条件でアメリカ流がいいとはどうしても思えません。日本に限らず、ファイナンスのあり方も修正が求められていくことでしょう。

　そのような問題に早く気がついた鼻の利く人たちは、ファイナンスの世界に新しい発想とテクノロジーを持ち込みました。クラウドファンディングやイニシャル・コイン・オファリング（ICO）です。
　わずかな期間で熱狂に至ったホットなファイナンス手法ですが、急成長し

ているだけに様々な弊害も報告されています。将来の行方については「ファイナンスの進化形としてユートピアになる」「テクノロジーを実験したブームで終わる」と、論者によりまちまちですが、米調査会社のガートナーが毎年公表している「先進テクノロジーのハイプ・サイクル」が示すように、過剰な期待のピーク期や幻滅期を超えた先に洗練された形で研ぎ澄まされていくのかもしれません。

　将来を完璧に予測することは不可能ですが、筆者個人的には、伝統的なファイナンスがクラウドファンディングやICOに完全に置き変わるというより、両者は併存するものだと見ています。

　ファイナンスの専門家たちの間では、どちらかといえば"キワモノ扱い"されている代物ですが、予断を許さず「新しいテクノロジーをうまく生かすにはどうすべきか」を考えることが求められているのだと思います。

　本書の出版にあたっては、ダイヤモンド社書籍編集局の横田大樹さん、井上慎平さんのお二人に大変お世話になりました。本当にありがとうございます。本書の企画書を書き上げたのが2017年1月ですから、出版に至るまでに実に2年以上の歳月をかけたことになります。それというのも、筆者二人が多忙な本業にかまけ、執筆になかなか時間を割くことができず、いたずらに月日だけが過ぎていったからにほかなりません。いつサジを投げられてもおかしくない状況が続きましたが、仏のような寛大な心で出版まで温かく見守ってくださった横田さん、井上さんと一緒に本書を完成させたことはわれわれにとってかけがえのない財産です。また、2008年に出版した『実況LIVE 企業ファイナンス入門講座』をご担当いただいたダイヤモンド社代表取締役社長の石田哲哉さんにも執筆中に叱咤激励をいただきました。重ねてお礼申し上げます。

　さらに、原稿をチェックしわれわれ著者に貴重なご意見をくださった、井上裕太様、柴田優里様、高橋諒平様、松井巧海様、馬渕萌咲様、山崎愛也様

にも感謝の意を表します。みなさんからいただいたコメントを反映した内容は随所に散りばめられています。

　ケーススタディとして登場してくれることを快諾いただいた株式会社マイネットと小林産業株式会社にも深く感謝します。両社の企業価値のますますの向上のために、今後も少しでも役に立つことができれば幸いです。

　そして、最後になりますが、筆者二人の家族にも感謝の気持ちを述べたいと思います。家族ぐるみの付き合いがあるだけに、妻どうし「ダンナ(旦那)ーズに頑張ってもらわないとね」と陰ながらエールを送ってくれています。日頃の理解と協力、温かい励ましに心からの「ありがとう」を送ります。

2019年1月10日
著者を代表して
田中慎一

索引

[アルファベット]

B/S……………………………………30、158、233
CAGR……………………………………………296
Capex……………………………………………165
CAPM……………………………………………131
C/F…………………………………………36、42、178
Comps……………………………………………246
CVC………………………………………………420
DCF……………………………154、160、209、267、428
D/Eレシオ……………………………188、214、227
DOE………………………………………………345
EBITDA……………………………………249、306
EBITDAマルチプル…………249、263、270、453
EPS………………………………………75、279、349
IFRS…………………………………………211、282
IPO…………………………………………………20、309
IPOディスカウント……………………………430
IR…………………………………21、394、403、415
IRR………………………………………………298、431
LBO…………………………………………293、310
Life of a Company………………………………16
LTM………………………………………………263
M&A……………………………………22、270、293、362
MBO………………………………………………46、104
PBR………………………………………………251
PE……………………………………………293、301
PER………………………………………75、251、428、453
P/L…………………………………………………30、233
ROA………………………………………56、87、158、453
ROE…………………………81、144、338、364、453
ROIC…………………………………………87、93、158
TOB………………………………………………46、285
TOPIX………………………………………78、136、398
VC…………………………………………………420
VWAP……………………………………………286
WACC……………………127、141、182、190、383

[あ]

アウトパフォーム………………………78、397
アクセラレーター………………………………420
アクティビストファンド………………321、340
アンダーウェイト………………………398、413
アンダーパフォーム……………………78、397
アンレバードベータ……………………223、385

[い]

イールド型………………………………………346
インタレストカバレッジレシオ……………382
インデックス……………………………………397

[う]

売上高利益率……………………………56、85
運転資本…………………………………………50

[え]

永久成長率………………………………………192
営業外収益………………………………………59
営業外費用………………………………………59
営業活動によるキャッシュフロー……………42
営業利益率………………………………59、453
エクイティ…………………………………82、127、140
エクイティストーリー…………………………417
エクイティ投資家………………………………154
エクイティファイナンス………………22、34、314

[お]

オーバーウェイト………………………398、413

[か]

格付………………………………………141、185、378
株主価値………………………………154、162、201
株主構成………………………359、367、375、439
株主資本コスト………………………125、183、379
株主優待…………………………………………357
カレンダライズ…………………………………261
感応度……………………………………149、203

[き]

機関投資家･･････････126、347、352、397、410
企業価値･････････････････････154、162、201
キャッシュフロー･･･････････････････36、154
キャピタルゲイン････････････････････125、346

[く]

クラウドファンディング･････････････････443
グロース型････････････････････････346、401

[け]

減価償却費･･･････････････････39、163、196
現在価値･････････････110、124、154、192

[こ]

個人投資家････････････････････････126、397
固定資産･･････････････････････････････････30
固定負債･･････････････････････････････････30
コベナンツ･･･････････････････････････････312

[さ]

最適資本構成････････････････････141、187
財務活動によるキャッシュフロー････････44
財務リスク･･････････････････････144、224
財務レバレッジ･･･････････････････82、148

[し]

シードファイナンス･･････････････････････420
時価総額････････････1、19、188、335、436
時間価値････････････････････････････････110
事業価値･････････････････････154、162、201
事業投下資産･･･････････････････････88、159
事業リスク････････････････････････144、224
資金調達････････････････････16、20、424
シグナリング効果･･････････････････････350
自己資本･･･････････････････････････32、82
自社株買い･･････････････････････349、361
実効税率････････････････････････････92、129
シナジー効果･･････････････････････････275
資本構成･････････････････････････････････160
資本コスト･･････････････････124、160、376

[き]

資本政策･････････････････････････････････439
純資産････････････････････････････････････30
剰余金処分･･････････････････････････････320
シリアルアントレプレナー･･････････････23

[す]

ストラテジスト･････････････････････････413

[せ]

税引後営業利益（NOPLAT）･･･････････163
設備投資･････････････････････････39、196

[そ]

総還元性向･･････････････････････････････353
増資･･････････････････････････････18、426
総資産回転率････････････････59、72、453

[た]

ターミナルバリュー･･････160、192、199、230

[て]

デット･･･････････････････････82、127、140
デット投資家･･･････････････････････････154
デットファイナンス････････････････････22
デットフリー･････････････････144、223

[と]

投資活動によるキャッシュフロー･･･････42
投資ポートフォリオ･･････････････････397
投資有価証券･･･････････････････････････366

[な]

内部留保･････････････････････324、335、339

[の]

のれん･･･････････････････････････210、282

[は]

配当････････････････････320、324、335、343
配当性向･･････････････････････325、341
配当利回り･････････････････････････････345
バリュードライバー･･････････････････････90

バリュエーション ……………………156、206、212

[ひ]

非事業価値 ……………………………… 154、162

[ふ]

ファンチャート ……………………………… 78、101
フェアバリュー …………………………………… 411
複利計算 ……………………………………………… 112
負債 ……………………………………………………… 30
浮動株 ……………………………………… 369、415
フリーキャッシュフロー（CFCF）…156、192
プレミアム …………………………………275、285

[へ]

ペイアウト ………………………320、324、355、361
ベータ ………131、138、184、215、379、385
ベンチャーキャピタル ……………………………… 18

[ま]

マーケットリスクプレミアム…131、183、379
マルチプル法 ……………………………………… 247

[み]

未上場ディスカウント ……………………… 430

[む]

無形固定資産 ……………………………… 30、211

[ゆ]

有形固定資産 ……………………………………… 30
有利子負債 ………………………………… 125、302
有利子負債資本コスト ………125、129、140、
　　185、379

[よ]

予想P/Lと予想B/S ………………166、209、213
予想売上高成長率 …………………………… 75、102
予想営業利益率 ……………………………… 75、102

[り]

リキャップ ………………………………… 85、374

リスクとリターン …………………………………… 119
リスクフリーレート ……118、134、183、381
流動資産 ……………………………………………… 30
流動性ディスカウント…104、208、369、410
流動性リスク ………………………………………… 22
流動負債 ……………………………………………… 30
リレバー …………………………………… 230、386
理論株価 ……………………………3、201、275、285

[れ]

レバードベータ ……………………………… 223、385

[ろ]

ロードショー ……………………………………… 417

[わ]

割引率 ……………………………………… 118、160

[著者]

田中慎一（たなか・しんいち）
株式会社インテグリティ代表取締役／財務戦略アドバイザー／NewsPicksプロピッカー
慶應義塾大学経済学部卒業後、監査法人太田昭和センチュリー（現あずさ監査法人）、大和証券SMBC、UBS証券等を経て独立。監査法人、証券会社を通じて会計監査、IPO支援、デューデリジェンス、M&A・事業再生・資金調達に関するアドバイザリーサービスに従事。独立後は、アドバイザリーサービスだけでなく、買収後の企業変革を推進するコンサルティングのほか、自らターンアラウンドマネージャーとして買収先企業の再建に取り組む。著書に『役員になれる人の「日経新聞」読み方の流儀』、共著に『あわせて学ぶ会計＆ファイナンス入門講座』『M&A時代 企業価値のホントの考え方』『投資事業組合とは何か』などがある。

保田隆明（ほうだ・たかあき）
神戸大学大学院経営学研究科 准教授
リーマン・ブラザーズ証券、UBS証券にて投資銀行業務に従事後、2004年に起業しSNSサイトを開設。同事業売却後、ベンチャーキャピタル、金融庁金融研究センター専門研究員、小樽商科大学准教授、昭和女子大学准教授を経て2015年より現職。主な論文に「株式所有構造と企業統治」「わが国の新規株式公開企業の質の変遷（日本ベンチャー学会賞）」、主な著書に『実況LIVE企業ファイナンス入門講座』『図解 株式市場とM&A』など。小林産業、マイネット（共に東証1部上場）の社外取締役も務める。博士（商学）早稲田大学。

コーポレートファイナンス 戦略と実践

2019年4月3日 第1刷発行
2025年6月26日 第10刷発行

著 者――田中慎一、保田隆明
発行所――ダイヤモンド社
　　　　〒150-8409 東京都渋谷区神宮前6-12-17
　　　　https://www.diamond.co.jp/
　　　　電話／03・5778・7233（編集）　03・5778・7240（販売）

装丁・本文デザイン――竹内雄二
DTP――明昌堂
製作進行――ダイヤモンド・グラフィック社
印刷――信毎書籍印刷（本文）・新藤慶昌堂（カバー）
製本――加藤製本
編集担当――横田大樹

©2019 Shinichi Tanaka, Takaaki Hoda
ISBN 978-4-478-10541-2
落丁・乱丁本はお手数ですが小社営業局宛にお送りください。送料小社負担にてお取替えいたします。但し、古書店で購入されたものについてはお取替えできません。
無断転載・複製を禁ず
Printed in Japan

◆ダイヤモンド社の本◆

「会計」と「ファイナンス」はセットで学べ！

キャッシュを増やし、企業価値を最大化するための「財務戦略のポイント」を詳細に解説。セットで解説するから、理解が早く、実務のイメージが湧く！

あわせて学ぶ
会計＆ファイナンス入門講座
プロになるための理論と実践

田中慎一・保田隆明 [著]

●A5判並製●定価（本体2000円＋税）

http://www.diamond.co.jp/